Couverture:
Palácio da Pena, Sintra.

Les guides thématiques *Museum With No Frontiers (MWNF)*

L'ART ISLAMIQUE EN MÉDITERRANÉE | PORTUGAL

Par les terres de la maure enchantée
L'art islamique au Portugal

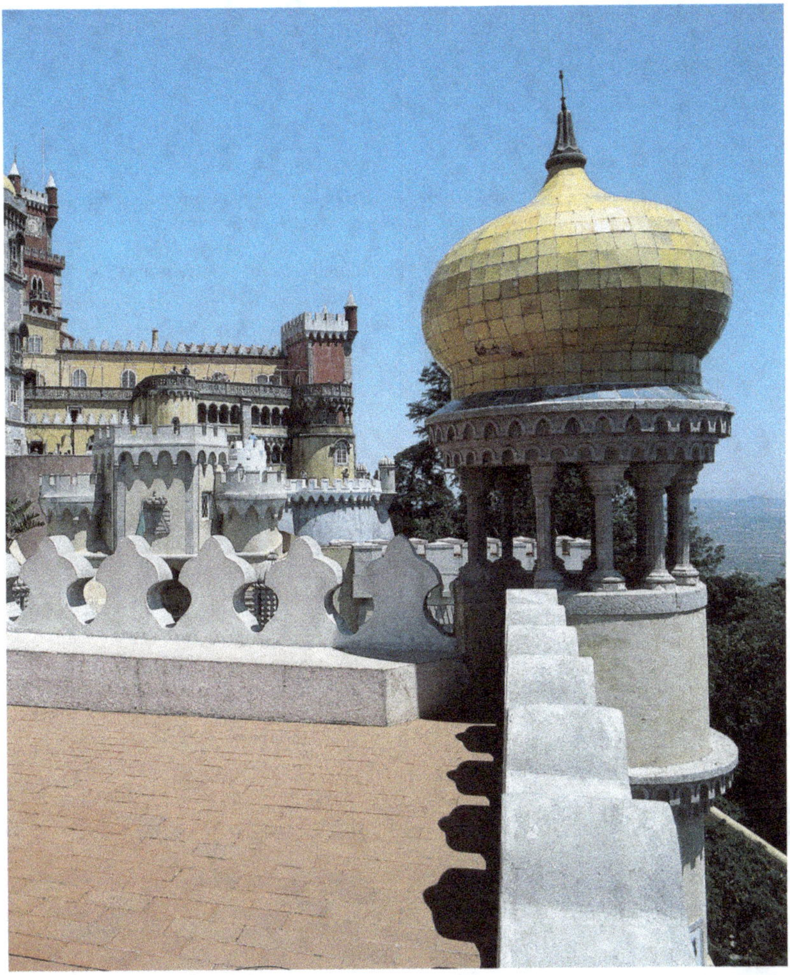

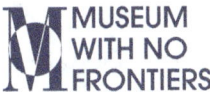

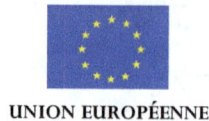

L'Itinéraire-Exposition *PAR LES TERRES DE LA MAURE ENCHANTÉE. L'art islamique au Portugal* fait partie du cycle international *L'art islamique en Méditerranée*. Réalisée dans le cadre du projet *Une entrée en Méditerranée*, il a été cofinancé par l'Union Européenne à travers l'Action Pilote de Coopération Espagne-Portugal-Maroc, art. 10 FEDER, et a bénéficié du soutien du :

UNION EUROPÉENNE

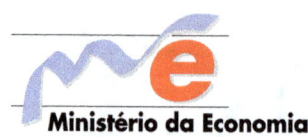

MINISTÈRE DE L'ÉCONOMIE DU PORTUGAL

Secrétariat d'État au Tourisme.

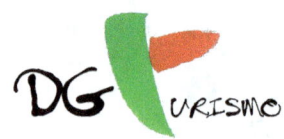

Réalisée par le Programme de Développement du Tourisme Culturel, avec le soutien de la Direction Générale du Tourisme du Portugal

et le concours financier de l'Institut de Financement et de Soutien au Tourisme du Portugal.

Première édition
© 2001 Programme de Développement du Tourisme Culturel, Lisbonne, Portugal
 & Musée Sans Frontières | Museum With No Frontiers (textes et illustrations).
© 2001 Electa (Grijalbo Mondadori, S. A.), Madrid & Musée Sans Frontières | Museum With No Frontiers.
© 2001 Éditions Édisud, Aix-en-Provence, France.

Deuxième édition
© 2010 Campo Arqueológico de Mértola, Portugal
 & Museum Ohne Grenzen | Museum With No Frontiers (MWNF) (textes et illustrations).
© 2010 Museum Ohne Grenzen | Museum With No Frontiers (MWNF) (eBook).
© 2017 Museum Ohne Grenzen | Museum With No Frontiers (MWNF) (livre de poche).

ISBN 978-3-902782-35-9 (eBook)
     978-3-902782-34-2 (livre de poche)
Tous droits réservés.

Informations : **www.museumwnf.org**

Museum Ohne Grenzen | Museum With No Frontiers (MWNF) s'efforce d'assurer au mieux la précision et l'exactitude des informations contenues dans ses publications. Pour autant, n'étant lié par aucune charte de garantie, d'engagement ou de représentation, MWNF ne saurait être tenu pour responsable d'éventuelles erreurs, omissions ou approximations. Et décline toute responsabilité en cas d'accident, de quelque nature que ce soit, qui pourrait survenir au cours des visites proposées.

Dans ce contexte nous signalons que toutes les informations pratiques datent du moment de la préparation du livre (1998-2001). Il est donc recommandé de vérifier par soi-même avant de programmer une visite.

Les opinions exprimées dans le présent ouvrage ne reflètent pas nécessairement la position de l'Union Européenne ou de ses États membres.

Musée Sans Frontières
Idée et conception générale
Eva Schubert

Directeur de projet
Flávio Lopes
Directeur du Programme de Développement du Tourisme Culturel (PITC)

Comité scientifique
Cláudio Torres, Mértola
Santiago Macias, Mértola
Susana Gómez, Mértola

Catalogue

Introduction
Cláudio Torres, Mértola
Santiago Macias, Mértola

Présentation des circuits
Comité scientifique

ainsi que les auteurs suivants :
Artur Goulart de Melo Borges, Évora
Cristina Garcia, Lisbonne
Fernando Branco Correia, Évora
Isabel Cristina F. Fernandes, Palmela
Maria Adelaide Miranda, Lisbonne
Maria João Vieira, Serpa
Maria Regina Anacleto, Coimbra
Mário Pereira, Lisbonne
Miguel Rego, Barrancos
Paula Noronha, Faro
Ruben de Carvalho, Lisbonne

Textes techniques
Maria José Machado Santos, Lisbonne

Édition française

Traduction
Ana Côrte-Real, Paris-Porto,
Pierre Léglise-Costa, Paris

Révision de l'édition française
Anne-Marie Lapillonne, Marseille

Photographe
António Cunha, Beja

Carte générale et tracé des circuits
José Russo, Lisbonne

Introduction générale
L'Art islamique en Méditerranée

Textes
Jamila Binous, Tunis
Mahmoud Hawari, Jérusalem-Est
Manuela Marín, Madrid
Gönül Öney, Izmir

Plans des monuments
Şakir Çakmak
Ertan Daş
Yekta Demiralp

Maquette et design
Agustina Fernández, Madrid
Christian Eckart,
Museum With No Frontiers,
Vienne (2ème édition)

Coordination technique

Patrimoine culturel
Teresa Gamboa, Lisbonne

Juridique
Isabel Menezes, Lisbonne

Animation culturelle et coordination des événements
Elsa Peralta, Lisbonne

Vérifications sur le terrain
Miguel Valdemar, Mértola

Coordination internationale

Coordination générale
Eva Schubert

Coordination comités scientifiques, traductions, révision des textes et production des catalogues
Sakina Missoum, Madrid

Remerciements

Le PICT tient à exprimer sa gratitude aux institutions et collectivités qui ont rendu possible la réalisation de ce projet:

Mairies de Alandroal, Albufeira, Alcácer do Sal, Alcoutim, Alenquer, Aljezur, Alter do Chão, Arganil, Barrancos, Beja, Castelo de Vide, Castro Marim, Coimbra, Crato, Elvas, Évora, Faro, Idanha-a-Nova, Lagoa, Lisbonne, Loulé, Marvão, Mértola, Monchique, Moura, Óbidos, Oliveira do Hospital, Ourique, Palmela, Penacova, Sabugal, Santarém, Serpa, Sesimbra, Silves, Sintra, Tavira, Vila do Bispo, Vila Real do Santo Antonio, Vila Viçosa; Commission Municipale de Tourisme de Sintra, Commission Municipale de Tourisme d'Elvas, Confédération du Tourisme, Direction Générale des Édifices et Monuments Nationaux, EBAHL (Équipement des Quartiers Historiques de Lisbonne), ENATUR (Pousadas du Portugal, Fonds du Tourisme), ICEP (Institut du Commerce Extérieur du Portugal), Institut des Archives Nationales/Torre do Tombo, Institut Portugais des Arts et du Spectacle, Institut Portugais des Musées, Institut Portugais du Patrimoine Architectural, Région de Tourisme de l'Algarve, Région de Tourisme du Centre, Région de Tourisme d'Évora, Région de Tourisme de la Planicie Dourada, Région de Tourisme de Ribatejo, Région de Tourisme de São Mamede, Région de Tourisme de Setúbal (Côte Bleue), Tourisme de Lisbonne.

Les organisateurs portugais remercient également pour leur collaboration technique et scientifique leurs partenaires dans le projet Une entrée en Méditerranée :
Ministère de l'Éducation, de la Culture et des Sports d'Espagne, Directions Générales des Beaux-Arts et des Biens Culturels et de la Coopération et Communication Culturelle.
Ministère des Affaires Culturelles du Royaume du Maroc.
Ministère du Tourisme du Royaume du Maroc, Office National Marocain de Tourisme.

Par ailleurs, Musée Sans Frontières remercie :
Le Ministère des Affaires Étrangères espagnol, pour avoir manifesté son soutien au projet dès ses débuts, à travers l'Agence Espagnole pour la Coopération Internationale (AECI) et les ambassades d'Espagne dans les pays méditerranéens participants, ainsi que le Gouvernement de la Région du Tyrol (Autriche) – où a été mis en place le projet pilote Musée Sans Frontières – pour avoir financé la formation des directeurs de production chargés de la coordination technique des expositions dans les pays participant au cycle *L'art islamique en Méditerranée*.

Références photographiques

Voir page 5, ainsi que
Ann & Peter Jousiffe (Londres), page 20 (Citadelle d'Alep)
Archives Oronoz Photographes (Madrid), page 23 (Alhambra, Grenade).

Références des plans

R. Ettinghaussen, O. Grabar (Madrid, I, 1997), page 26 (Mosquée de Damas).
Z. Sönmez (Ankara, 1995), page 27 (Mosquées de Divri_i et d'Istanbul) et page 28 (Mosquée de Sivas).
Sergio Viguera (Madrid), page 28 (typologie des minarets).
Blair, S. S., Bloom, J. M. (Madrid, II, 1999), page 29 (Mosquée et Madrasa du Sultan Hassan).
R. Ettinghaussen et O. Grabar (Madrid, I, 1997), page 30 (Qasr al-Khayr al-Charqi).
A. Kuran (Istanbul, 1986), page 31 (Khan Sultan Aksaray).

Réalisé dans le cadre du programme de coopération euro-méditerranéenne de l'Union Européenne, MEDA-Euromed Héritage.

Préliminaire

L'Itinéraire-Exposition *PAR LES TERRES DE LA MAURE ENCHANTÉE. L'art islamique au Portugal* est la première production du Programme de Développement du Tourisme Culturel, créé par le gouvernement portugais en 1997. Il s'insère dans les objectifs du gouvernement, qui, avec une meilleure qualité de l'offre touristique et une amélioration de l'image du Portugal, pourront entraîner des bénéfices directs et indirects pour l'économie du pays.

À travers cette véritable "exposition", qui se déroule dans le centre et dans le sud de l'actuel territoire portugais – le Gharb al-Andalus de l'époque islamique –, sont présentés à un vaste public les vestiges historiques et artistiques de près de cinq siècles de présence musulmane, dont beaucoup sont très peu connus, même des populations locales.

L'accomplissement de ce projet n'a été possible que grâce à l'effort conjugué de plusieurs secteurs administratifs (en particulier ceux du Tourisme et de la Culture), à l'adhésion des municipalités concernées, et à la participation d'innombrables institutions publiques et privées. La première motivation de ce programme fut d'abord de contribuer, dans l'avenir, au développement social, culturel et économique des communautés locales à travers la mise en valeur touristique des richesses de leur patrimoine et de leur environnement.

L'ouverture des portes du patrimoine du pays à un public international, dont la curiosité pour le Portugal est croissante, constitue un objectif qui est pleinement atteint grâce aux caractéristiques mêmes de l'Exposition, une initiative qui s'inscrit dans le programme de Musée Sans Frontières consacré à *L'art islamique en Méditerranée*.

Flávio Lopes
Directeur
Programme de Développement du Tourisme Culturel

Avertissement

Translittération de l'arabe

Nous avons conservé l'orthographe usuelle des mots arabes passés dans l'usage et introduits dans le dictionnaire tels que fondouk, oued, souk, beylik, diwan, hammam... Les mots (arabes ou berbères) qui apparaissent en italique, comme *mihrab, qibla, timchent, sabbat, wast al-dar, balata, ahellil, taguerrabt* ... sont soit accompagnés de leur traduction immédiate (entre parenthèses ou dans le corps du texte), soit repris dans le glossaire où ils sont définis. Pour tous les autres mots, nous avons utilisé un système de transcription simplifié pour lequel nous avons choisi de ne pas transcrire la *hamza* initiale et de ne pas faire de différence entre les voyelles brèves et longues qui sont transcrites en *a*, *i*, *ou/u*. Nous avons décidé de ne pas respecter la règle pour certains noms de lieu, comme el-Ateuf, el-Biar, el-Kantara, el-Khemis ... et de lui préférer la transcription en usage en Algérie.

ء	'	ح	h	ز	z	ط	t	ق	q	ه	h
ب	b	خ	kh	س	s	ظ	z	ك	k	و	u/w
ت	t	د	d	ش	sh	ع	'	ل	l	ي	y/i
ث	th	ذ	dh	ص	s	غ	gh	م	m		
ج	j	ر	r	ض	d	ف	f	ن	n		

Les mots qui apparaissent en italique dans le texte, sauf s'ils sont accompagnés de leur traduction entre parenthèses, sont repris dans le glossaire et suivis d'une brève définition.

Ère musulmane

Les dates antérieures à l'ère musulmane (Préhistoire, Antiquité et Antiquité tardive) ne sont données que selon le calendrier chrétien, de même que celles qui sont postérieures à l'établissement du colonialisme en 1830.

Cette émigration est fixée au 1er jour du mois de *Muharram* de l'an 1 de l'Hégire qui correspond au 16 juillet 622 de l'ère chrétienne. L'année musulmane est composée de douze mois lunaires, chaque mois de 29 ou 30 jours. Trente années constituent un cycle dans lequel les 2e, 5e, 7e, 10e, 13e, 16e, 18e, 21e, 24e, 26e, et 29e années sont des années bissextiles de 355 jours; les autres sont des années communes de 354 jours. L'année lunaire musulmane est de dix ou onze jours plus courte que l'année solaire chrétienne. Chaque jour commence, non pas juste après minuit, mais immédiatement après le coucher du soleil, au crépuscule. La majorité des pays musulmans utilisent le calendrier hégirien (qui marque toutes les fêtes religieuses) en parallèle avec le calendrier chrétien.

Mention des dates

Les dates antérieures à l'ère musulmane (Préhistoire, Antiquité et Antiquité tardive) ne sont données que selon le calendrier chrétien, de même que celles qui sont postérieures à l'établissement de la colonisation en 1830.

Abréviations:
début = d.; moitié = m.; première moitié = p. m.; deuxième moitié = d. m.; fin = f.

Indications pratiques

L'Itinéraire-Exposition *PAR LES TERRES DE LA MAURE ENCHANTÉE. L'art islamique au Portugal* se visite en dix circuits, chacun d'entre eux s'effectuant dans une zone géographique spécifique, avec pour objectif la mise en valeur des ressources patrimoniales, environnementales et historiques de la région.

Les circuits comportent des étapes principales et des étapes optionnelles, des "fenêtres" ouvrant sur des thèmes complémentaires (titre sur bande jaune), des paysages sélectionnés en fonction de leur intérêt particulier et des légendes associées aux lieux sélectionnés (en caractères italiques sur fond gris).

Les étapes (signalées en chiffres arabes) de chaque circuit (chiffres romains) sont accompagnées d'indications techniques (horaires, visites guidées, etc.) et de suggestions sur les itinéraires les plus appropriés pour arriver aux villes et aux monuments (en italiques).

Chaque circuit est accompagné d'un schéma graphique qui permet de visualiser le voyage dans son ensemble et les déplacements à effectuer. Les options (en gris) concernent les monuments dont la visite demande davantage de temps que la durée indiquée en raison des distances géographiques ou de la richesse du circuit principal.

Certains monuments ne pouvant être visités au moment de la rédaction de ce catalogue, il est donc recommandé de vérifier par soi-même avant de programmer une visite.

Nous rappelons que le dimanche et les jours fériés correspondant à des fêtes religieuses, des offices sont célébrés dans de nombreuses églises. Nous demandons aux visiteurs de faire leur visite en dehors des heures de culte.

Musée Sans Frontières décline toute responsabilité quant aux incidents qui pourraient survenir au cours de la visite de l'Exposition.

Note des traducteurs :
Les noms de lieux et de monuments ont été respectés dès lors qu'il s'agit de noms propres. Par exemple: "Castelo dos Mouros", mais "château de Alandroal". Lorsque la signification du nom portugais va de soi pour le lecteur francophone, la traduction n'est pas donnée.
De même, on a conservé le plus souvent le nom des souverains portugais, précédé du traitement en usage au Portugal (D. et D.ª), ce qui facilite leur identification.
"Andalousien": ce mot est employé comme l'équivalent de l'arabe *andalusi / andalusiya*, qu'on ne peut traduire par anoulou/ andsalouse. Cette terminologie (andalousien/andalousienne) a été suggérée par le chercheur Jean Pièrre Molenat pour éviter la confusion entre Al-Andalus et Andalousie.

Sommaire

- 15 **L'art islamique en Méditerranée**
  Jamila Binous, Mahmoud Hawari, Manuela Marín, Gönül Öney

- 35 **Gharb al-Andalus: introduction historique**
  Santiago Macias

- 40 **L'extrême Occident ibérique**
  Cláudio Torres

- 45 **Circuit I**
  L'art mudéjar
  Cláudio Torres, Santiago Macias, Maria Regina Anacleto, Cristina Garcia, Paula Noronha
  Le Fado
  Ruben de Carvalho

- 67 **Circuit II**
  Entre Maures et Mozarabes
  Cláudio Torres, Maria Adelaide Miranda, Mário Pereira, Santiago Macias
  L'Apocalypse de Lorvão
  Maria Adelaide Miranda

- 79 **Circuit III**
  Idanha: terre de frontière
  Cláudio Torres, Mário Pereira, Cristina Garcia, Paula Noronha

- 93 **Circuit IV**
  La route du Gharb
  Cláudio Torres, Santiago Macias, Fernando Branco Correia, Artur Goulart de Melo Borges

- 105 **Circuit V**
  Un royaume de Taïfa: Mértola
  Santiago Macias, Cláudio Torres, Miguel Rego, Maria João Vieira
  Tissage
  Santiago Macias

- 127 **Circuit VI**
  Le Guadiana: le grand fleuve du Sud
  Santiago Macias, Cláudio Torres, Cristina Garcia, Paula Noronha

- 137 **Circuit VII**
  Entre l'Algarve et la montagne
  Santiago Macias

- 153 **Circuit VIII**
  Silves: capitale de l'art almohade
  Santiago Macias, Cláudio Torres

- 163 **Circuit IX**
  Le cap du bout du monde
  Cláudio Torres, Cristina Garcia, Paula Noronha

- 171 **Circuit X**
  Châteaux du Sado
  Cláudio Torres, Isabel Cristina F. Fernandes, Cristina Garcia, Paula Noronha

- 181 **Glossaire**

- 185 **Événements historiques**

- 189 **Orientation bibliographique**

- 193 **Auteurs**

LES DYNASTIES ISLAMIQUES EN MÉDITERRANÉE

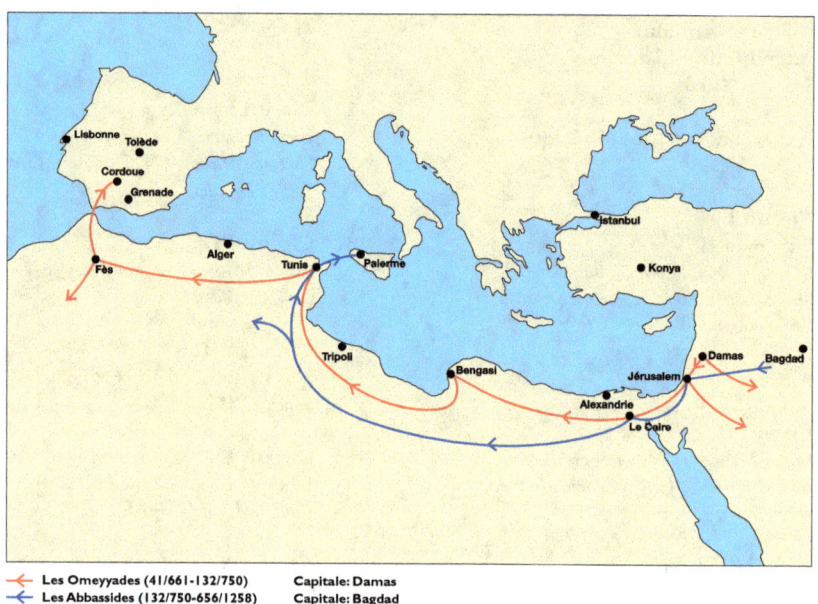

← Les Omeyyades (41/661-132/750)   Capitale: Damas
← Les Abbassides (132/750-656/1258) Capitale: Bagdad

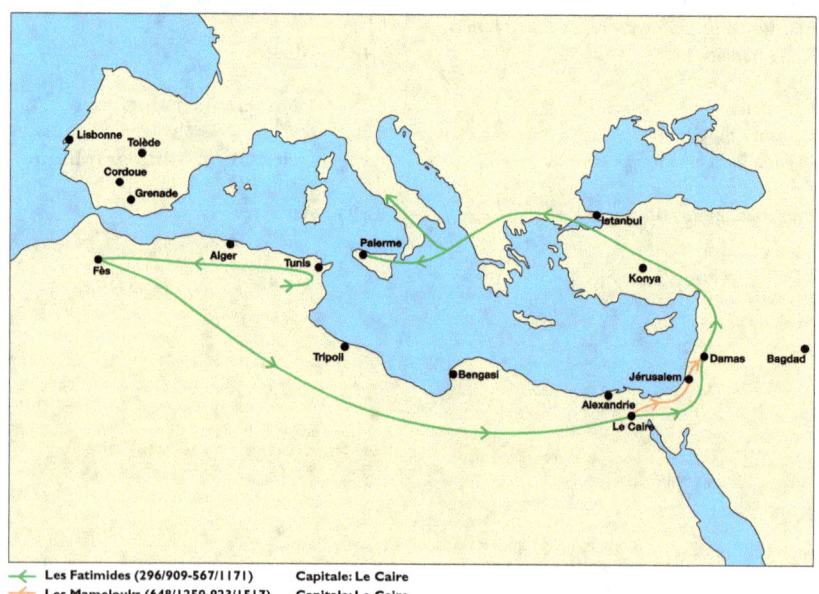

← Les Fatimides (296/909-567/1171)   Capitale: Le Caire
← Les Mamelouks (648/1250-923/1517) Capitale: Le Caire

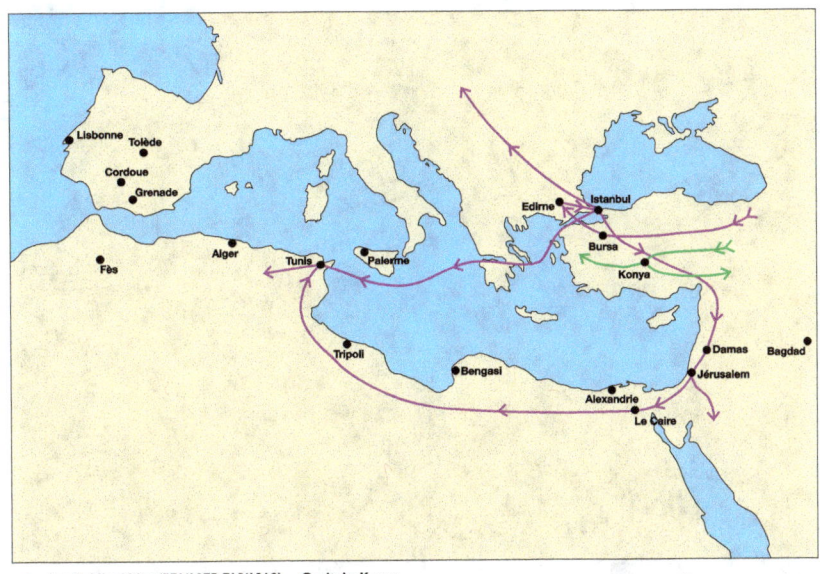

← Les Seldjoukides (571/1075-718/1318)   Capitale: Konya
← Les Ottomans (699/1299-1340/1922)   Capitale: Istanbul

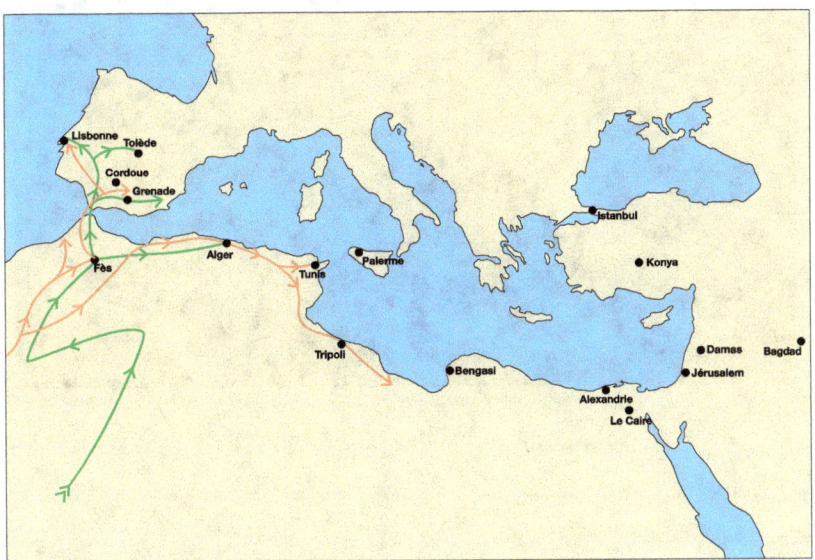

← Les Almoravides (427/1036-541/1147)   Capitale: Marrakech
← Les Almohades (515/1121-667/1269)   Capitale: Marrakech

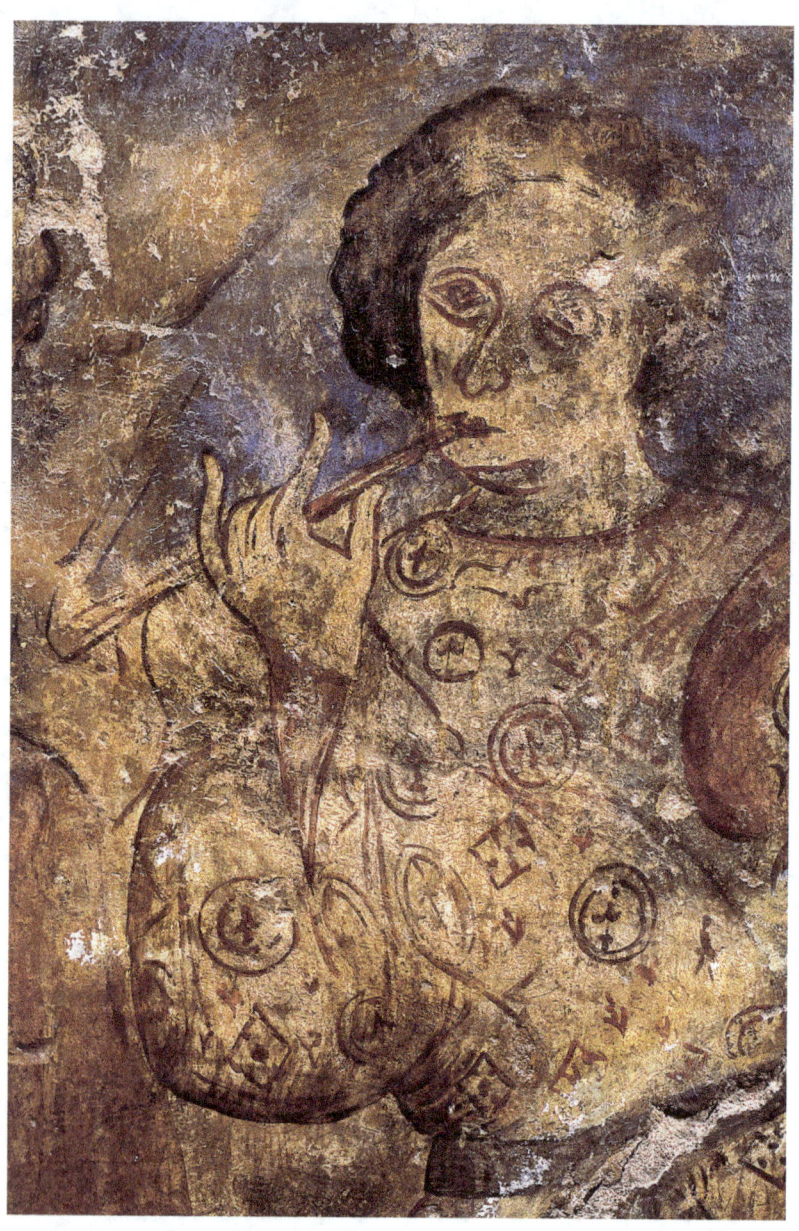

Qusayr 'Amra,
peinture murale de la
Salle d'Audiences,
Badiya de Jordanie.

L'ART ISLAMIQUE EN MÉDITERRANÉE

Jamila Binous
Mahmoud Hawari
Manuela Marín
Gönül Öney

Le patrimoine islamique en Méditerranée

Depuis la première moitié du Ier/VIIe siècle, l'histoire du bassin méditerranéen se partage, de façon étonnamment équitable, entre deux cultures, la culture islamique d'une part et la culture chrétienne occidentale d'autre part. Cette très longue histoire de conflits et de contacts a contribué à créer un mythe largement répandu dans l'imaginaire collectif, fondé sur l'image de l'autre comme étant l'ennemi irréductible, étranger et inconnu et, par là même, incompréhensible. Il est vrai que ces siècles sont ponctués de batailles, depuis les temps où les musulmans s'étendent à partir de la péninsule Arabique et prennent possession du Croissant Fertile, de l'Égypte et, plus tard, de l'Afrique du Nord, de la Sicile et de la péninsule Ibérique – et pénètrent en Europe occidentale jusqu'au sud de la France. Au début du IIe/VIIIe siècle, la Méditerranée est sous contrôle islamique.

Cette énergie à se déployer, d'une intensité rarement égalée dans l'histoire de l'humanité, ne peut se développer qu'au nom d'une religion qui se considère comme l'héritière des deux religions qui la précèdent, le judaïsme et le christianisme. Mais ce serait extrêmement réducteur d'expliquer le développement de l'islam en termes de religion uniquement. L'une des images très répandues en Occident présente l'islam comme une religion de simples dogmes, adaptée aux besoins du petit peuple, disséminée par de vulgaires guerriers sortis du désert, le Coran gravé sur la lame de leurs épées. Cette image grossière est très éloignée de la complexité intellectuelle d'un message religieux qui transforme le monde dès son commencement. Elle identifie ce message à une menace militaire et justifie par conséquent une réaction dans les mêmes termes. En fait, elle réduit l'ensemble d'une culture à l'une de ses composantes uniquement – la religion – et la déposède ainsi de son potentiel à évoluer et à changer.

Les pays méditerranéens qui sont progressivement intégrés dans le monde musulman commencent leur parcours à des points de départ très différents. Les formes de vie islamique qui commencent à se développer dans chacun de ces pays sont par conséquent distinctes malgré l'unité qui résulte de leur adhésion commune au nouveau dogme religieux. La capacité à assimiler les éléments de cultures antérieures (hellénistique, romaine, etc.) constitue précisément l'une des caractéristiques qui définissent les sociétés islamiques. Lorsque les observations se limitent à la zone géographique de la Méditerranée, qui est extrêmement diversifiée au plan culturel à l'époque de l'émergence de l'islam, on remarque rapidement que ce moment initial ne présente aucune rupture avec le passé et on en vient à réaliser qu'il n'est pas concevable d'imaginer un monde islamique monolithique et immuable, suivant aveuglément un message religieux inaltérable.

S'il convient de choisir un *leitmotiv* définissant tout le bassin méditerranéen, c'est bien la diversité d'expression mêlée à l'harmonie de sentiment, sentiment plus culturel que religieux. Dans la péninsule Ibérique – pour commencer par le périmètre occidental de la Méditerranée –, la présence de l'islam, imposée initialement par les conquêtes militaires, génère une société qui se différencie clairement de la société chrétienne, tout en étant continuellement en contact avec elle. L'importance de l'expression culturelle de cette société islamique se ressent encore même après qu'elle a cessé d'exister en tant que telle et donne naissance à ce qui constitue probablement l'un des éléments les plus originaux de la culture hispanique, l'art mudéjar. Au Maroc et en Tunisie, l'héritage d'al-Andalus (l'Espagne musulmane) est assimilé dans les formes artistiques locales et continue d'exister de nos jours. La Méditerranée occidentale produit des formes d'expression originales qui reflètent son évolution historique conflictuelle et plurielle.

Insérée entre l'Orient et l'Occident, la mer Méditerranée est dotée d'enclaves terrestres, lieux historiques majeurs témoins des siècles passés, notamment la Sicile. Conquise par les Arabes établis en Tunisie, la Sicile continue de perpétuer la mémoire culturelle et historique de l'islam, longtemps après que la présence politique des musulmans sur l'île eut disparu. La présence de formes esthétiques siculo-normandes que révèlent les monuments architecturaux démontre clairement que l'histoire de ces régions ne peut s'expliquer sans la compréhension de la diversité des expériences sociales, économiques et culturelles qui s'épanouissent sur ces terres.

Tout à fait à l'opposé, donc, de l'image immuable et constante à laquelle il est fait allusion plus haut, l'histoire de l'islam en Méditerranée se caractérise par une surprenante diversité, née de la fusion entre peuples et ethnies, déserts et terres fertiles. S'il apparaît clairement que la religion adoptée par la majorité est l'islam depuis le Moyen Âge, il est également vrai que les minorités religieuses maintiennent historiquement leur présence. La langue du Coran, l'arabe classique, coexiste avec d'autres langues de même qu'avec d'autres dialectes arabes. Dans ce cadre d'indéniable unité (religion musulmane, langue et culture arabes), chaque société évolue et relève les défis de l'histoire à sa façon propre.

L'émergence et le développement de l'art islamique

Sur l'ensemble des territoires de civilisations aussi anciennes que diverses, un nouvel art apparaît, mêlé aux images de la foi islamique qui émerge à la fin du

IIe/VIIIe siècle et qui, en moins d'un siècle, s'impose avec succès. À sa façon, cet art donne naissance à des créations et à des innovations qui reposent sur des formules et des procédés architecturaux et décoratifs d'unification régionale. Il s'inspire simultanément des traditions artistiques qui le précèdent : traditions gréco-romaine et byzantine, sassanide, wisigothique, berbère ou encore d'Asie centrale.

L'objectif initial de l'art islamique consiste à répondre aux besoins de la religion et aux divers aspects de la vie socio-économique. De nouveaux édifices religieux voient le jour, notamment les mosquées et les sanctuaires. L'architecture joue ainsi un rôle central dans l'art islamique, puisque de nombreux arts s'y rattachent. Cependant, hormis l'architecture, un ensemble d'arts mineurs apparaît et trouve son expression artistique dans une variété de matériaux, notamment le bois, la poterie, les métaux, le verre, etc. En poterie, une grande variété de techniques de vernissage est employée, notamment, parmi les groupes les plus utilisés, les céramiques peintes polychromes. Du verre d'une grande beauté est produit, atteignant le sommet de l'art avec le verre orné de couleurs dorées et vives vernissées. Le bronze incrusté d'argent ou de cuivre constitue la méthode la plus sophistiquée du travail du métal. Des textiles et des tapis d'excellente qualité, à motifs géométriques, animaliers ou humains, sont confectionnés. Des manuscrits enluminés de miniatures représentent l'aboutissement spectaculaire de l'art du livre. Ces différentes formes d'art mineur témoignent de l'éclat remarquable de l'art islamique.

Toutefois, l'art figuratif est exclu du domaine liturgique islamique, ce qui signifie qu'il est banni du cœur de la civilisation islamique et qu'il n'est toléré qu'à sa périphérie. Les reliefs sont rares dans la décoration des monuments et les sculptures sont pratiquement planes. Mais l'extrême richesse des ornementations des panneaux de stuc somptueusement ciselés, des panneaux de bois sculptés, des faïences murales et des mosaïques vernissées de même que des frises à stalactites, ou *mouqarnas*, compensent cette absence. Les éléments décoratifs empruntés à la nature — feuilles, fleurs, branches — sont généralement stylisés à l'extrême et sont si complexes qu'ils font rarement penser à leur source d'origine. L'entrelacement et la combinaison de motifs géométriques, notamment les losanges et les polygones étoilés, forment des réseaux entrelacés qui recouvrent entièrement les surfaces, créant des formes qui prennent souvent le nom d'arabesques. L'introduction d'éléments épigraphiques dans l'ornementation des monuments, des meubles et de divers objets représente une innovation du répertoire décoratif. Les artisans musulmans savent utiliser la beauté de la calligraphie arabe, la langue du Livre sacré, le Coran, non seulement pour transcrire des versets coraniques mais dans toutes ses variantes, comme simple motif de décoration de l'ornementation des panneaux de stuc et des encadrements de panneaux.

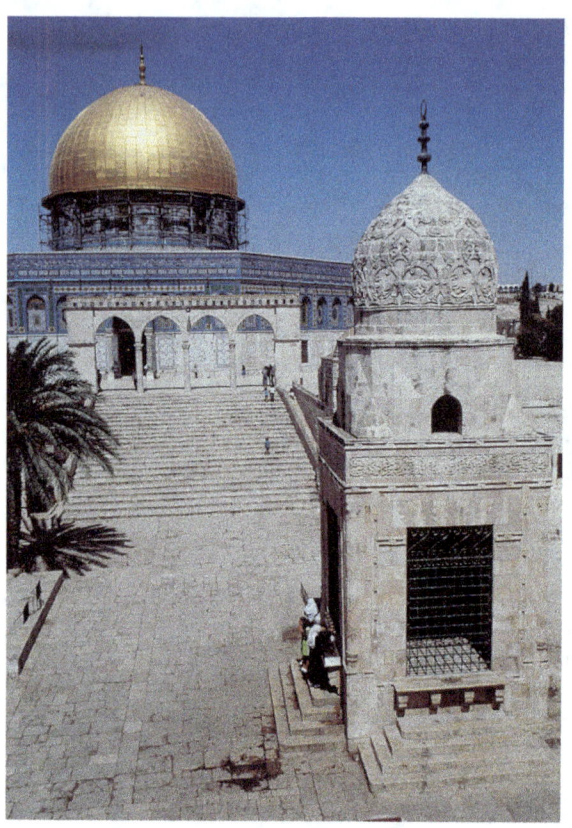

Dôme du Rocher, Jérusalem.

L'art se met également au service des souverains. Les architectes construisent, pour leurs mécènes, des palais, des mosquées, des écoles, des hôpitaux, des bains publics, des caravansérails et des mausolées qui portent parfois leur nom. L'art islamique est, avant tout, un art dynastique. Chaque tendance y contribue en apportant un renouvellement partiel ou complet des formes artistiques, en fonction du cadre historique, de la prospérité dont jouissent les États et des traditions de chaque peuple. L'art islamique, malgré son unité relative, permet la diversité, donnant naissance à différents styles, chacun étant assimilé à une dynastie.

La dynastie omeyyade (41/661-132/750), qui transfère la capitale du califat à Damas, représente un aboutissement singulier de l'histoire de l'islam. Elle absorbe et intègre l'héritage hellénistique et byzantin de façon à refondre la tradition classique méditerranéenne en un nouveau moule innovateur. L'art islamique naît donc en Syrie et l'architecture, nettement islamique du fait de la personnalité de ses fondateurs, continue également à offrir cette relation à l'art hellénistique et byzantin. Le Dôme du Rocher à Jérusalem, premier sanctuaire islamique monumental, la Grande Mosquée de Damas, qui sert de modèle aux mosquées ultérieures, et les palais du désert de Syrie, de Jordanie et de Palestine en constituent les monuments les plus importants.

Lorsque le califat abbasside (132/750-656/1258) succède à la dynastie omeyyade, le centre politique de l'islam se déplace de la Méditerranée vers Bagdad, en Mésopotamie. Ce facteur contribue à influencer le développement de la civilisation islamique et tous les aspects culturels et artistiques portent les stigmates de ce changement. L'art et l'architecture abbassides subissent l'influence de trois traditions majeures : sassanide, asiatique et seldjoukide.

L'influence de l'Asie centrale est déjà présente dans l'architecture sassanide, mais à Samarra, cette influence se retrouve dans le style du stuc avec ses ornementations en arabesques qui se répandent rapidement dans le monde islamique. L'influence des monuments abbassides se ressent dans les édifices construits au cours de cette période dans les autres provinces de l'Empire, tout particulièrement en Égypte et en Ifriqiya. Au Caire, la mosquée Ibn Touloun (262/876-265/879) est un véritable chef-d'œuvre, admirable pour son plan et son unité de conception. La Grande Mosquée abbasside de Samarra lui sert de modèle, tout particulièrement son minaret hélicoïdal. À Kairouan, capitale de l'Ifriqiya, les vassaux des califes abbassides, les Aghlabides (184/800-296/909), embellissent la Grande Mosquée, l'une des plus exemplaires du Maghreb dont le *mihrab* est recouvert de faïences de Mésopotamie.

Les Fatimides (296/909-567/1171) règnent sur une période remarquable de l'histoire des pays méditerranéens islamiques, l'Afrique du Nord, la Sicile, l'Égypte et la Syrie. Seuls restent quelques exemples de ces constructions architecturales, témoins de leur gloire passée : dans le Maghreb central, la Qal'a des Beni Hammad et la mosquée de Mahdia ; en Sicile, la Cuba (*Koubba*) et la Zisa (*al-'Aziza*) à Palerme, construites par les artistes fatimides sous le règne du roi normand Guillaume II ; au Caire, la mos-

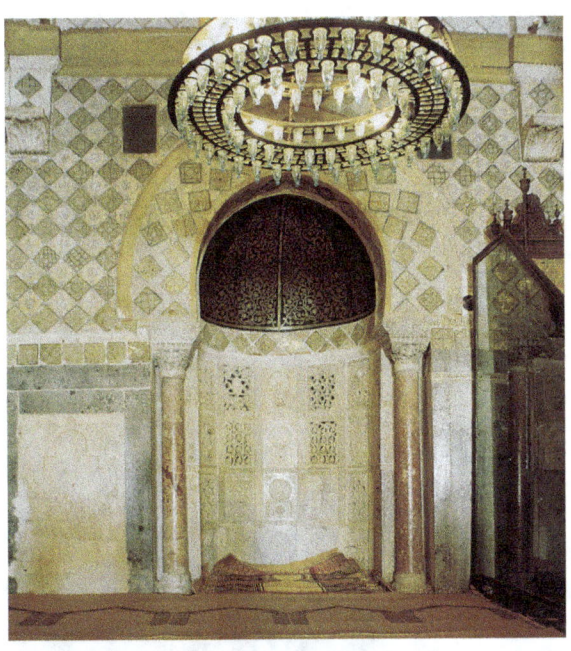

Mosquée de Kairouan, mihrab, Tunisie.

Mosquée de Kairouan, minaret, Tunisie.

Citadelle d'Alep, vue de l'entrée, Syrie.

Complexe Qalawun, Le Caire, Égypte.

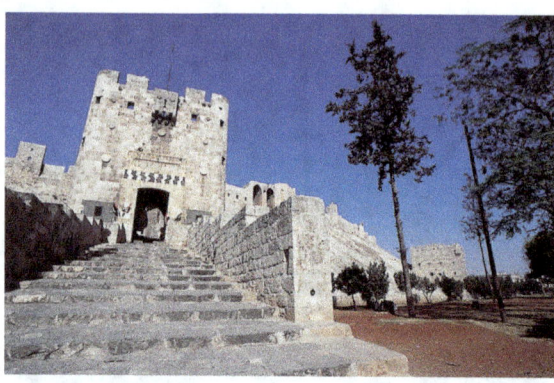

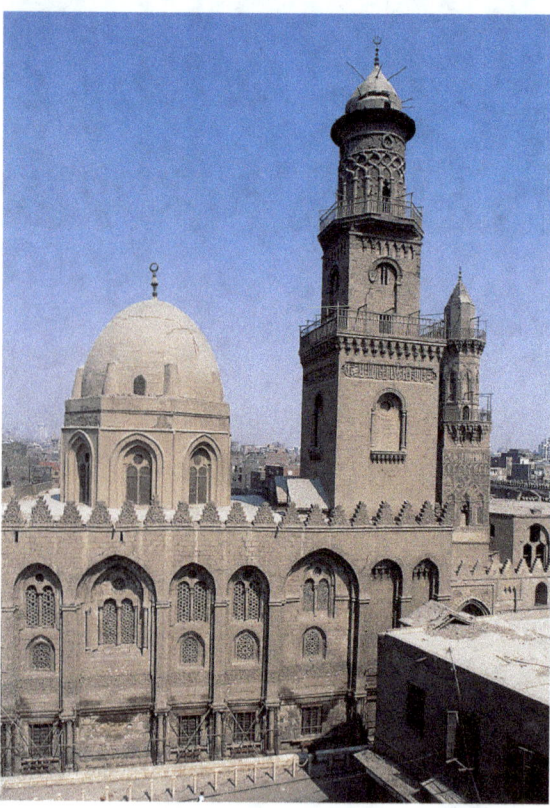

quée al-Azhar constitue l'exemple le plus remarquable de l'architecture fatimide en Égypte.

Les Ayyoubides (567/1171-648/1250), qui renversent la dynastie fatimide au Caire, sont des mécènes importants dans le domaine de l'architecture. Ils fondent des institutions religieuses (*madrasa*s, *khanqa*s) afin de propager l'islam sunnite, des mausolées et des établissements de bienfaisance sociale, de même que des fortifications imposantes en vue de faire front aux conflits militaires avec les Croisés. La Citadelle d'Alep en Syrie constitue un magnifique exemple de leur architecture militaire.

Les Mamelouks (648/1250-922/1517), successeurs des Ayyoubides, résistent vaillamment aux Croisés et aux Mongols, parviennent à obtenir l'unité de la Syrie et de l'Égypte et fondent un puissant empire. La richesse et le luxe de la cour du sultan mamelouk au Caire poussent les artistes et les architectes à atteindre un style d'architecture extraordinairement élégant. Pour le monde islamique, la période mamelouke marque un essor et une renaissance. L'enthousiasme à créer des édifices religieux et à reconstruire les édifices existants place les Mamelouks parmi les plus grands mécènes dans les domaines de l'art et de l'architecture dans l'histoire de l'islam. La mosquée de Hassan (757/1356), mosquée funéraire construite selon un plan cruciforme, les branches de la croix étant formées de quatre *iwan*s autour d'une cour centrale, est typique de cette époque.

L'art islamique en Méditerranée

L'Anatolie est le berceau de deux grandes dynasties islamiques : les Seldjoukides (571/1075-718/1318), qui introduisent l'islam dans la région, et les Ottomans (699/1299-1340/1922), qui entraînent la fin de l'Empire byzantin avec la prise de Constantinople et assoient leur hégémonie dans la région.

Un style distinctif de l'art et de l'architecture seldjoukides s'épanouit avec des influences d'Asie centrale, d'Iran, de Mésopotamie et de Syrie qui s'entremêlent à des éléments du patrimoine de l'Anatolie chrétienne et de l'Antiquité. Konya, la nouvelle capitale de l'Anatolie centrale, ainsi que d'autres villes, s'enrichissent d'édifices dans le nouveau style seldjoukide. De nombreuses mosquées, *madrasas*, *turbés* et *caravansérails*, richement décorés de stuc et de faïence aux diverses représentations figuratives, survivent encore.

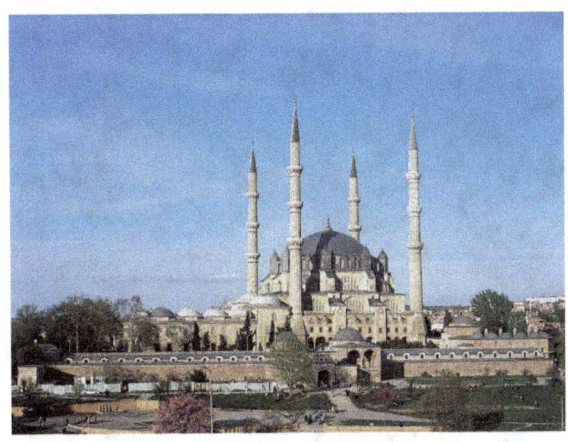

Mosquée Selimiye, vue générale, Edirne, Turquie.

Avec la désintégration des Émirats seldjoukides et le déclin de Byzance, les Ottomans peuvent étendre leur territoire et transfèrent rapidement leur capitale d'Iznik à Bursa puis à Edirne. La conquête de Constantinople en 858/1453 par le sultan Mehmet II donne l'élan nécessaire à la transition entre un État émergeant et un grand empire. Une superpuissance qui étend ses frontières jusqu'à Vienne, y compris les Balkans à l'ouest et l'Iran à l'est, de même qu'en Afrique du Nord, de l'Égypte à l'Algérie, transformant la Méditerranée orientale en mer ottomane. La course en vue de surpasser la grandeur des églises byzantines héritées, dont la Sainte-Sophie constitue l'exemple le plus frappant, culmine avec la construction de grandes mosquées à Istanbul. La mosquée Süleymaniye, construite au Xe/XVIe siècle par le célèbre architecte ottoman Sinan, en est l'exemple le plus significatif et incarne le point culminant de l'harmonie architecturale des édifices à coupoles. La plupart des grandes mosquées ottomanes font

Céramique du palais Kubadabad, Musée Karatay, Konya, Turquie.

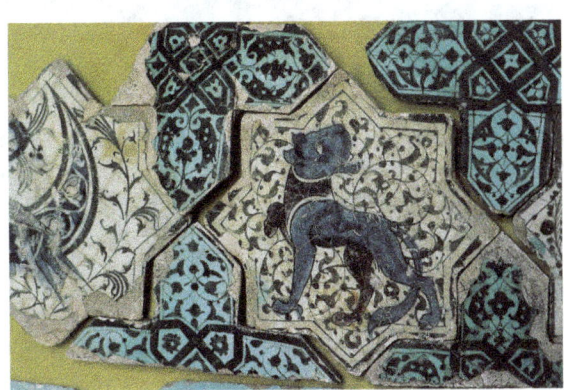

Grande Mosquée de Cordoue, mihrab, Espagne.

Dar al-Jund, Madinat al-Zahra', Espagne.

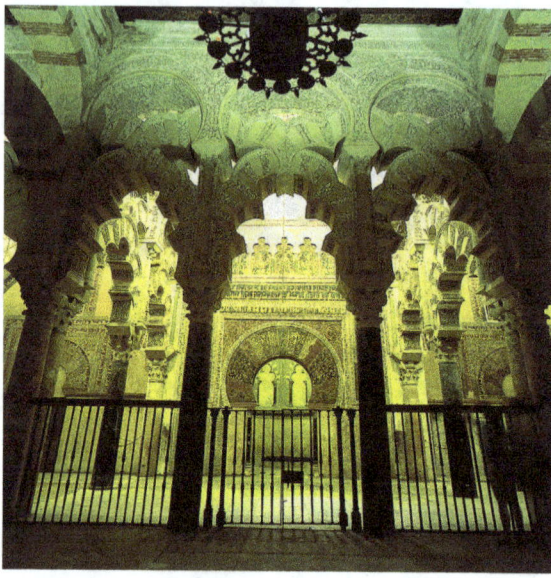

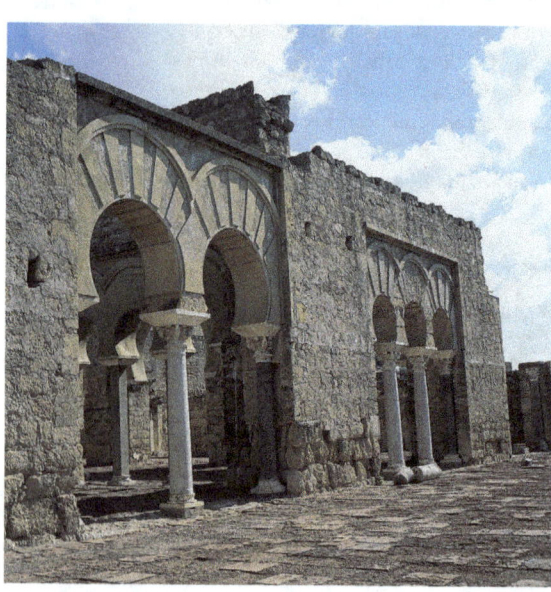

partie d'un grand ensemble d'édifices, *külliye,* comprenant des *madrasa*s, une école coranique, une bibliothèque, un hôpital (*darüssifa*), une auberge (*tabkhane*), une cuisine publique, un *caravansérail* et des mausolées (*turbés*). À partir du début du XIIe/XVIIIe siècle, au cours de la "Période des Tulipes", l'architecture et le style décoratif ottomans reflètent l'influence du style baroque et rococo français, annonçant la période d'occidentalisation de l'art et de l'architecture.

Al-Andalus, dans la partie occidentale du monde islamique, devient le berceau d'une expression artistique et culturelle brillante. Abd al-Rahman Ier y fonde un califat ommeyade indépendant (138/750-422/1031) avec Cordoue pour capitale. La Grande Mosquée de cette ville ouvre la voie aux tendances artistiques innovatrices, notamment avec les doubles arcs bicolores superposés et les panneaux à ornementation végétale, qui sont passées dans le répertoire des formes artistiques andalousiennes.

Au cours du Ve/XIe siècle, le califat de Cordoue se divise en de multiples principautés qui ne sont pas en mesure d'éviter l'avancée progressive de la reconquête initiée par les États chrétiens au nord-ouest de la péninsule Ibérique. Ces roitelets ou rois de Taïfa font appel aux Almoravides en 479/1086 et aux Almohades en 540/1145 en vue de repousser l'arrivée des chrétiens et de rétablir l'unité partielle d'al-Andalus.

Par leur intervention dans la péninsule Ibérique, les Almoravides (427/1036-541/1147) entrent en contact avec une nouvelle civilisation et tombent rapidement sous le charme du raffinement de l'art andalousien, comme le reflète leur capitale, Marrakech, où ils construisent une grande mosquée et des palais. L'influence de l'architecture de Cordoue et d'autres capitales, notamment Séville, se ressent dans tous les monuments almoravides de Tlemcen, Alger ou Fès.

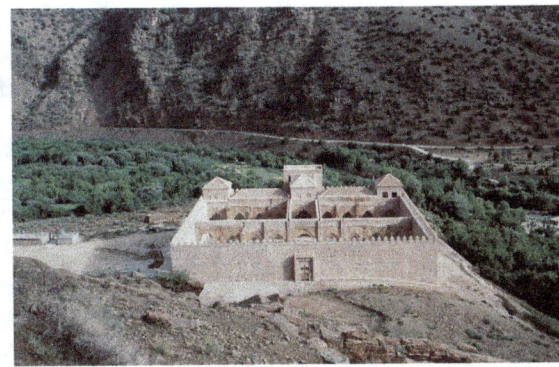

Mosquée de Tinmel, vue aérienne, Maroc.

L'art islamique occidental atteint son apogée sous le règne des Almohades (515/1121-667/1269), qui étendent leur hégémonie jusqu'en Tunisie. Au cours de cette période, la créativité artistique favorisée par les souverains almoravides se renouvelle et des chefs-d'œuvre de l'art islamique font leur apparition. La Grande Mosquée de Séville avec son minaret la Giralda, la Koutoubiya à Marrakech, la mosquée Hassan à Rabat et la mosquée de Tinmal érigée au sommet des montagnes de l'Atlas au Maroc en sont les exemples les plus remarquables.

Avec la dissolution de l'Empire almohade, la dynastie nasride (629/1232-897/1492) s'installe à Grenade et vit une période de splendeur au cours du VIIIe/XIVe siècle. La civilisation de Grenade devient un modèle culturel pour les siècles à venir en Espagne (l'art mudéjar) et, particulièrement, au Maroc, où cette tradition artistique a bénéficié d'une grande popularité et est préservée jusqu'à nos jours dans les domaines de l'architecture, de la décoration, de la musique et de la gastronomie. Les célèbres palais et forts de *al-Hamra'* (l'Alhambra) à Grenade marquent l'aboutissement suprême de l'art andalousien, avec toutes les caractéristiques de son répertoire artistique.

Tour des Dames et jardins, l'Alhambra, Grenade, Espagne.

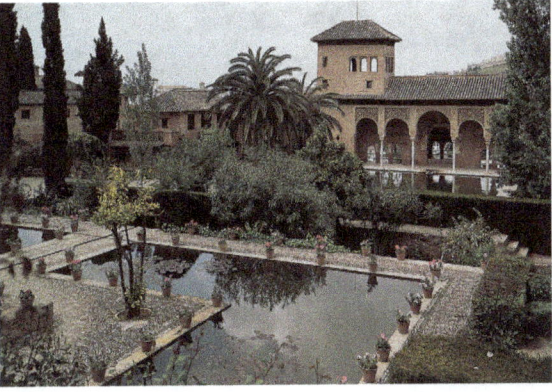

Parallèlement, au Maroc, les Mérinides (641/1243-876/1471) succèdent aux Almohades, alors qu'en Algérie règnent les Abd al-Wadids (633/1235-922/1516) et en Tunisie

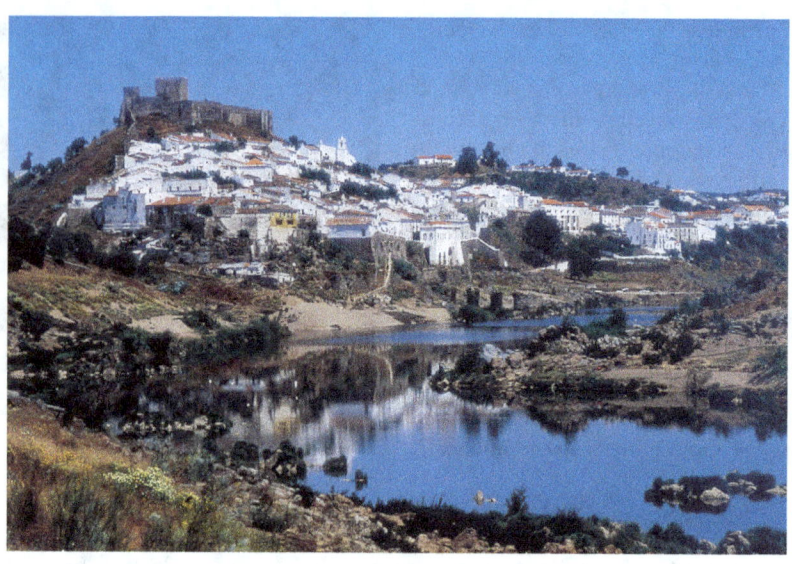

Mértola, vue générale, Portugal.

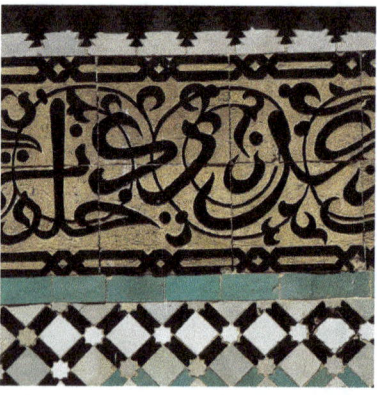

Frise épigraphique en caractères cursifs sur carreaux de faïence, Madrasa Bouinaniya, Meknès, Maroc.

les Hafsides (625/1228-941/1534). Les Mérinides perpétuent l'art andalousien, l'enrichissant de nouveaux éléments. Ils embellissent leur capitale Fès par une abondance de mosquées, palais et *madrasa*s, considérés comme étant, avec leurs mosaïques de céramique et leurs revêtements de *zellige* dans les décorations murales, les œuvres les plus parfaites de l'art islamique. Les dynasties marocaines suivantes, les Saadiens (933/1527-1070/1659) et les Alaouites (1070/1659 à nos jours), perpétuent la tradition artistique des Andalous exilés de leur terre natale en 897/1492. Ils continuent de construire et de décorer leurs monuments en utilisant les mêmes formules et les mêmes thèmes décoratifs que les dynasties précédentes, ajoutant des touches innovatrices caractéristiques de leur génie créatif. Au début du XIe/XVIIe siècle, les immigrés d'al-Andalus (les Morisques), qui s'établissent dans les villes du nord du Maroc, introduisent de nombreuses

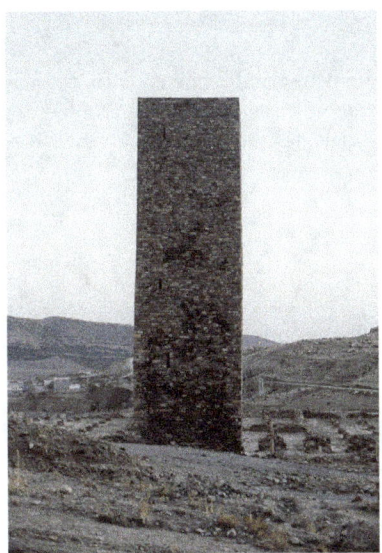 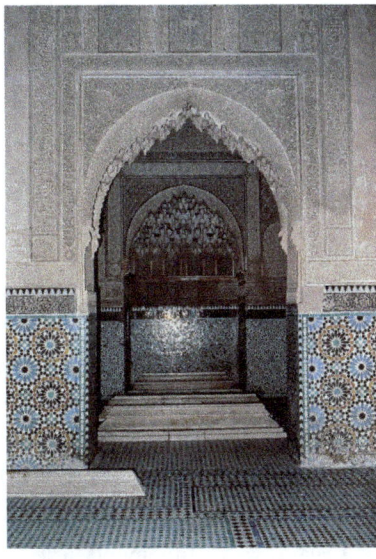

Qal'a des Beni Hammad, minaret, Algérie.

Tombeau des Saadiens, Marrakech, Maroc.

caractéristiques de l'art andalousien. Aujourd'hui, le Maroc est l'un des rares pays à perpétuer les traditions andalousiennes dans son architecture et son ameublement, modernisées par l'introduction de techniques et de styles architecturaux du XXe siècle.

L'ARCHITECTURE ISLAMIQUE

De façon générale, l'architecture islamique peut être classée en deux catégories : religieuse, avec notamment les mosquées, les *madrasa*s, les mausolées, et séculaire, tout particulièrement avec les palais, les *caravansérails*, les fortifications, etc.

Architecture religieuse

Les mosquées

Pour des raisons évidentes, la mosquée se trouve au cœur de l'architecture islamique. Elle représente le clair symbole de la foi qu'elle sert. Très tôt, les musulmans comprennent ce rôle symbolique qui constitue un facteur important dans la création d'indices visuels appropriés dans le domaine de la construction : les minarets, coupoles, *mihrab*s, *minbar*s, etc.

La cour de la maison du Prophète à Médine représente la première mosquée de l'islam, sans raffinements architecturaux. Les premières mosquées construites par les musulmans au fur et à mesure de l'expansion de leur empire sont simples. À partir de ces édifices se développe la mosquée du vendredi (*jami'*), dont les traits essentiels n'ont pas changé depuis 1400 ans. Son plan général consiste en une grande cour entourée d'arcades, avec un nombre de rangées plus élevé sur le côté orienté vers La Mecque (*qibla*) que sur les autres côtés. La Grande Mosquée omeyyade de Damas, dont le plan s'inspire de celui de la mosquée du Prophète, sert de modèle aux nombreuses mosquées construites dans les différentes provinces du monde islamique.

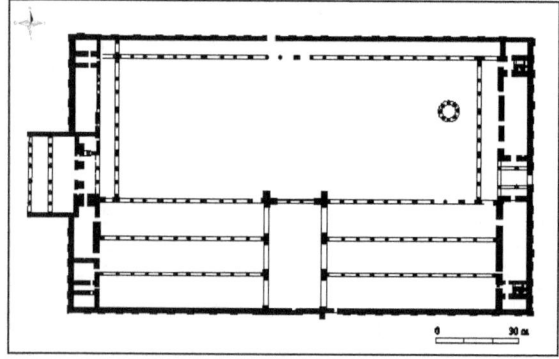

Mosquée omeyyade de Damas, Syrie.

Deux autres types de mosquées se développent en Anatolie et, plus tard, sur les territoires ottomans : les mosquées basilicales et les mosquées à coupoles. Le premier type consiste en une simple salle à piliers ou basilique, style influencé par la tradition romaine tardive et par la tradition byzantine de Syrie, introduite avec quelques modifications au Ve/XIe siècle.

Le deuxième type de mosquées, qui se développe au cours de la période ottomane, organise l'espace intérieur sous un dôme unique. Les architectes ottomans créent dans les grandes mosquées impériales un nouveau style de construction à coupoles qui réunit la tradition de la mosquée islamique et la construction des édifices à coupoles en Anatolie. Le dôme principal repose sur une structure hexagonale et les baies latérales sont couronnées de coupoles plus petites. L'importance d'un espace intérieur dominé par un dôme unique devient le point de départ d'un style diffusé au Xe/XVIe siècle. Au cours de cette période, les mosquées deviennent des

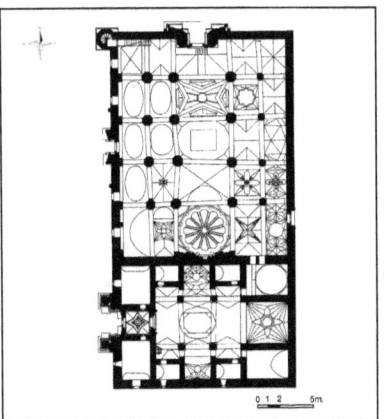

Grande Mosquée de Divriği, Turquie.

complexes multifonctionnels à caractère social, composés d'une *zaouïa*, d'une *madrasa*, d'une cuisine publique, de bains, d'un *caravansérail* et du mausolée du fondateur. La mosquée Süleymaniye à Istanbul, construite en 965/1557 par le grand architecte Sinan, constitue l'exemple suprême de ce style.

Le minaret du haut duquel le *muezzin* appelle les fidèles à la prière constitue l'indice le plus saillant de la mosquée. En Syrie, le minaret traditionnel consiste en une tour carrée construite en pierre. Dans l'Égypte mamelouke, les minarets sont divisés en trois zones distinctes : une section carrée à la base, une section médiane octogonale et une section cylindrique au sommet, surplombée d'une petite coupole. Les fûts sont richement décorés et la transition entre deux sections se fait au moyen d'un bandeau de *mouqarnas*. Les minarets d'Afrique du Nord et d'Espagne, qui partagent leur tour carrée avec la Syrie, sont décorés de panneaux à motifs autour de fenêtres jumelées. Pendant l'époque ottomane, les minarets octogonaux ou cylindriques remplacent la tour carrée. Il s'agit souvent de hauts minarets effilés, et bien que les mosquées ne possèdent généralement qu'un seul minaret, dans les grandes villes, elles peuvent avoir deux, quatre, voire six minarets.

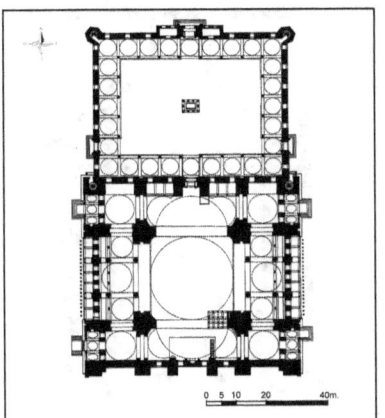

Mosquée Süleymaniye, Istanbul, Turquie.

L'art islamique en Méditerranée

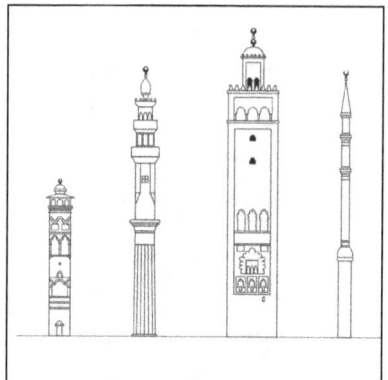

Typologie de minarets.

Les madrasas

Il est probable que les Seldjoukides ont construit leurs premières *madrasa*s en Perse au début du Ve/XIe siècle. Il ne s'agit encore que de petites structures dotées d'une cour surmontée d'un dôme et de deux *iwan*s latéraux. Un autre type de *madrasa*s se développe ultérieurement avec une cour ouverte et un *iwan* central entouré d'arcades. Au cours du VIe/XIIe siècle en Anatolie, la *madrasa* devient multifonctionnelle et sert d'école de médecine, d'hôpital psychiatrique, d'hospice équipé d'une cuisine publique (*imaret*) et d'un mausolée.

Le développement de l'islam sunnite orthodoxe atteint un nouvel apogée en Syrie et en Égypte avec les Zengides et les Ayyoubides (VIe/XIIe-début VIIe/XIIIe siècles). Cette époque voit l'introduction de la *madrasa* fondée par un dirigeant civique ou politique, dans le but de développer la jurisprudence islamique. Ce type d'établissement est financé par des biens de mainmorte (*waqf*), généralement les revenus de terres ou de propriétés, comme les vergers, les échoppes dans un marché (*souk*) ou les bains publics (*hammam*). La *madrasa*

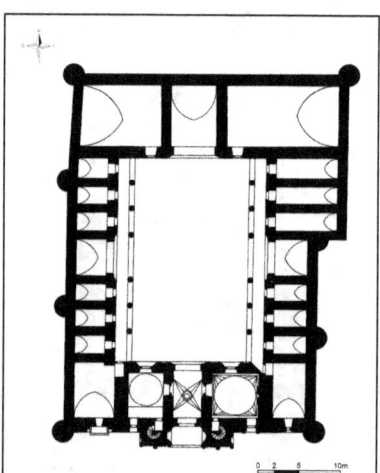

Madrasa de Sivas Gök, Turquie.

suit généralement un plan cruciforme avec une cour centrale entourée de quatre *iwan*s. Très vite, la *madrasa* devient une forme architecturale dominante avec des mosquées adoptant leur plan à quatre *iwan*s. La *madrasa* perd progressivement son seul rôle religieux et de fonction politique comme instrument de propagande et tend à avoir une fonction civique plus large, servant de mosquée du prêche et de mausolée pour le bienfaiteur.

La construction de *madrasa*s en Égypte, et tout particulièrement au Caire, apporte un nouveau souffle avec l'arrivée des Mamelouks. La *madrasa* cairote typique de cette époque est une structure multifonctionnelle à quatre *iwan*s avec un portail à stalactites (*mouqarnas*) et de splendides façades. Avec l'arrivée des Ottomans au début du Xe/XVIe siècle, la double fondation – généralement une mosquée-*madrasa* – devient un grand centre très répandu qui jouit de la protection impériale. L'*iwan* disparaît progressivement, remplacé par une salle à coupole dominante. L'augmentation considérable du nombre de cellules pour étudiants surmontées de coupoles constitue l'un des éléments qui caractérisent les *madrasa*s ottomanes.

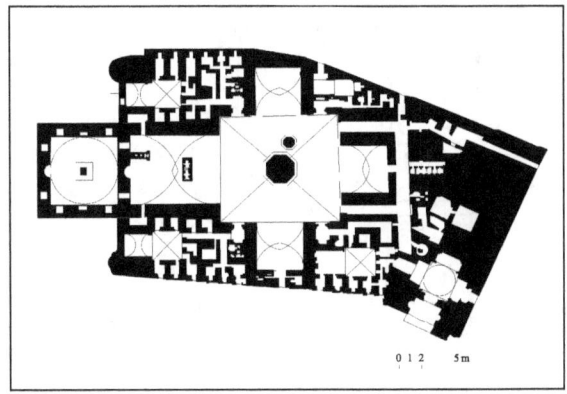

Mosquée et Madrasa Sultan Hassan, Le Caire, Égypte.

La *khanqa* constitue l'un des types d'édifices qui, du fait de sa fonction et de sa forme, peut être associé à la *madrasa*. Ce terme indique une institution plutôt qu'un type particulier d'édifice, qui abrite les membres d'un ordre mystique musulman. Il existe de nombreux autres termes synonymes de *khanqa*, utilisés par les historiens musulmans : au Maghreb, *zaouïa* ; dans les territoires ottomans, *tekke* et, le terme le plus généralement utilisé, *ribat*. Le soufisme domine constamment la *khanqa*, en provenance de Perse orientale au cours du IVe/Xe siècle. Dans sa forme la plus simple, une *khanqa* est une maison rassemblant un groupe d'étudiants autour d'un maître (*cheikh*). Celle-ci est dotée de salles de réunion, de prière et communautaires. La création de *khanqa*s se développe sous les Seldjoukides au cours des Ve/XIe et VIe/XIIe siècles et bénéficie de l'étroite association entre le soufisme et le *madhhab* (doctrine) shafiite favorisés par l'élite au pouvoir.

Les mausolées

Dans les sources islamiques, la terminologie servant à désigner le type de construction des mausolées est très riche. Le terme descriptif usuel *turbé* se réfère à la fonction d'inhumation de l'édifice. Un autre terme, la *koubba*, se réfère à son élément le plus identifiable, la coupole, et s'applique souvent à une construction qui commémore les prophètes bibliques, les compagnons du Prophète Muhammad et des notables religieux ou militaires. La fonction des mausolées ne se limite pas simplement à un lieu d'inhumation et de commé-

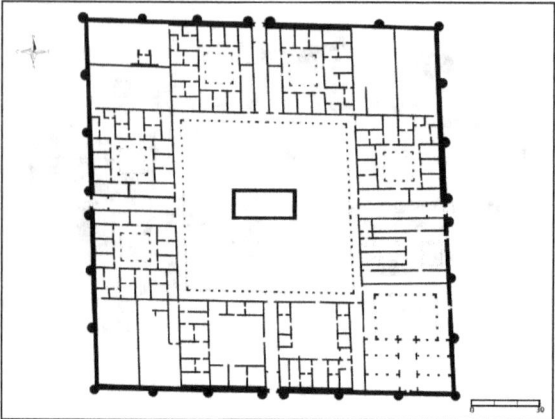

Qasr al-Khayr oriental, Syrie.

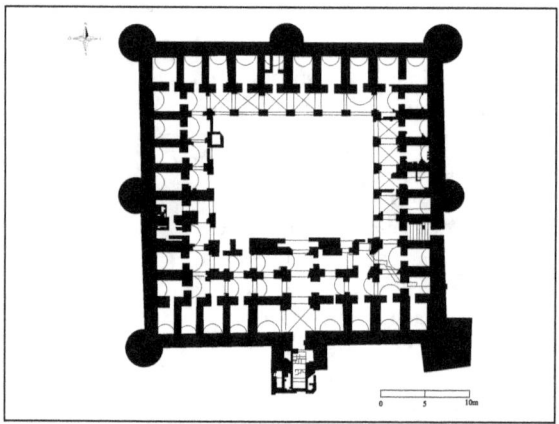

Ribat de Sousse, Tunisie.

moration, mais joue également un rôle important dans la religion "populaire". Ils sont vénérés comme des tombeaux de saints locaux et sont devenus des lieux de pèlerinage. Très souvent, la structure du mausolée est embellie par des citations du Coran et est dotée d'un *mihrab*, afin d'en faire un lieu propice à la prière. Dans certains cas, le mausolée fait partie d'une institution commune. Les formes des mausolées islamiques de l'époque médiévale sont variées mais la forme traditionnelle consiste en un quadrilatère recouvert d'une coupole.

Architecture séculaire

Les palais

La période omeyyade se caractérise par des palais et des bains publics somptueux dans les lointaines régions désertiques. Leur plan de base découle des modèles de campements militaires romains. Malgré leur décoration éclectique, ils constituent les meilleurs exemples du style décoratif islamique naissant. Les mosaïques, les peintures murales, les sculptures en stuc ou en pierre sont les moyens utilisés pour cette remarquable variété de décorations et de thèmes. Les palais abbassides en Irak, notamment ceux de Samarra et d'Ukhaidir, suivent le même plan que leurs prédécesseurs omeyyades mais se caractérisent par des dimensions plus imposantes, par l'utilisation de grands *iwans*, de coupoles et de cours, et par l'utilisation intensive de décorations en stuc. Les palais de la fin de la période islamique élaborent un nouveau style distinctif, plus décoratif et moins monumental. L'Alhambra constitue probablement l'exemple le plus remarquable de palais royaux ou princiers. La grande superficie du palais est fragmentée en une série d'unités indépendantes : jardins, pavillons et cours.

Cependant, l'élément le plus singulier de l'Alhambra est la décoration qui produit un effet extraordinaire à l'intérieur de l'édifice.

Les caravansérails

Un *caravansérail* se réfère généralement à une grande structure qui offre le gîte aux voyageurs et aux commerçants. Il s'agit normalement d'un espace carré ou rectangulaire, avec une entrée monumentale en saillie et des tours qui flanquent l'enceinte extérieure. Une cour centrale est entourée de portiques et de pièces réservées à l'hébergement des voyageurs et au stockage des marchandises, et qui abritent également des écuries pour les animaux.

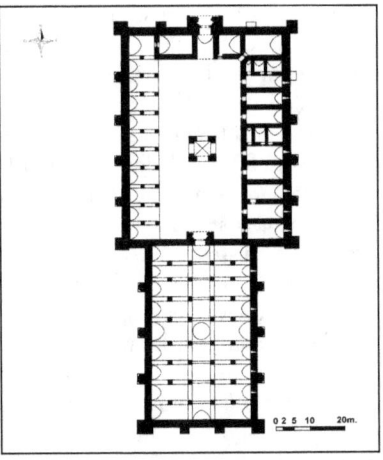

Han Sultan Aksaray, Turquie.

Cette typologie d'édifice répond à une grande variété de fonctions, comme le démontrent ses différentes dénominations : *khan, han, fondouk, ribat*. Ces termes ne sont que le reflet de différences linguistiques régionales et ne désignent pas véritablement des fonctions ou des types distinctifs. Les sources architecturales des différents types de *caravansérails* ne sont pas aisément identifiables. Certaines découlent probablement du *castrum* ou campement militaire romain, dont les palais omeyyades du désert se rapprochent. D'autres types d'édifices qui existent en Mésopotamie et en Perse sont associés à l'architecture domestique.

Organisation urbaine

À partir du IIIe/Xe siècle, chaque ville, quelle que soit son importance, se dote d'enceintes fortifiées et de tours, de grandes portes élaborées et d'une puissante citadelle (*qal'a* ou *casbah*), symbole du pouvoir établi. Celles-ci sont des constructions massives réalisées avec des matériaux typiques de la région où elles sont édifiées : pierre de taille en Syrie, Palestine et Égypte ou brique, pierre de taille et terre battue dans la péninsule Ibérique et en Afrique du Nord. Le *ribat* constitue un exemple unique d'architecture militaire. Techniquement, il s'agit d'un palais fortifié conçu pour les guerriers de l'islam engagés, temporairement ou de façon permanente, à défendre les frontières. Le *ribat* de Sousse en Tunisie comporte des similitudes avec les premiers palais islamiques, mais présente des différences dans l'organisation intérieure pour ce qui est de la grande salle, de la mosquée et du minaret.

La division de la plupart des villes islamiques en quartiers est basée sur l'affinité ethnique et religieuse et constitue, par ailleurs, un système d'organisation urbaine qui facilite l'administration de la population. La mosquée est toujours présente dans le quartier. Un bain public, une fontaine, un four et un ensemble de magasins se trouvent soit à l'intérieur du périmètre du quartier, soit à proximité. Sa structure se compose d'un réseau de rues et d'impasses, et d'un ensemble de maisons. En fonction de la région et de l'époque, les maisons présentent différentes caractéristiques régies par les traditions historiques et culturelles, le climat et les matériaux de construction disponibles.

Le marché (*souk*), qui fonctionne comme le centre névralgique du commerce local, constitue l'élément le plus caractéristique des villes islamiques. Sa distance par rapport à la mosquée détermine l'organisation spatiale par corps de métiers. Par exemple, les professions considérées comme propres et honorables (libraires, parfumeurs, tailleurs) se trouvent à proximité immédiate de la mosquée, tandis que les métiers bruyants et nauséabonds (forgerons, tanneurs, teinturiers) s'en éloignent progressivement. Cette distribution géographique répond à des impératifs qui s'appuient sur des critères purement techniques.

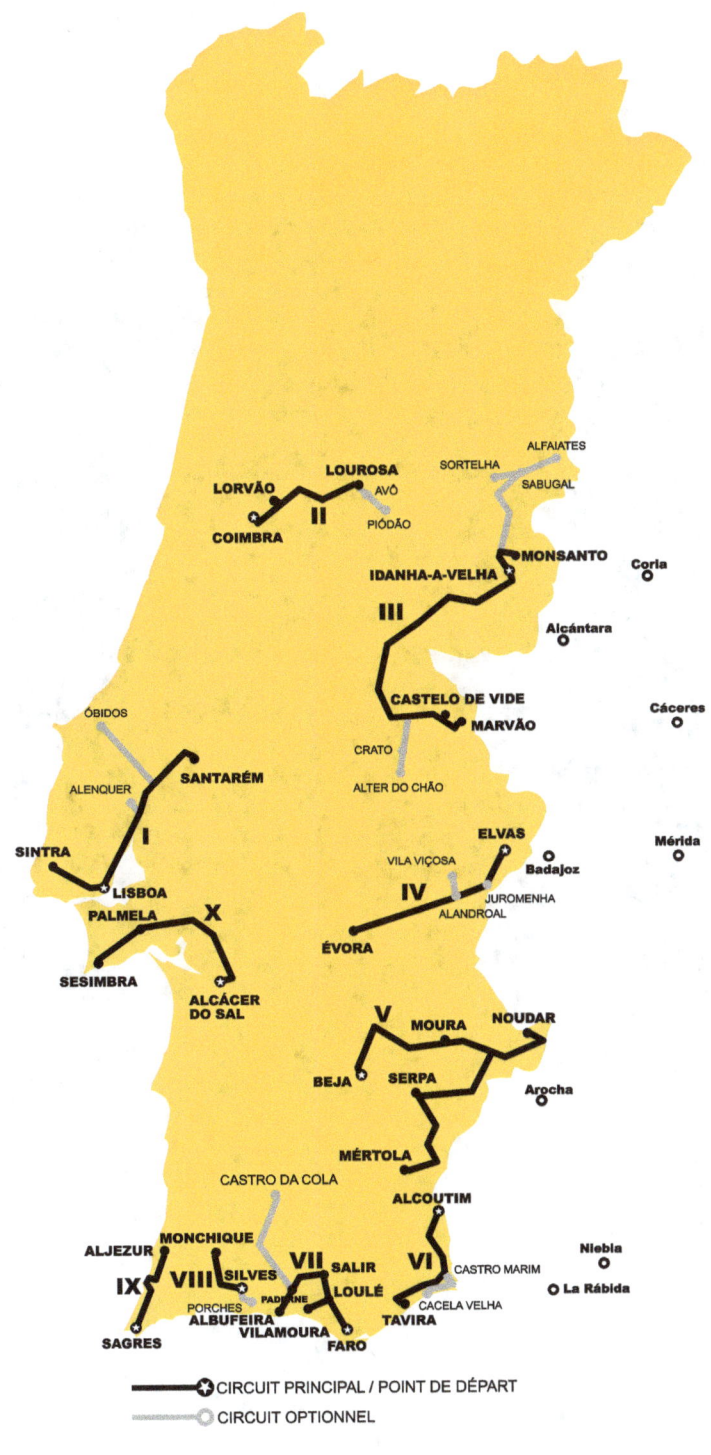

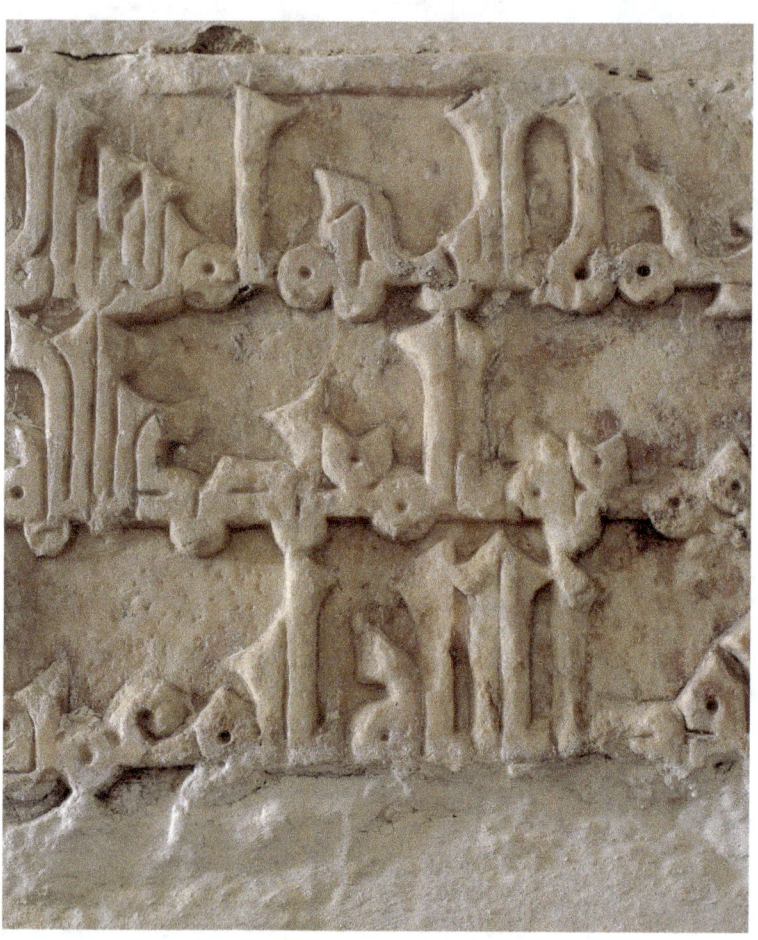

Château, stèle commémorative de la construction du minaret de la mosquée de Moura, détail, 444/1052, Moura.

GHARB AL-ANDALUS: INTRODUCTION HISTORIQUE

Santiago Macias

Chronologiquement parlant, les territoires les plus occidentaux de la Péninsule ont accompagné de près le processus d'islamisation observé dans les autres régions de l'Hispanie. D'après les récits se situant entre 95/714 et 97/716, des villes comme Lisbonne, Faro, Beja, Santarém ou Coimbra ont intégré l'orbite de l'influence musulmane, et l'on peut supposer que tout le reste du territoire a connu une situation identique.

La stratégie d'occupation utilisée sur ce territoire par les premières troupes musulmanes se serait basée sur l'établissement d'un consensus et sur l'élaboration d'accords avec les populations péninsulaires. Ce fait aurait contribué de façon décisive au maintien dans le Gharb d'un État jouissant d'une relative autonomie, approchant parfois une quasi-indépendance.

Du point de vue de l'histoire politique de la civilisation islamique péninsulaire, le territoire du Gharb al-Andalus constitue une zone particulière, caractérisée par une dynamique accompagnant, avec son propre rythme, les événements survenus dans la sphère des grands centres de décision. Étant un espace géographiquement éloigné des villes qui opérèrent la centralisation politique entre le IIe/VIIIe et le VIIe/XIIIe siècle (Cordoue et Séville), c'est là qu'eurent lieu des événements qui marquèrent d'une manière décisive la vie des populations résidentes et qui furent, à certains moments, d'une extrême importance pour l'évolution de l'histoire politique péninsulaire dans son ensemble.

Nous trouvons ainsi en al-Andalus, et donc aussi dans le Gharb, outre les inhérentes contradictions sociales entre le monde urbain et le monde rural, un croissant éloignement ethnique, linguistique et même religieux de la ville par rapport à la campagne, qui va en s'accentuant avec les migrations successives de commerçants ou de professionnels de la guerre.

La dispersion territoriale des villes de petite et moyenne importance révèle une dilution des pouvoirs qui, d'une certaine manière, définit et individualise le Gharb al-Andalus dans le contexte ibérique. En ce sens, il est symptomatique que Lisbonne, le plus grand et le plus puissant centre urbain du Gharb, n'ait jamais exercé d'hégémonie sur la région, ni encore moins manifesté de prétention sur ce plan. La ville de l'estuaire du Tage a toujours joué un rôle discret pendant toutes les luttes pour le pouvoir qui, systématiquement, entraînèrent ses voisins. Par ailleurs, les deux tentatives unificatrices de Badajoz, même si elles s'insérèrent dans un contexte propre de résistance au contrôle de Cordoue, et même si on ne peut les séparer parce que cette ville essaya d'assumer l'héritage politique de l'ancienne capitale lusitanienne, n'eurent point de grand avenir à cause de la constante rébellion de la région.

Dans une tradition qui semble s'être généralisée à tout al-Andalus, chaque ville

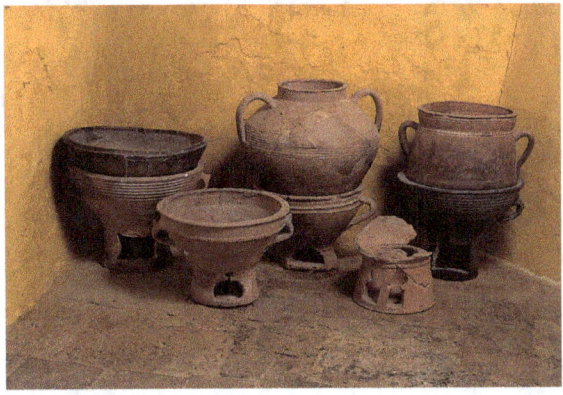

Ustensiles de cuisine, Musée de Mértola.

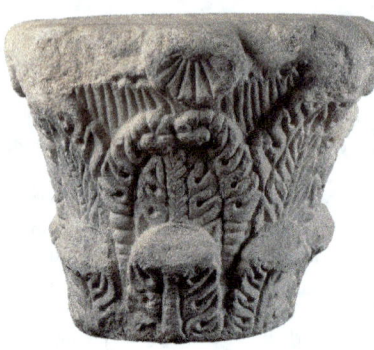

Chapiteau en marbre, IIIe/IXe-IVe/Xe siècles, Musée municipal Pedro Nunes, Alcácer do Sal.

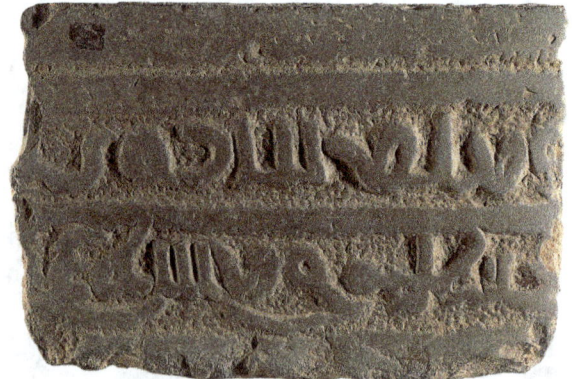

Stèle avec épigraphe, Musée archéologique et lapidaire Infante D. Henrique, Faro.

était censée avoir son *alcade* — le représentant et le gardien d'un pouvoir politico-religieux qui devait passer par l'invocation hebdomadaire à la mosquée. Ce fait a très peu de chose à voir avec le pouvoir effectif exercé par ce fonctionnaire supérieur dont, généralement, le rôle principal et peut-être unique était la perception des impôts. Le plus souvent (et ce fut très fréquent dans le Gharb), ces *alcades*, bien qu'acceptés par le calife, qui négociait avec eux une répartition des pouvoirs, étaient des potentats locaux issus de puissants groupes familiaux qui détenaient déjà d'une manière effective le pouvoir économique dans la ville et dans la région. En certaines circonstances exceptionnelles, ils réussirent même à prendre le contrôle complet de leur ville, comme cela se produisit avec la petite république de pêcheurs de Pechina, tout près d'Almeria, et, dans le Gharb, avec la commune maritime de Tavira, de 545/1151 jusqu'à 562/1167. L'exercice réel du pouvoir passe par ces riches commerçants qui assument parfaitement leur origine régionale, au point d'adopter le nom de leur propre ville. La vieille ville romaine de Ossonoba, appelée Santa Maria au Ve/XIe siècle, devient Santa Maria de Faro, probablement parce qu'à cette époque fut construit un phare rendu nécessaire par l'ensablement de la lagune. C'est pourquoi, contrairement à l'opinion généralement admise, nous ne croyons pas que le nom de Faro provienne d'un anthroponyme; nous pensons plutôt que ce fut une importante famille locale qui adopta le nom de la ville qu'elle avait gouvernée pendant des dizaines d'années. Il était courant chez les *muladi*s d'incorporer le toponyme natal au nom coranique adopté au moment d'embrasser leur nouvelle foi.

Les tentatives successives de centralisation du pouvoir de la part des émirs et des califes se heurtèrent fréquemment au désir autonomiste manifesté localement, surtout par des *muladi*s et des mozarabes, et ce sentiment ne fut pas effacé par le passage des siècles. Ces rébellions à caractère local eurent tendance, à leur tour, à générer des mouvements unificateurs à l'échelle régionale. Le Gharb al-Andalus vit surgir sur son territoire un ensemble d'initiatives toutes dirigées dans ce sens. L'année 145/763 vit l'éclosion de plusieurs révoltes qui, on le suppose, eurent leur origine dans la famille Yahsubi. L'attitude des Yahsubis révèle l'existence d'une véritable autonomie dans ce Gharb al-Andalus: Abd al-Rahman avait été contraint de respecter le pouvoir de cette tribu dans le sud du Gharb en échange d'une reconnaissance, le clan ayant obtenu une caution du pouvoir sur la région qu'il contrôlait. Cette révolte eut comme mentor le chef Yahsubi al-Ala Ibn Muguit, lequel proclama la souveraineté du calife abbasside (dynastie régnante à Bagdad), dont il se sentait le représentant en al-Andalus. La rébellion se serait étendue depuis Beja (son point d'origine) à tout le Gharb avant d'être vaincue, non sans difficulté, suite à la trahison de l'émir Abd al-Rahman Ier qui rechercha l'aide de chefs arabes non yéménites. S'ensuivirent deux révoltes: celle de 148/765-766, menée par Saïd Yahsubi al-Mattari, et celle de 156/773-157/774, dirigée par Abd al-Ghaffir al-Yahsubi. Ces mouvements montrent bien le pouvoir d'une tribu particulièrement importante dans la lutte contre le pouvoir central qui siégeait à Cordoue.

La grande période des révoltes *muladis* dans le Gharb coïncide avec le milieu du IIIe/IXe siècle et est intimement liée à l'action d'un chef militaire de grande importance pour l'histoire de l'Occident péninsulaire: Abd al-Rahman Ibn Marwan al-Jilliqi, fils du gouverneur du même nom.

Après une première tentative de révolte en 254/868, al-Jilliqi (le Galicien) est conduit à la cour de Cordoue, d'où il s'enfuit quelques années plus tard. Il devient alors l'allié d'un autre *muladi*, Sadun Fath al-Surunbaqi, avec qui il affronte les troupes omeyyades. À la suite de quelques actions militaires, ils se replient en territoire chrétien et al-Surunbaqi fut alors chargé par Alphonse III de León de la protection d'une forteresse au bord du fleuve Douro. Il participa également à plusieurs actions de pillage dans le sud de la Péninsule.

Le rôle faussement ambigu de al-Jilliqi et de al-Surunbaqi, qui tantôt résidaient à la cour de l'émir, tantôt étaient au service des princes chrétiens, nous paraît s'enraciner précisément dans la position charnière que toute l'actuelle région du nord de l'Alentejo et du centre du Portugal détenait dans le contexte du Gharb. Les différentes alliances réalisées par ces chefs militaires *muladis* n'étaient qu'un moyen d'affirmer le pouvoir politique d'un territoire qui s'étend de Badajoz jusqu'au Douro – et de garantir son autonomie.

La mort d'Ibn Marwan, survenue probablement en 276/889-890, ne mit pas fin à ces visées autonomistes, récurrentes depuis plusieurs décennies dans le Gharb. La zone resta pendant plus de quarante ans en dehors de l'influence directe des émirs de Cordoue: Abd al-Rahman Ibn Marwan s'installa à Badajoz et Mérida, Abd al-Malik Ibn Abi-l-Jawad s'empara de Beja, ayant étendu son contrôle jusqu'à Mértola dont il restaura la forteresse.

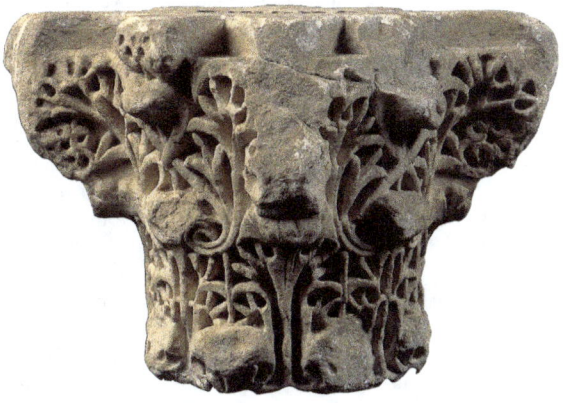

Chapiteau en marbre, IVe/Xe siècle, Musée national d'archéologie, Lisbonne.

Plus au sud, Bakr Ibn Yahya Ibn Bakr, fils de Zadulfo, prit possession de Santa Maria. D'après le rapport de Bayan al-Mugrib, "les trois se réunissaient pour résister à leurs ennemis", et cette affirmation nous donne la vraie dimension d'une solidarité fermement maintenue entre les chefs militaires du Gharb, seul moyen d'assurer le maintien d'un statut difficilement conquis.

L'unification menée à bien par Abd al-Rahman III met un terme à un siècle de luttes pour le contrôle du territoire du Gharb. Après la tentative de suprématie, réussie par les Yahsubis, et après la longue période de domination des Banu Marwan sur l'Occident péninsulaire, le calife parvient à neutraliser, pendant un certain temps, les autonomies régionales et à exercer un pouvoir effectif sur un territoire qui se montra toujours particulièrement rebelle à toute forme de domination extérieure. La division territoriale, avérée dans le Gharb tout au long du Ve/XIe siècle, ne reflète donc pas seulement, comme on l'a si souvent affirmé, l'expression des intérêts des différentes tribus arabes ou la soif de pouvoir des chefs militaires. Elle signifie, au contraire, l'éclosion systématique et cyclique d'autonomies régionales et locales qui étaient habilement utilisées par les élites militaires et politiques de ces régions, et qui constituaient une solide base d'appui pour les tentations séparatistes des cadis et walis que le pouvoir de Cordoue mettait à la tête des *coras* (les ensembles territoriaux) et des villes. Les révoltes successives, et violentes, survenues dans tout le Gharb contre le pouvoir central paraissent avoir bénéficié de l'appui immédiat et enthousiaste des populations.

L'importance des communautés *muladis* et mozarabes du territoire d'Ossonoba était certainement considérable: au plan de la toponymie, il faut remarquer, au-delà du nom de la ville elle-même, "Santa Maria" (désignation qui, curieusement, est reprise uniquement pendant l'époque islamique), la présence d'une bourgade désignée sous le nom de Sanbras (actuelle São Bras de Alportel ?), pays natal du poète Ibn Ammar. Par ailleurs, l'importance de plusieurs lieux de culte nous donne aussi une idée de l'influence des chrétiens sur les régions méridionales d'al-Andalus: outre l'existence d'une église à Sagres, on disait que les colonnes en argent de l'église de Santa Maria étaient si imposantes qu'aucun homme ne pouvait les enlacer — affirmation fantaisiste, mais qui révèle pourtant le poids de la communauté chrétienne dans le contexte de la ville et, sûrement, dans celui de la région. Les Banu Harun, *muladi*s ou pas, assumèrent en tant que chefs locaux la représentation des intérêts de cette vaste communauté.

Une dernière tentative d'unification régionale fut menée par le chef religieux Ibn Qasi, qui réussit, pendant les secondes Taïfas (m.VIe/m.XIIe siècle), à soumettre les territoires de Mértola, Silves, Beja et Évora.

L'affaiblissement du pouvoir almoravide eut pour conséquence l'avènement, dans le Gharb, des secondes Taïfas. Dans cette région, la motivation religieuse servit de couverture à des intérêts politiques bien précis, et se déroula en même temps que l'assaut chrétien de 533/1139-541/1147, qui permit aux frontières du tout récent royaume de Portugal d'avancer jusqu'au Tage. C'est au cours de ces campagnes que deux villes d'importance cruciale, Santarém et Lisbonne, furent arrachées à la zone d'influence islamique.

Le chef de la révolte du Gharb fut Abou al-Qasim al-Husayn Ibn Qasi, un *muladi*, originaire d'une importante famille de Silves, qui avait consacré sa jeunesse à l'étude des théologiens musulmans et qui avait commencé à prôner une vie d'ascétisme. Il avait même fait construire dans le territoire de Silves un *ribat* où il s'était retiré avec son groupe de disciples, connus sous le nom de *muridines* (les novices). L'ambiance politique mouvementée qui avait alors cours dans le Gharb fut propice à l'ambition d'Ibn Qasi qui, à partir de 538/1144, développa une activité politique et militaire marquante dans toute cette région.

Un de ses partisans prit en 538/1144 le château de Mértola, où Ibn Qasi fit une entrée triomphale quelques jours plus tard. L'accession au pouvoir d'Ibn Qasi fut à l'origine, une fois de plus, de l'autonomie du Gharb en tant que puissance politique. La révolte de Abou Muhammad Sidray Ibn Wasir à Beja, et celle de Abou Walid Muhammad Ibn al-Mundir à Silves, qui eurent lieu aussitôt après, confirment cette tendance, renforcée par la soumission de ces derniers à Ibn Qasi. Al-Mundir conquit ensuite Huelva et Niebla, tandis que Ibn Wazir élargissait ces domaines jusqu'à Badajoz.

Ibn Qasi, démis du pouvoir, s'en fut dans le nord de l'Afrique solliciter l'aide des Almohades, qui lui confièrent plus tard (541/1147) le gouvernement de la ville de Silves. Le règne d'Ibn Qasi fut de courte durée: le pacte qu'il avait établi avec Alphonse Ier de Portugal incita la population de Silves à l'assassiner en 545/1151.

Les cent dernières années d'islamisation furent marquées par un ensemble de campagnes militaires menées par les seigneurs du Nord liés à la chrétienté et dont le début peut être situé un peu avant le m.VIe/m.XIIe siècle, comme nous l'avons déjà signalé, avec la conquête des deux villes fondamentales pour le contrôle de la ligne du Tage: Santarém et Lisbonne, prises respectivement en 540/1146 et 541/1147.

La seconde moitié du VIe/XIIe siècle est caractérisée aussi bien par l'influence exercée par les Almohades dans le sud de la Péninsule que par des campagnes militaires chrétiennes de plus en plus fréquentes et dévastatrices. Entre 560/1165 et 567/1172, les territoires plus septentrionaux de l'Alentejo, qui correspondent, *grosso modo*, au territoire d'Évora, deviennent partie intégrante du nouveau royaume portugais. Peu après, en 579/1184, eut lieu l'importante offensive conduite par Abou Ya'qoub Youssouf, qui essaya de reconquérir Santarém. Blessé au combat, le calife finit par mourir avant d'atteindre Évora. Si nous laissons de côté des razzias conduites par le roi Sancho Ier de Portugal en 584/1189, et celles que Ya'qoub al-Mansur mena dans les années suivantes, nous pouvons donc établir que les événements décisifs se déroulèrent entre 613/1217 et 647/1250 et culminèrent avec la conquête de ce qui restait de l'Alentejo et de tout l'Algarve.

L'EXTRÊME OCCIDENT IBÉRIQUE

Cláudio Torres

Les frontières géoclimatiques de la Méditerranée, matrice des plus vieilles civilisations maritimes et urbaines, encadrent les territoires et les espaces où s'enracinèrent puissamment l'empire romain puis l'islam. La civilisation islamique ne peut être séparée de ce contexte géographique et culturel qui est le sien. On ne peut pas expliquer les mutations religieuses du Ier/VIIe siècle, avec la fulgurante expansion musulmane, en ne mentionnant que les invasions des peuples originaires des pays arabes et d'autres franges désertiques extérieures au monde civilisé des grandes métropoles maritimes. L'islamisation est un processus complexe que l'on ne peut pas dissocier des traditions urbaines méditerranéennes où les systèmes religieux, notamment le christianisme, étaient, à l'époque, secoués par de graves schismes théologiques. La nouvelle mystique religieuse, la recherche des origines, la "bonne nouvelle" du Coran furent assimilées et diffusées dans les milieux citadins et marchands, mais certainement pas imposées à la pointe de l'épée par les escadrons militaires des guerriers.

Si nous acceptons ces données, nous pourrons mieux comprendre les phénomènes politiques, sociaux et artistiques survenus pendant les siècles de l'islam ibérique, et qui définissent une civilisation et un style propres et uniques.

L'histoire de la péninsule Ibérique est marquée traditionnellement par l'invasion des troupes de Tarik en 92/711 et par la mythique bataille de Guadalete, quand les armées chrétiennes, vaincues par les Sarrasins, furent obligées de se réfugier dans les montagnes du Nord. Aujourd'hui, cependant, pour expliquer ce prosélytisme religieux si rapide et si efficace qu'il s'étendit, en une demi-douzaine d'années, à presque toute la péninsule Ibérique, les recherches archéologiques et, d'une manière générale, l'historiographie plus récente ont tendance à minimiser les faits militaires (en prenant notamment en compte l'installation de nombreux soldats démobilisés devenus colonisateurs). Elles mettent surtout en valeur un phénomène de contamination et de synthèse culturelle apporté par des marins, des marchands et des muletiers qui profitèrent de l'ouverture des grandes routes maritimes et du développement des villes.

Là où on se serait attendu à trouver des sites urbains détruits ou en ruine, là où on se serait attendu à trouver des cicatrices laissées par l'imposition de nouvelles formes de vie et de civilisation, on remarque, à partir du IIIe/IXe siècle, un processus généralisé de renaissance des villes. On note également un rapprochement, déjà perceptible auparavant, des modes architecturales et décoratives de l'ancien Levant byzantin – où, entre-

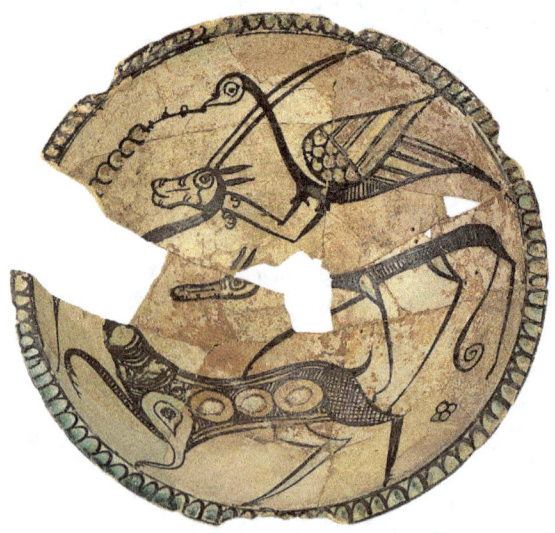

Bol décoré d'une scène de chasse, V^e/XIe siècle, Musée de Mértola.

temps, Damas s'était affirmée en tant que capitale – et de l'Afrique proconsulaire (actuelle Tunisie). En effet, au moins en ce qui concerne la péninsule Ibérique, et grâce surtout à l'archéologie, la première grande rupture de civilisation, clairement visible par rapport à la séquence méditerranéenne antérieure, se produit non pas à la fin du Ier/d.VIIIe siècle – quand la tradition parle des grandes invasions arabes –, mais plutôt pendant les années de la "reconquête" chrétienne, quand on introduit dans les terres du Sud les premiers corps étrangers d'une nouvelle formation sociale que, d'une manière générale, nous cataloguons comme étant la féodalité.

À l'inverse d'une imposition militaire, l'islamisation de la péninsule Ibérique fut surtout le résultat d'une rapide conversion des populations urbaines, plus ouvertes à l'échange des marchandises et des idées. Elles avaient accompagné et développé naturellement l'ouverture de nouvelles routes et de nouveaux marchés et participé au net accroissement, en quantité et en variété, des produits naturels et manufacturés.

L'importation, venant parfois de très loin, de textiles, de céramiques, d'armes et de métaux travaillés, non seulement développe de nouveaux goûts et de nouveaux appétits, mais va aussi encourager des productions locales qui, tout en gardant quelques références au modèle initial, gagnent rapidement leur autonomie en élaborant alors des langages esthétiques innovateurs et en consolidant d'autres circuits régionaux. Malgré les rapports constants entre la Méditerranée orientale et al-Andalus – comme signalé dans les documents très connus du Ve/XIe siècle, conservés dans la Genizah du Caire –, un des plus grands centres fournisseurs des marchés du Gharb (l'Occident) semble

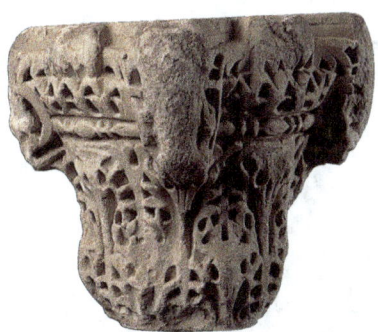

Chapiteau en marbre, IVe/Xe siècle, Musée national d'archéologie, Lisbonne.

avoir été la région de Tunis et de Kairouan (en Tunisie actuelle) qui, au cours des IIIe/IXe et IVe/Xe siècles, retrouvent leur importance en tant que centres religieux et culturels. En Méditerranée occidentale, les échanges économiques et les liens culturels étaient alors aussi intenses qu'à l'époque de saint Augustin (Ve siècle), où les modèles architecturaux et décoratifs de l'art chrétien de la vieille Carthage inspirèrent les plans des basiliques et des baptistères de l'Hispanie méridionale.

Ce n'est qu'à partir du IVe/X^e et du Ve/XIe siècle que la côte occidentale de l'Algérie actuelle et les villes portuaires de Ceuta et de Tanger (Maroc actuel) commencent à se développer sous l'influence de Cordoue et d'autres capitales d'al-Andalus qui s'étaient affirmées, incontestablement, comme centres polariseurs. Traverser le golfe de l'Algarve ou la mer d'Alborán entre Faro et Arzila ou Almeria et Alger devient beaucoup plus facile et beaucoup plus rapide que de voyager par mer, par exemple entre Tavira et Lisbonne, parcours difficile à cause de la mer agitée et des vents contraires du cap Saint-Vincent. À l'ouest de la péninsule Ibérique, le Gharb al-Andalus se présente comme l'héritier naturel de l'ancienne Lusitanie. Ses frontières avec les terri-

*Chapiteau et imposte,
VIIe / XIIIe siècle,
Musée de Mértola.*

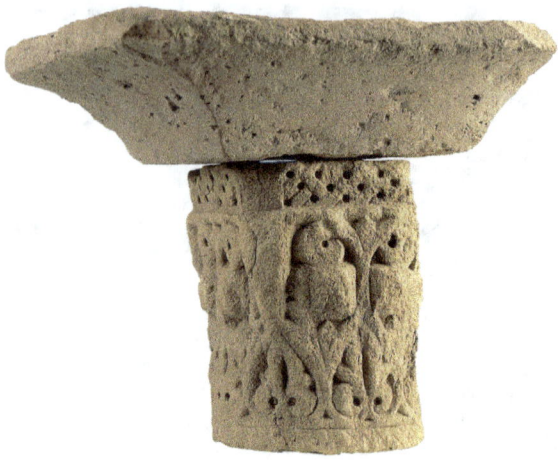

*Chapiteau en marbre,
IVe / Xe siècle, Musée
national d'archéologie,
Lisbonne.*

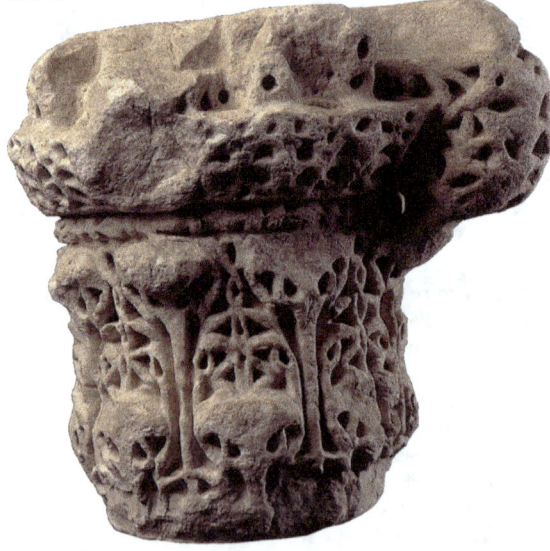

toires de Cordoue et de Séville coïncident avec les limites de la Bétique romaine.
Un des phénomènes les plus novateurs pour la compréhension de l'islamisation du Gharb est le rôle joué par les populations autochtones islamisées au cours des cinq siècles et plus qu'a duré le processus. Jusqu'au milieu du IVe/Xe siècle environ, la majorité de la population de cette extrémité occidentale péninsulaire demeurait encore non musulmane, tout en subissant un rapide processus d'arabisation, ce qui nous incite à penser que, dans ce contexte, le rôle des mozarabes fut certainement beaucoup plus important que ce que l'on voulait bien admettre jusqu'à récemment. Pour s'adapter au nouvel ordre – qui, finalement, favorisait les pouvoirs urbains décentralisés – , la vieille église wisigothique s'était divisée en quelques évêchés qui restèrent longtemps les interlocuteurs des communautés mozarabes dans un dialogue pas forcément hostile avec les *alcades* et les autorités musulmanes.

Malgré une certaine rage destructrice qui suivit l'occupation des territoires les plus méridionaux, et malgré, bien plus tard, les assauts réitérés de la Contre-Réforme qui effacèrent beaucoup d'autres vestiges de l'islamisation, le processus d'extinction du Portugal arabisé ou méditerranéen rencontra toujours de fortes résistances et ne fut jamais, heureusement, mené à terme. Dans ce territoire qui, plus tard, sera intégré au royaume de Portugal, les grands monuments auliques ou militaires de l'époque islamique ne sont pas très nombreux. Les vestiges et les produits manufacturés qui ont pu en être conservés dans les musées sont même assez rares. Tout en mettant la région en marge des grands centres de la civilisation andalousienne, cette pénurie nous conduit cependant à croire que, avec son éloignement des circuits cordouans et sa notoire incorporation de motifs autochtones, une certaine singularité régionale y fut renforcée. Naturellement, ces particularismes ne se manifestent pas dans les programmes religieux ou palatins, où nous rencontrons, quoique à une échelle provinciale, le même langage et le même type d'ornementation. C'est dans les volumes, dans les techniques de construction, dans les compléments fonctionnels ou décoratifs de l'architecture populaire que la mémoire de la symbiose andalousienne resta le plus profondément gravée. Sans elle, on ne pourrait pas expliquer l'explosion au XVIe siècle de la décoration mudéjare, de l'art manuélin et du gothique de l'Alentejo, fort créatif, où d'audacieuses techniques de construction de voûtes et de délicats encadrements se combinent harmonieusement au savant revêtement polychrome des *azulejos*.

La marque la plus subtile du temps de ces Maures qui peuplent encore les nuits de rêve de romances populaires s'inscrit dans les sons dolents des chœurs de l'Alentejo, dans les entrelacs contenus des tissages de Coimbra, dans les savants lambrequins peints de la céramique de Redondo, dans les odeurs et dans les saveurs d'une *escabeche*, une marinade de l'Algarve.

Invitant à la découverte de quelques-uns des vieux chemins du Sud, ce parcours à travers les terres de la Maure enchantée cherche à mettre en valeur la profusion de petites marques qui, finalement, dessinent et définissent le Portugal "méditerranéen" et la raison d'être de la civilisation islamique.

Dans la tradition populaire, toujours très vivace aujourd'hui, les pierres moussues d'un château, les fières ruines d'un pont, un rocher géant d'où jaillit un filet d'eau cristalline, enfin tout ce qui est mystérieux et inexplicable vient du temps des Maures ou est placé sous le pouvoir d'une Maure enchantée.

Depuis l'époque où les Maures furent vaincus, une légende constamment reprise raconte que, certaines nuits de clair de lune, celui qui aurait le courage de déambuler dans la Serra de Sintra ou dans les forêts obscures du Buçaco verrait sortir d'une large fosse, auprès d'un rocher, une très belle demoiselle tout de blanc vêtue. À pas pressés, sa cruche posée sur la hanche, la jeune fille en blanc se dirige vers une source aux eaux froides. Au moment où elle passe avec sa cruche, résonne dans le silence l'écho douloureux et contenu de la plainte nostalgique d'un temps qui ne reviendra plus.

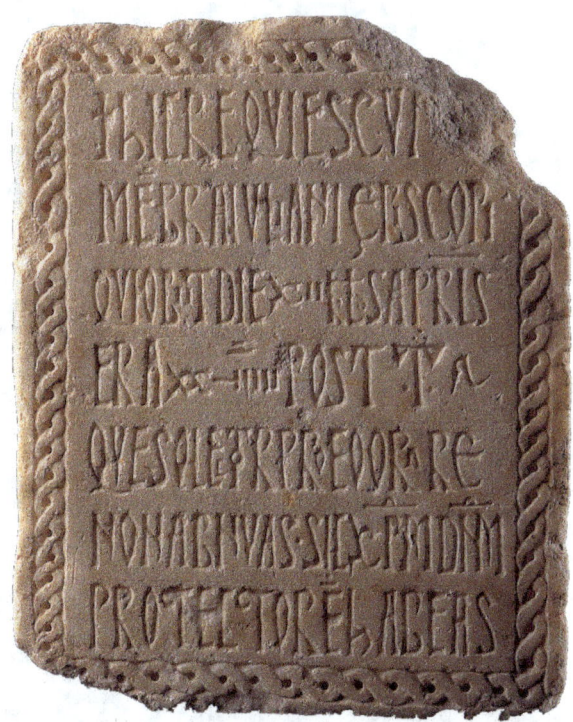

Stèle funéraire en marbre, IVe / Xe siècle, IPPAR, Évora.

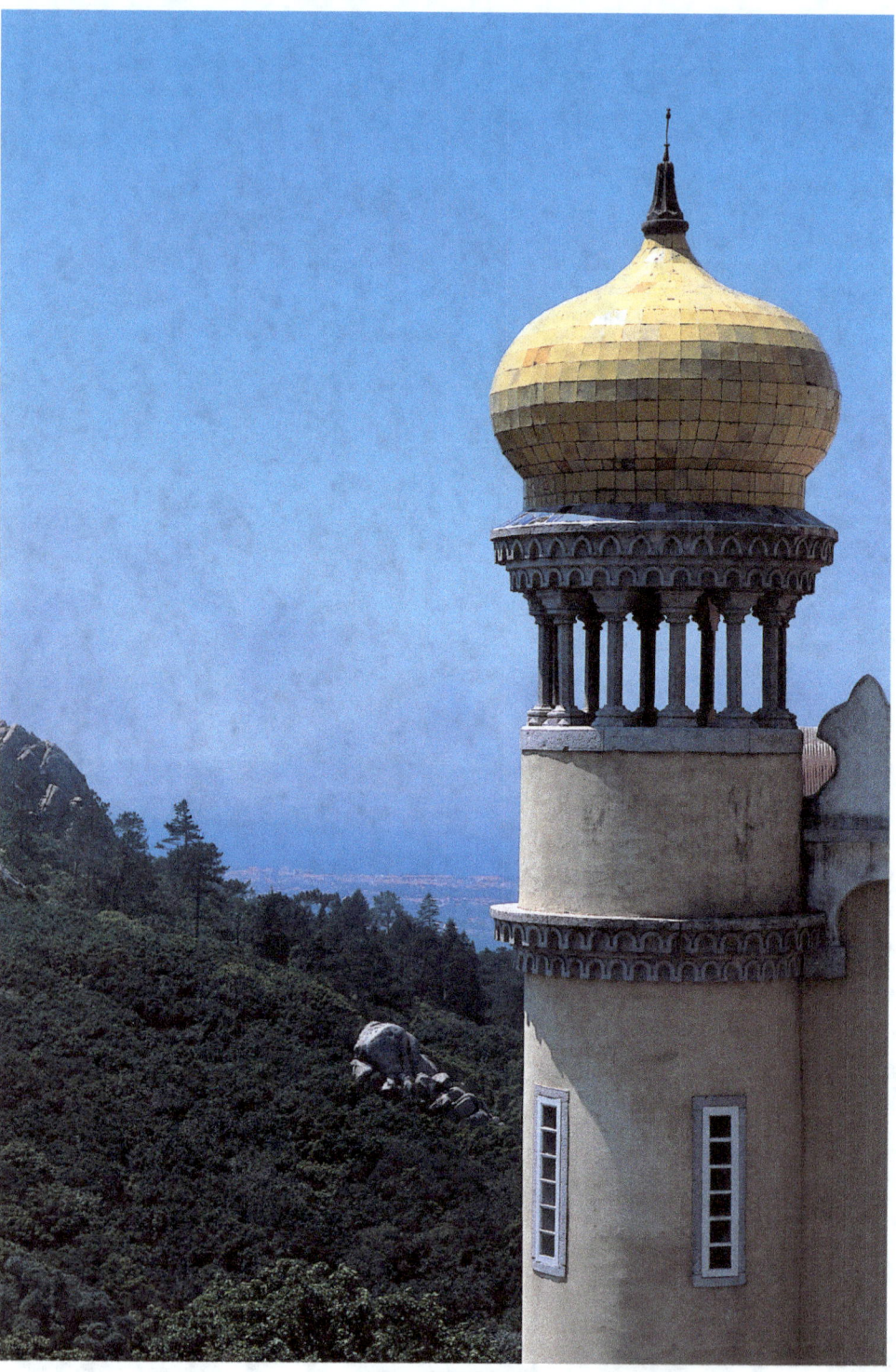

CIRCUIT I

L'art mudéjar

Cláudio Torres, Santiago Macias, Maria Regina Anacleto,
Ruben de Carvalho, Cristina Garcia, Paula Noronha

I.1 LISBONNE
- I.1.a Musée de la Ville
- I.1.b Musée national d'archéologie
- I.1.c Cathédrale
- I.1.d Château Saint-Georges
- I.1.e Muraille arabe
- I.1.f Quartier d'Alfama

Le fado

I.2 SINTRA
- I.2.a Palais de la Ville
- I.2.b Palácio da Pena
- I.2.c Castelo dos Mouros
- I.2.d Jardins et palais de Monserrate

I.3 ALENQUER (option)
- I.3.a Alenquer islamique

I.4 ÓBIDOS (option)
- I.4.a Ensemble urbain

I.5 SANTARÉM
- I.5.a Musée municipal São João de Alporão

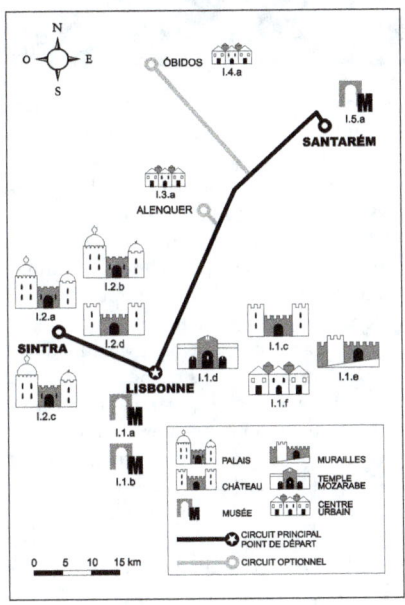

Palácio da Pena, détail, Sintra.

CIRCUIT 1 *L'art mudéjar*

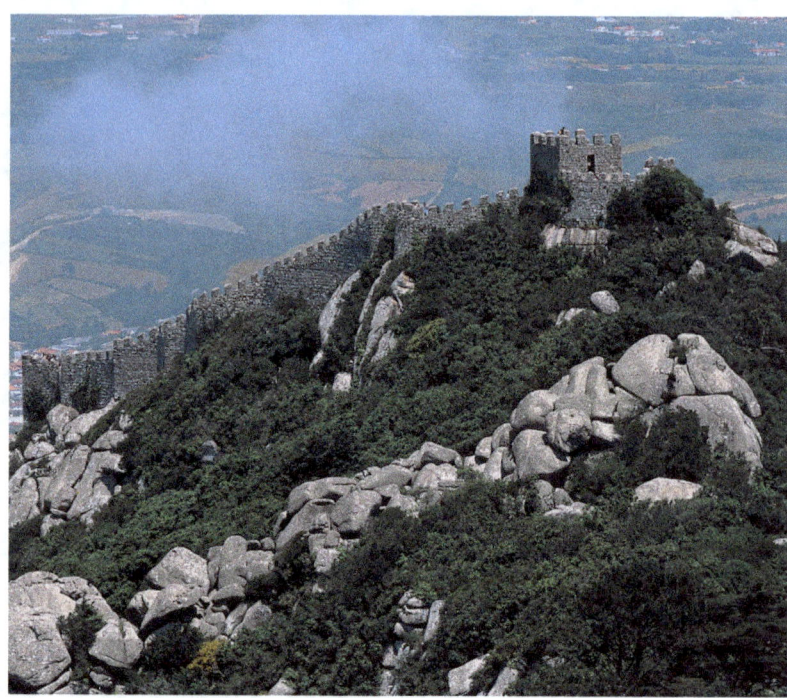

Castelo dos Mouros, Sintra.

La région dont Lisbonne est le centre – et dont dépendaient, à l'époque islamique, plusieurs autres villes comme Alenquer, Sintra ou Santarém – fut l'une des plus profondément islamisées de la pointe la plus occidentale de la Péninsule.

Le vaste estuaire du Tage, authentique mer intérieure ("Mer de Paille"), prolongé par un dense réseau de canaux navigables jusqu'à Abrantes, Coruche ou Tomar, fut le berceau d'un peuplement solidement sédentarisé, qui sut profiter des arts de la pêche les plus avancés et les allier à la culture des riches marais du Ribatejo et à l'aménagement le plus méthodique de vergers et de potagers. Les nombreux ports abrités de la Mer de Paille furent pendant des siècles les terminaux des routes méditerranéennes, ayant favorisé un échange d'expériences et de techniques navales, quand, vers la fin de la civilisation islamique, les routes maritimes du golfe de Gascogne et des mers du Nord commençaient à s'ouvrir. Pour des raisons qui tiennent certainement à la densité de la population, la conquête chrétienne du milieu du VIᵉ/XIIᵉ siècle paraît ne pas avoir trop affecté les populations côtières de pêcheurs et de marins, pas plus que les paysans et les maraîchers qui continuèrent à marquer cette région de leurs particularismes. C'est ainsi que Lisbonne et ses environs jouirent de la plus importante communauté mauresque jusqu'à la fin du XVᵉ siècle. Cette empreinte mudéjare, tout en

CIRCUIT I   *L'art mudéjar*
Lisbonne

se faisant sentir fortement dans la toponymie et dans la culture des potagers et des jardins, influença plus tard les modes architecturales des arts auliques du style manuélin du XVIe siècle, et même la reviviscence romantique du XIXe siècle.

C. T.

1.1 LISBONNE

À la fin du VIe/XIIe siècle, Lisbonne était déjà nettement la plus grande agglomération du Gharb al-Andalus. En additionnant les quinze hectares de la ville intra-muros aux deux faubourgs d'Alfama et de l'Occident, on obtient un total d'environ trente hectares de surface urbaine. Si l'on tient compte du dense peuplement de toutes les zones alentour et au bord du fleuve, il n'est pas extravagant d'imaginer une concentration de population comptant entre 20 000 et 25 000 personnes. Comme dans les autres villes portuaires similaires, les deux principaux pôles générateurs sont aisément perceptibles: au sommet de la colline principale se dressait une *alcáçova/casbah* — palais-résidence d'une élite de courtisans —, tandis qu'au bord du fleuve s'entassèrent peu à peu une profusion de pêcheurs, d'artisans et de commerçants qui formèrent la ville basse. Leur fusion en un seul ensemble était déjà patente à la fin du IVe-d.Ve/d.XIe siècle.

Outre le palais de l'*alcade* ou du seigneur, le reste de l'espace en haut de la colline, aujourd'hui quartier de Santa Cruz, était sans doute occupé par les résidences des fonctionnaires du palais. À l'ouest, près de la grande mosquée, on sortait de la *medina* et on pénétrait dans un autre labyrinthe urbain, qui descendait rapidement jusqu'à un petit golfe abrité qui servait de port. Sur la grève, des charpentiers et des menuisiers construisaient et radoubaient les embarcations.

À l'est, à l'emplacement où, après la conquête chrétienne, sera construit le monastère de Saint-Vincent, s'étendait un des cimetières musulmans qui certainement bordait et se superposait à d'autres anciennes nécropoles paléo-chrétiennes. Toujours à l'est, mais près du fleuve, se trouvaient les boutiques des orfèvres et

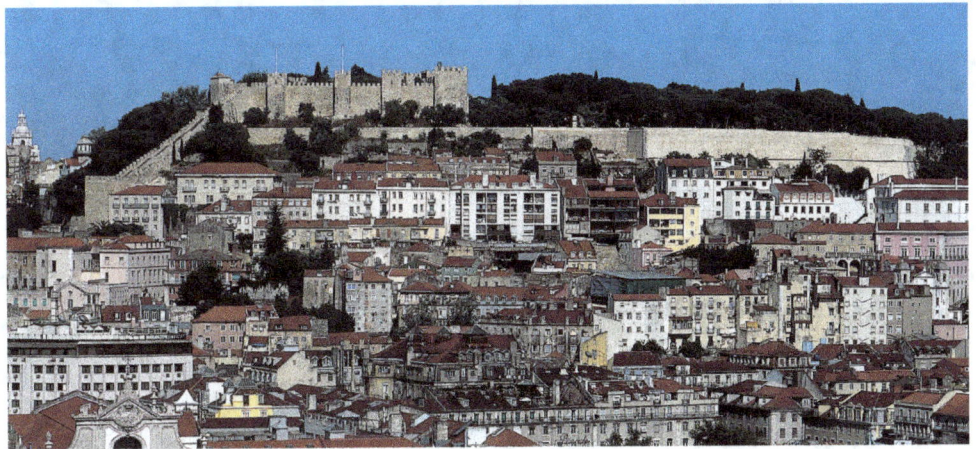

Château São Jorge, Lisbonne.

47

CIRCUIT I *L'art mudéjar*
Lisbonne

Musée de la Ville, Lisbonne.

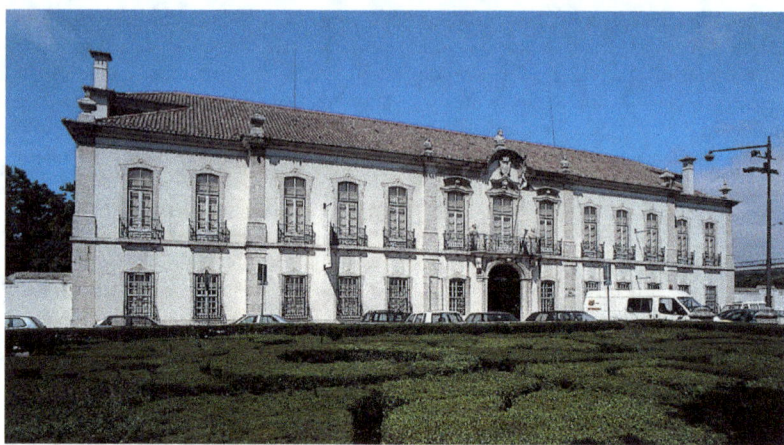

des artisans qui travaillaient l'argent; on y trouvait aussi les négociants en soies et en brocards. Ils formaient les *alcaçarias/alcaicerías* [*qaysariyya*s], rues bordées de boutiques, où l'on prélevait également les taxes douanières.

C. T.

I.1.a **Musée de la Ville**

Campo Grande, 245,
tél.: 217 57 17 25/6/7.
Entrée payante. Horaires: de 10:00 à 13:00 et de 14:00 à 18:00; fermé le lundi et les jours fériés.

L'édifice où est installé le Musée de la Ville est une remarquable construction du milieu du XVIIIe siècle (classé Édifice d'intérêt public depuis 1936) dont on ignore le nom de l'architecte ainsi que celui de son commanditaire. Actuellement connu sous le nom de Palácio Pimenta (palais Pimenta, du nom d'un de ses anciens propriétaires), l'édifice fut acquis par la municipalité de Lisbonne en 1962 et abrite une exposition sur l'histoire de la ville, présentée à la fois de manière thématique et chronologique. Bien que la collection concernant la période islamique soit considérée comme peu significative, il faut néanmoins relever une plaque de l'époque de l'émirat (IIIe/IXe-IVe/Xe siècles) et deux stèles funéraires portant des inscriptions en arabe.

Plaque

Ayant été classée "wisigothique" pendant de nombreuses années, on admet désormais pour cette pièce (trouvée dans la rue des Bacalhoeiros) une datation postérieure. Les parallèles avec l'art du Proche-Orient, et nommément avec des éléments identifiés à Khirbet el-Mafjar en Palestine, poussèrent l'historien d'art Manuel Real à revoir la datation de cette plaque et à la replacer dans le cadre des productions d'un atelier de Lisbonne particulièrement actif pendant cette période.

Stèle funéraire n° 1

Postérieure à la reconquête chrétienne de la ville, elle appartint à la Mouraria — quartier populaire de Lisbonne, associé

CIRCUIT I *L'art mudéjar*
Lisbonne

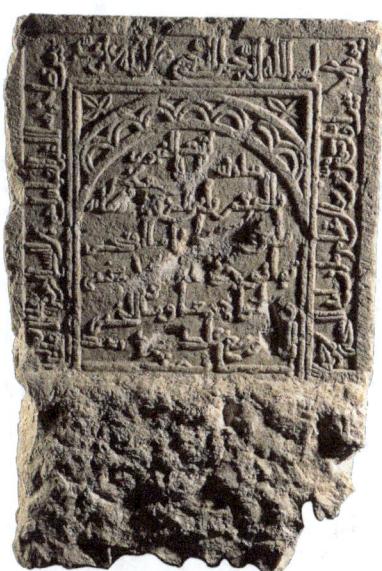

Stèle funéraire, 800/1398, Musée de la Ville, Lisbonne.

Stèle funéraire, VIe/XIIe-VIIe/XIIIe siècles, Musée de la Ville, Lisbonne.

de Dieu, le Clément, le Miséricordieux. Dieu bénisse Muhammad et sa famille. Ceci est le sépulcre de al-Abbas Ahmad Ibn. [… décédé] le premier lundi de Chawwal de l'année 800 de l'Hégire. Que Dieu ait de la compassion pour lui."

Stèle funéraire n° 2

Trouvée dans la rue des Madres (quartier de Madragoa), elle présente des ressemblances avec la stèle de Frielas appartenant au Musée national d'archéologie. Sa datation, quoique plus ancienne, est tardive (fin du VIe/f.XIIe siècle ou même du VIIe/XIIIe siècle). Elle porte l'inscription coranique suivante: "Tout ce qui se trouve sur la terre disparaîtra. Seule la face de ton Seigneur restera auréolée de majesté et de noblesse."

S. M.

I.1.b Musée national d'archéologie

*Praça do Império, tél.: 213 62 00 00.
Entrée payante. Horaires: de 10:00 à 18:00.
Fermé le lundi, le 1er janvier, le dimanche de Pâques, le 1er mai et le 25 décembre.*

Le Musée national d'archéologie occupe, depuis la fin du XIXe siècle, une partie de l'aile occidentale du monastère des Hiéronymites (ordre de Saint-Jérôme), édifice classé Monument national depuis 1907. Jusqu'à il y a environ deux décennies y était exposée une collection permanente présentant des pièces d'archéologie et d'ethnographie et, dans un espace restreint, un petit échantillonnage de ce qu'on appelait les pièces "luso-arabes". L'exposition permanente, inaugurée en 1989, excluait ce dernier secteur et renvoyait le passé islamique aux réserves du musée. Le cycle d'expositions temporaires initié en 1994 culmina, en 1998, avec l'ouverture au public de "Portugal islamique. Les derniers signes de la Méditerranée".

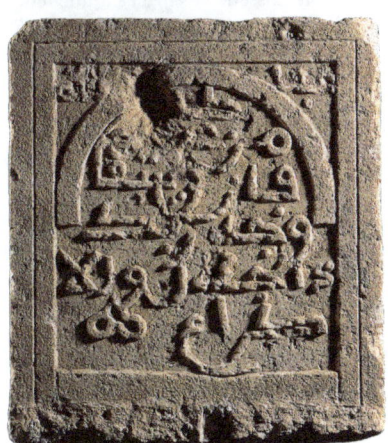

aux Maures — et fut trouvée Praça da Figueira en 1962 pendant les travaux de construction du métropolitain. Cette curieuse pièce de la fin du XIVe siècle (la plus récente retrouvée en territoire portugais) présente le texte suivant: "Au nom

CIRCUIT I   *L'art mudéjar*
Lisbonne

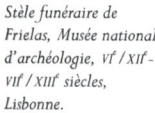

Musée national d'archéologie, Lisbonne.

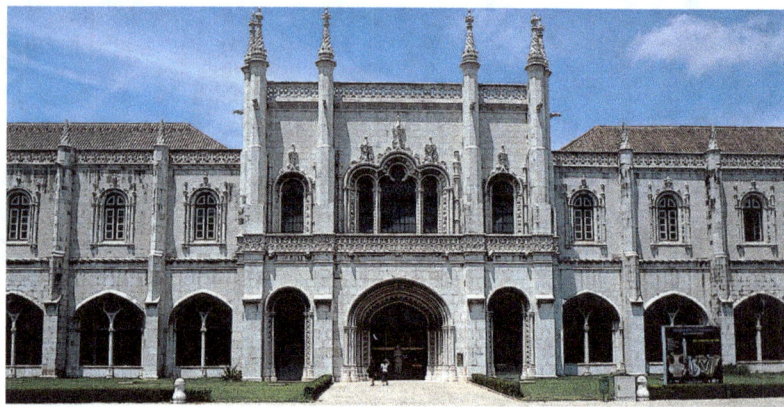

Stèle funéraire de Frielas, Musée national d'archéologie, VIe/XIIe-VIIe/XIIIe siècles, Lisbonne.

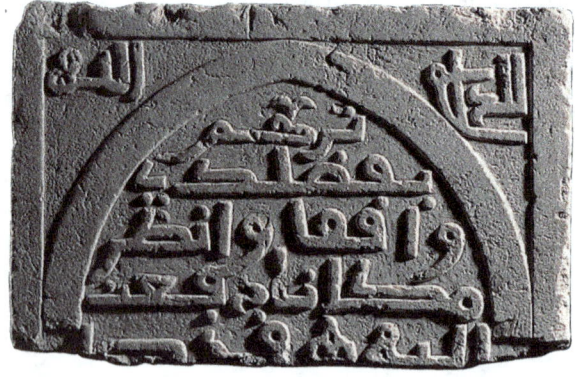

Dans l'ouvrage de João Saavedra Machado, publié en 1964, sur l'histoire du musée (qui s'appelait alors "Museu Etnológico Dr. Leite de Vasconcelos"), les références au fonds islamique se bornent au texte suivant: "De cette époque, le musée ethnologique possède assez peu d'objets: des sculptures (des chapiteaux avec des ornements et des bases de colonnes), des frises sculptées, une vasque de fontaine, des stèles avec des inscriptions, de la céramique et des objets en bronze."
Depuis cette époque, peu d'objets de la période islamique sont venus enrichir une collection qui était, à peu de chose près, celle qui avait été héritée du temps de Leite de Vasconcelos, le plus grand ethnologue portugais de la première moitié du XXe siècle. Bien que restreint, cet ensemble possède des pièces d'une indéniable qualité, parmi lesquelles se détachent la stèle funéraire trouvée à Frielas (Loures), la vasque de Cacela et deux chapiteaux de l'époque des califes.

Stèle funéraire

Il s'agit de la partie supérieure d'une épitaphe, sans date et sans aucune référence au nom du défunt. On peut la dater du VIe/XIIe-VIIe/XIIIe siècle. L'arc qui encadre l'inscription continua d'être utilisé dans la région de Lisbonne, comme on peut le constater sur les stèles du musée de la Ville. L'inscription sur la stèle est la suivante: "Éternel est Dieu. Aie compassion selon ta bienveillance, toi qui domines toute chose, et regarde [avec miséricorde] le lieu où je fus envoyé [...]."

Vasque à ablutions

Cette vasque que l'on peut dater du VIe/XIIe siècle faisait partie de la collection

CIRCUIT I   *L'art mudéjar*
Lisbonne

de l'archéologue Estácio da Veiga. De forme circulaire et avec huit lobes, cette pièce très rare dut être utilisée pour les ablutions rituelles. Les lettres, que l'on distingue difficilement, faisaient certainement partie d'une citation coranique.

S. M.

I.1.c **Cathédrale**

Largo da Sé, tél.: 218 86 67 52.
L'entrée du cloître est payante.
Horaires: de 9:00 à 17:00.

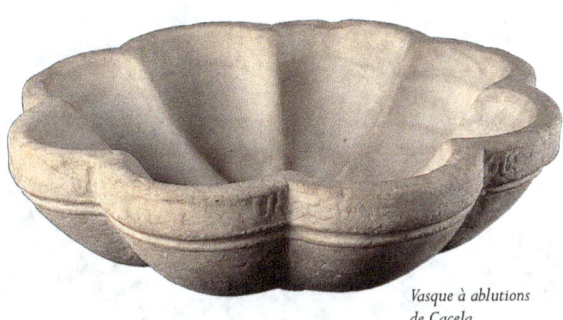

Vasque à ablutions de Cacela, s.m. VIe / s.m. XIIe siècle, Musée national d'archéologie, Lisbonne.

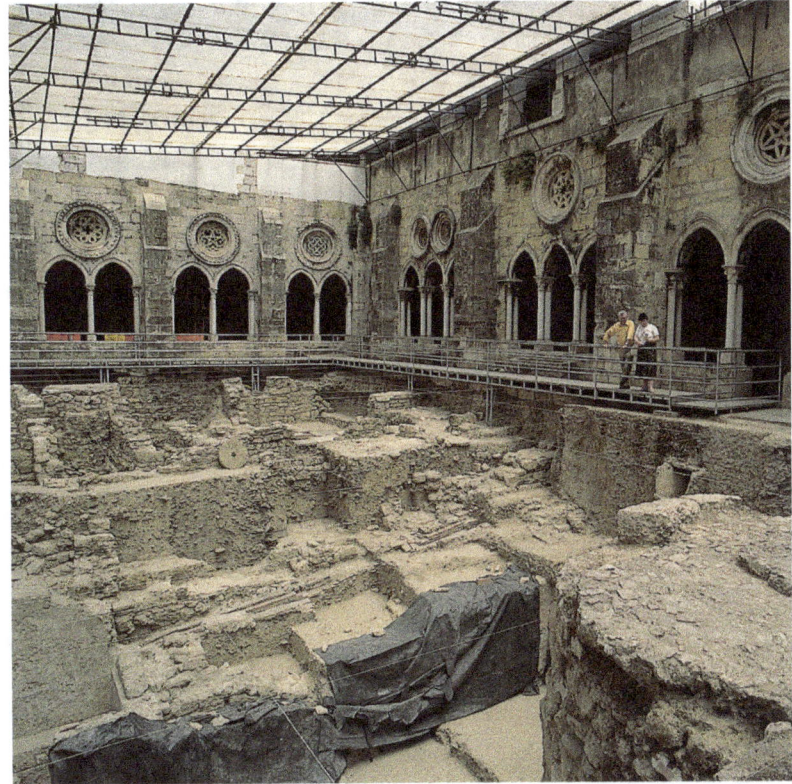

Cathédrale, fouilles du cloître, Lisbonne.

CIRCUIT I   *L'art mudéjar*
Lisbonne

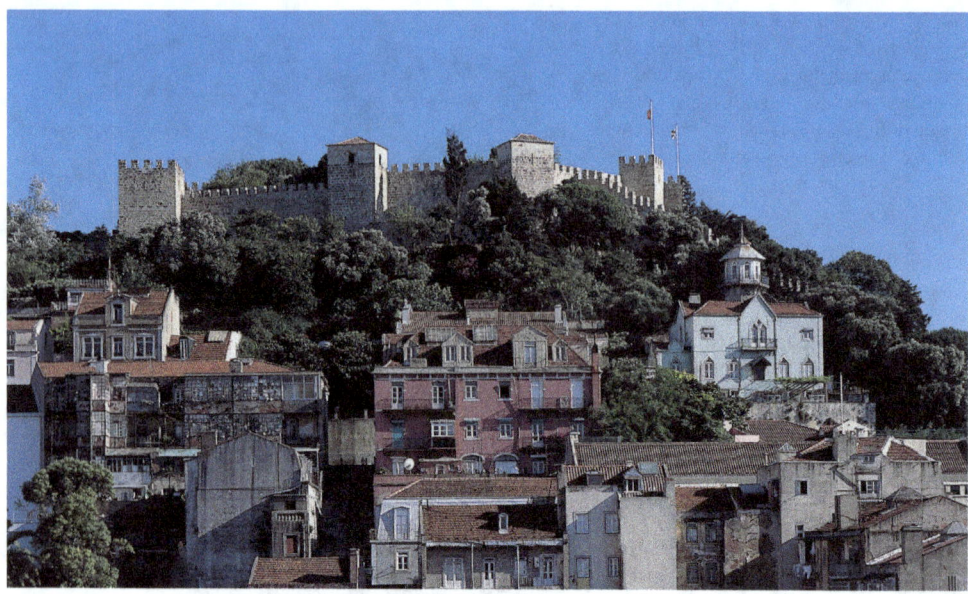

Château Saint-Georges, Lisbonne.

Tout près de la Porta Férrea se dressait la grande mosquée de Lisbonne, lieu aujourd'hui dominé par la Sé (cathédrale), dont la construction fut commencée après la conquête de la ville par Alphonse Ier de Portugal en 539/1145. Selon certaines descriptions de l'époque, le temple musulman devait avoir sept nefs; d'après des éléments architecturaux réutilisés, il paraît avoir été adapté d'une précédente basilique. Des fouilles archéologiques entreprises récemment à l'intérieur du cloître gothique ont mis au jour plusieurs niveaux de l'occupation historique de Lisbonne, ainsi qu'une annexe – sans doute les latrines de la mosquée. Caché dans une canalisation, on a trouvé à cet endroit un trésor de pièces en argent frappées à la fin du Ve-d.VIe/p.m.XIIe siècle, aujourd'hui conservées au Musée national d'archéologie.

C. T.

I.1.d **Château Saint-Georges**

Rue du Chao da Feira.
Horaires: de 9:00 à 20:00.

Dans la description de la reconquête de Lisbonne connue sous le nom de "Lettre à Osberno" du milieu du VIe/XIIe siècle, on trouve la phrase suivante: "Au nord du fleuve, au sommet d'un mont arrondi, se trouve la ville de Lisbonne, dont les murailles, qui descendent par volées, arrivent jusqu'au bord du Tage, dont elle n'est séparée que par le mur."
La citadelle islamique, entourée de ses remparts, occupait une surface de quatre hectares au sommet de cette colline. En dehors du palais de l'*alcade* et des dépendances de sa cour, le reste de l'espace, aujourd'hui le quartier résidentiel de Santa Cruz (Sainte-Croix), était occupé par des demeures de fonctionnaires et de militaires.

CIRCUIT I *L'art mudéjar*
Lisbonne

Après des siècles de réoccupations successives, après de nombreuses restaurations, après des tremblements de terre — et aussi à cause de négligences –, il ne reste aujourd'hui dans le château que de rares vestiges de l'ancienne fortification islamique. De la citadelle de cette époque ne subsistent que peu de traces, la plupart ayant été effacées au XVe et au tout début du XVIe siècle, période où de grands travaux de transformation modifièrent peu à peu l'aspect général de l'édifice pour l'aménager en palais royal en tenant compte du goût des monarques portugais successifs. C'est pourquoi les principaux éléments décoratifs, aujourd'hui dispersés dans l'enceinte, appartiennent presque tous à des modèles architecturaux du XVIe siècle.

De la muraille islamique, il ne reste aujourd'hui, dans la zone qui regarde vers le nord (près de l'église du Menino de Deus), qu'un petit fragment et une tour, datables du Ve/XIe siècle.

S. M., C. T.

Emprunter la rue du Chão da Feira, continuer par la Travessa do Funil. Descendre ensuite le Largo do Contador-Mor, tourner à gauche et suivre la ligne du tramway jusqu'au Largo de Santa Luzia.

I.1.e **Muraille arabe**

Fragment près de l'église du Menino de Deus, dans la Calçada do Menino de Deus.

À l'intérieur d'une énorme muraille qui, au XIVe siècle, entourait toute la ville, est encore visible actuellement la vieille Cerca Moura (muraille maure) qui, fin du IVe-d.V^e/d.XIe, relia la citadelle aux quartiers du bord du Tage.

La fusion en un seul ensemble fut renforcée par deux kilomètres de muraille en bonne pierre de taille et avec de solides tours quadrangulaires. La citadelle, avec son système défensif propre, occupait le sommet de la colline. À l'ouest, on sortait de la *medina* par la monumentale Porta Férrea. Bordant les faubourgs à l'ouest, en allant vers le nord, s'ouvrait la Porta de l'Alfofa (porte de la poterne). La Porta do Mar (porte de la mer) était tournée vers les sables de la grève.

Vers l'est s'ouvrait ce qu'on appelait la Porta do Sol (porte du soleil) ou de Almocavar (du cimetière) et, plus près du fleuve, une grande tour d'enceinte, dite Albarra, protégeait la porte d'Alfama.

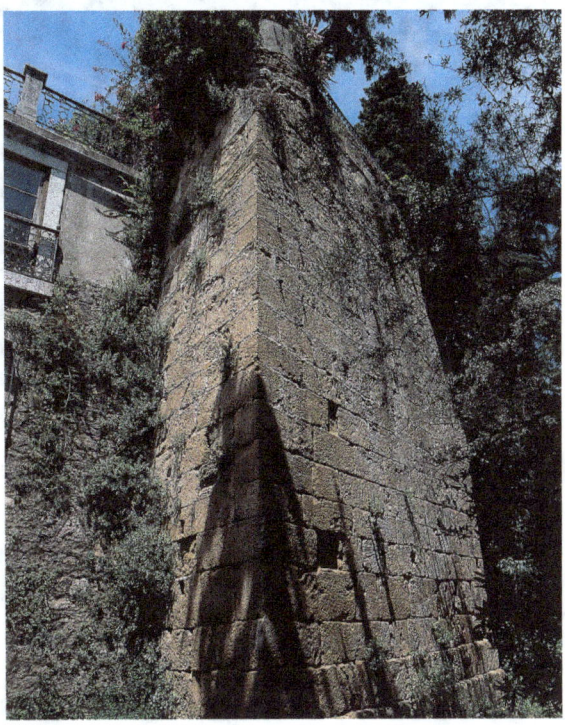

Muraille arabe, Lisbonne.

CIRCUIT I *L'art mudéjar*
Lisbonne

*Rue d'Alfama,
Lisbonne.*

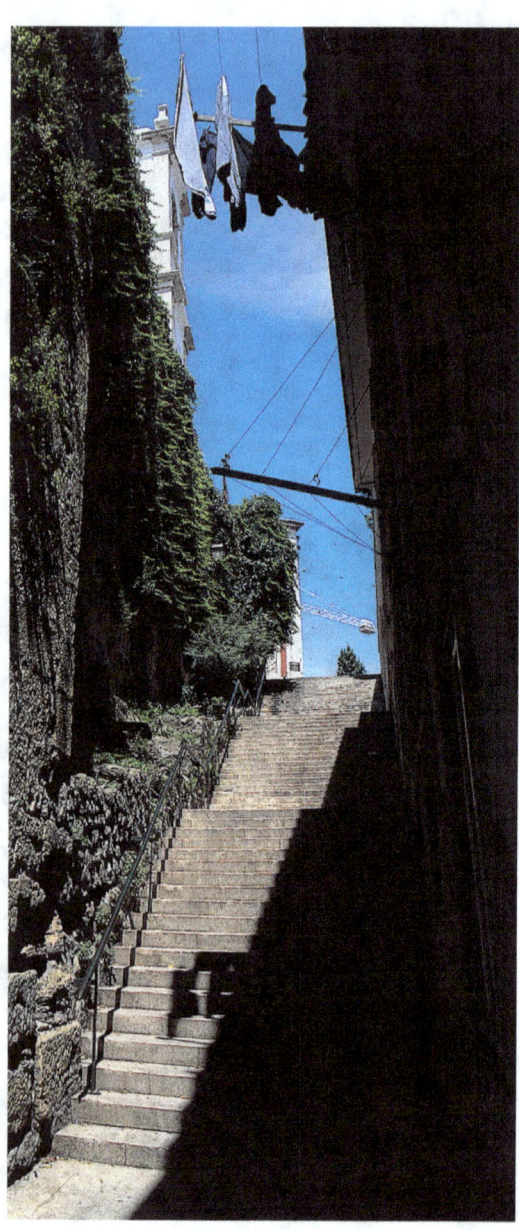

De ces imposantes murailles subsistent de nombreux fragments d'origine dont il faut remarquer les courtines et les tours de la citadelle tournées vers le Levant, à côté de l'église du Menino de Deus, ainsi que la base de la chapelle Santa Luzia.

C. T.

Descendre la Calçada do Menino de Deus et suivre la ligne du tramway jusqu'aux Portas do Sol.

I.1.f Quartier d'Alfama

À partir des Portas do Sol, descendre la rue Rosa Araújo, tourner à droite et continuer par la rue de São Miguel. Tourner à gauche dans le Beco do Mexias et encore à gauche pour emprunter la rue de São Pedro, en passant par le Largo do Chafariz de Dentro, pour arriver au Chafariz d'el Rey.

Dans un enchevêtrement labyrinthique de rues étroites et de petits escaliers, les maisons d'Alfama descendent en cascade jusqu'au fleuve. Ce quartier, où la tradition méditerranéenne des étroites *medinas* est évidente, est actuellement un des plus caractéristiques de Lisbonne et certainement celui qui lui donne son plus profond caractère. Son nom lui vient de l'arabe *al-hamma*, mot qui sert à désigner les thermes. En effet, des eaux chaudes jaillissent encore aujourd'hui au même endroit, elles étaient utilisées jusqu'à récemment par les femmes du quartier qui y lavaient leur linge. À l'époque islamique, c'était un quartier de pêcheurs et d'artisans à l'extérieur des remparts et qui communiquait avec la ville intérieure par la porte de l'Alfama.

C. T.

LE FADO

Ruben de Carvalho

Casa do Fado e da Guitarra Portuguesa, Largo do Chafariz de Dentro, 1, Alfama.
Tél.: 218 82 34 70.
Horaires: printemps-été de 10:00 à 18:00; automne-hiver de 10:00 à 17:00; fermé le mardi, le 1er janvier, le 1er mai et le 25 décembre.

Sur la colline du château Saint-Georges, les quartiers d'Alfama et de Mouraria constituent le tissu urbain le plus ancien de Lisbonne et celui qui résista le mieux à la destruction de la ville lors du tremblement de terre de 1755. Avec l'Alfama qui assurait, depuis l'époque romaine, la liaison entre la forteresse et le fleuve, et la Mouraria qui s'ouvrait vers la campagne au nord et à l'ouest, la présence arabe se manifeste dans les noms eux-mêmes, et leur maintien jusqu'à nos jours révèle le caractère multiculturel que ces quartiers assumèrent historiquement, en accueillant des populations chrétiennes, musulmanes et juives.

L'importance du port de Lisbonne, surtout à partir du XVe siècle, renforça encore cette caractéristique, non seulement à cause du mouvement des équipages de marins, mais également parce qu'une significative population noire d'esclaves et d'affranchis provenant d'Afrique et du Brésil s'y est fixée, en particulier à l'Alfama.

Ce croisement d'influences dans l'ambiance particulière d'une ville portuaire fut à l'origine d'expressions originales de culture urbaine, parmi lesquelles se détache le fado, manifestation musicale née dans les quartiers populaires lisboètes.

Le lien entre l'Alfama et le port se ressent profondément dans le plus important centre du quartier, le Largo do Chafariz de Dentro (place de la fontaine intérieure), avec son nom provenant de la fontaine encore sur place et qui se situait à l'intérieur de l'ancienne muraille proche de la Porta do Mar qui ouvrait sur les berges du Tage.

Sur cette place, et dans l'édifice désigné par le nom de Recinto da Praia (enceinte de la plage), on installa la Casa do Fado e da Guitarra Portuguesa (la maison du fado et de la guitare portugaise), un équipement muséologique d'animation culturelle dédié au fado. À travers une série d'ambiances recréées par des moyens audiovisuels, le visiteur est invité à découvrir l'histoire du fado: ses lieux de production, sa diffusion grâce à des spectacles (*Teatro de Revista*), par la radio et par le disque, son entrée dans le cinéma, ses grands interprètes et ses musiciens. Le parcours à travers les ruelles et les arcs du versant de l'Alfama, depuis le château perché au sommet de la colline jusqu'à la Casa do Fado, est le parcours même de la culture populaire lisboète, profondément ancré dans un dialogue séculaire de races et de cultures.

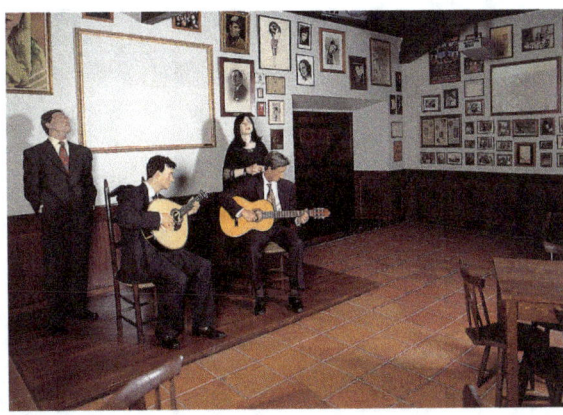

Maison du fado et de la guitare portugaise, Lisbonne.

CIRCUIT I *L'art mudéjar*
Sintra

I.2 SINTRA

Office de tourisme: Praça da Republica, 23, tél.: 219 23 11 57.

Sintra figure dans de nombreuses descriptions de géographes arabes comme étant dépendante de Lisbonne. En plus d'autres petites bourgades qui profitaient des terres fertiles des vallées, les principales agglomérations durent être le Castelo dos Mouros (château des Maures) et l'enceinte de l'actuel Palácio da Vila (palais royal en ville). Au sommet de la montagne, une longue ceinture de murailles – largement restaurées au cours des interventions romantiques du XIXe

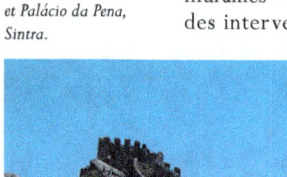

Forteresse des Maures et Palácio da Pena, Sintra.

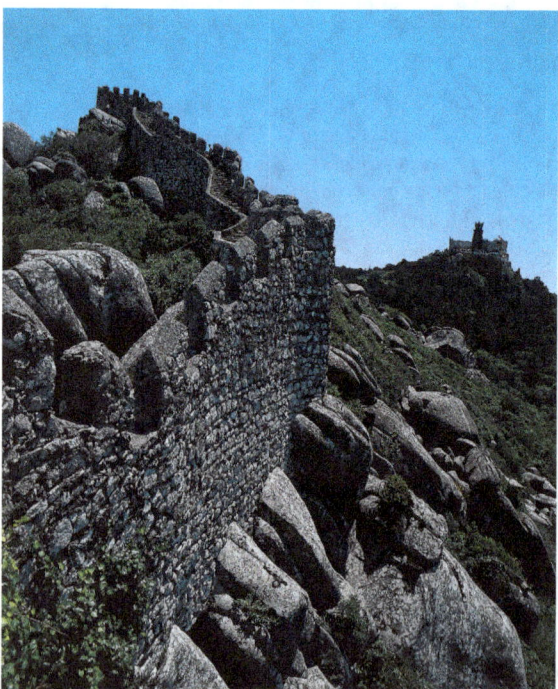

siècle – défendait un petit bourg et servait aussi de refuge occasionnel. Étant donné son climat doux, ses forêts touffues et sa grande richesse en eau, Sintra semble avoir toujours été choisie pour les séjours estivaux et comme lieu de villégiature des seigneurs de Lisbonne, avant et après son rattachement au royaume de Portugal.

La communauté morisque demeura très dense dans toute cette zone. Comme l'atteste un acte de donation, vers la fin du XVe siècle existait encore à Colares un cimetière morisque qui fut offert par le roi Manuel Ier à un particulier.

À l'époque du romantisme européen qui agita le XIXe siècle, Sintra entra dans un mouvement de reviviscence au cours duquel nombre de traces historiques du lieu furent mêlées aux visions d'un Orient exotique qui, à cette époque, était en train d'être conquis et assimilé par de nouvelles puissances coloniales. Le Palácio da Pena (palais royal de Pena) surgit de la sorte comme étant l'œuvre volontariste d'un prince consort d'origine allemande, et le Pavillon de Monserrate aurait été incompréhensible sans les délires indiano-mauresques qui étaient alors à la mode dans les milieux aristocratiques britanniques.

C. T.

I.2.a Palais de la Ville

Largo Rainha Dona Amélia, tél.: 219 10 68 40. Entrée payante. Horaires: de 10:00 à 13:00 (dernière entrée à 12:30) et de 14:00 à 17:00 (dernière entrée à 16:30); fermé le mercredi et les jours fériés.

Entouré par les maisons de l'actuelle ville de Sintra, et occupant toute une petite col-

CIRCUIT I *L'art mudéjar*
Sintra

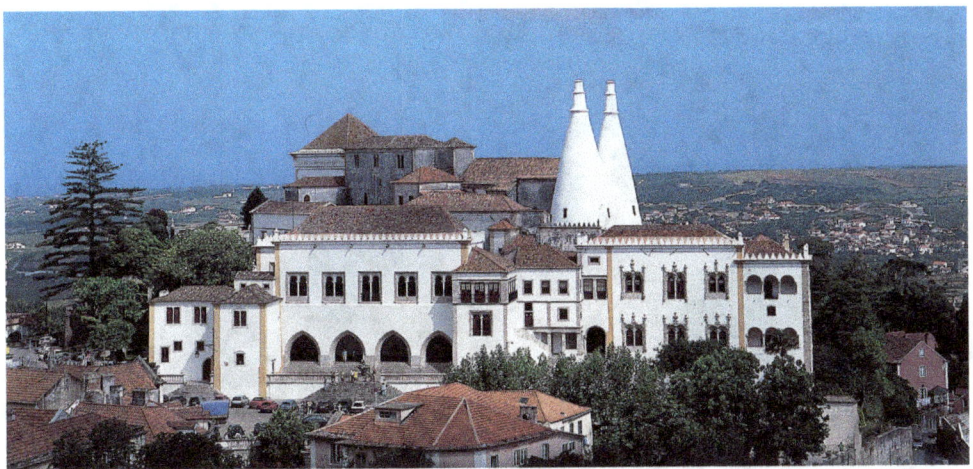

Palais de la Ville, Sintra.

line qui se dresse au-dessus d'une des vallées les plus luxuriantes de la Serra de Sintra (montagne de Sintra), le Palácio da Vila se remarque par son jeu de volumes insolites. À des époques plus anciennes, l'endroit fut une petite bourgade fortifiée où se réfugiaient, en cas de danger, les habitants des alentours. Pendant la période islamique, cette petite fortification a continué à jouer ce même rôle dans un premier temps, mais a vraisemblablement subi, vers la fin du Ve/f.XIe siècle, quelques travaux destinés à transformer l'espace intra-muros en lieu de loisirs et de villégiature. Bien que non étayée par des preuves archéologiques, cette hypothèse est suggérée par sa fréquentation systématique par les reines de la première dynastie portugaise. De grands travaux d'adaptation palatine furent réalisés pendant les XVe et XVIe siècles, au moment où un goût morisque commande tout un ensemble de volumes entrelacés et juxtaposés atteignant à une synthèse architecturale d'une rare harmonie. De petits patios aux eaux chantantes et la douce polychromie des *azulejos* donnent à l'intérieur une des plus belles évocations d'art mudéjar de toute l'architecture portugaise.

C. T.

Prendre la Estrada da Pena (route de Pena).

I.2.b **Palácio da Pena**

Route de Pena, à 2 km au sud de Sintra. De là, des minibus conduisent jusqu'au palais, tél.: 219 10 53 40.
Entrée payante. Horaires: hiver de 10:00 à 17:00; été (de juin à septembre) de 10:00 à 18:30; fermé le lundi et les jours fériés.

En haut de la Serra de Sintra, là où se trouvait jadis le monastère du XVIe siècle de Nossa Senhora da Pena (Notre-Dame de la Peine), le roi Ferdinand II fit construire son palais légendaire, emblématique de sa personnalité et du romantisme régnant.
Après l'achat, survenu en 1838, le monarque (qui, à l'époque, était encore

CIRCUIT 1   *L'art mudéjar*
Sintra

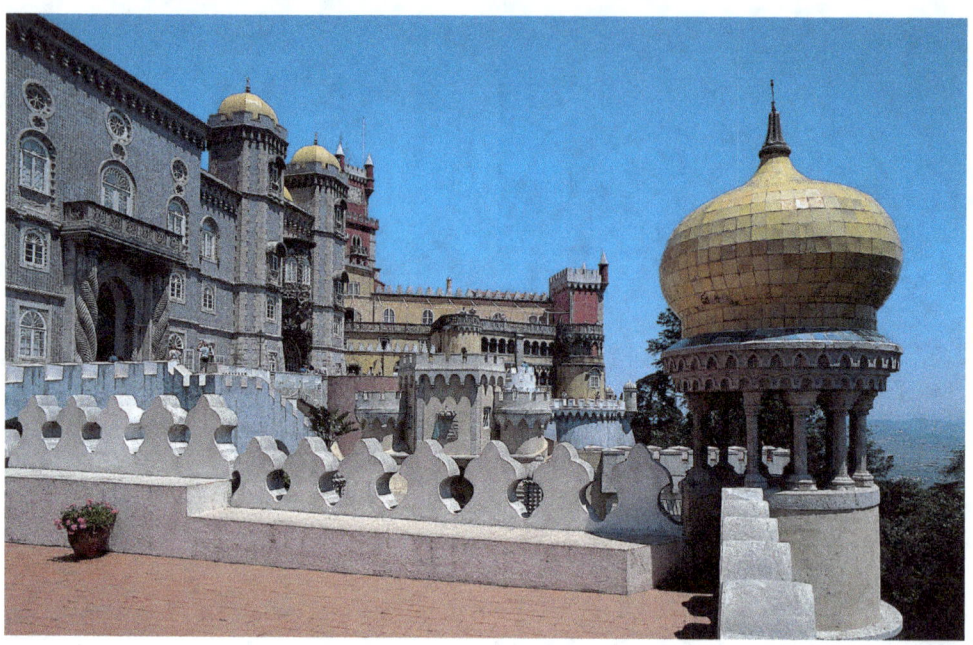

Palácio da Pena, Sintra.

prince consort de la reine Marie II) prétendait seulement réparer le couvent, mais il finit par y faire construire un palais à demi fortifié qui, dans une première phase, n'eut aucun plan directeur. Environ deux ans plus tard, quelqu'un écrivit: "Sa Majesté décida que le couvent serait transformé en un palais fortifié, suivant le style arabe mixte ou le style manuélin du couvent primitif."

En 1842, le roi, après avoir fait construire de solides remparts couronnés par un élégant ensemble d'arcatures relevant d'une grammaire néo-morisque, fit élargir le parvis de la chapelle; pour agrandir ce que l'on appelle aujourd'hui le Terraço da Rainha (esplanade de la reine), il fit élever tout autour de "brillantes arcades" en style arabe de manière à permettre l'aménagement de loggias.

Sur le portail d'entrée, que prolonge un pont-levis, se voient des symboles qui soulignent sa fonction d'"antichambre" destinée à préparer le visiteur à la compréhension du délire, onirique ou réel, du portique allégorique de la création du monde, situé un peu plus haut, sur la façade noble du "palais nouveau".

Le projet global de l'œuvre fut dessiné par l'ingénieur Ludwig Eschwege, mais le monarque modifia considérablement la décoration, donnant l'impression que le plan de l'Allemand avait été délaissé.

Le portique dit du Triton, ou de l'"allégorie de la création du monde", présente une symbologie étroitement liée à la vie, aussi bien dans le sens physique que spirituel; il donne accès à la cour des arcades, offrant dans ce passage, en même temps qu'un grand exotisme, "un élégant plafond au goût

CIRCUIT I *L'art mudéjar*
Sintra

arabe, imitant des stalactites naturelles". Dans l'élévation de la façade qui domine ledit patio s'ouvre la fenêtre inspirée de celle, très célèbre, de la salle du chapitre du couvent du Christ à Tomar, imaginée par Diogo de Arruda vers 1510. Celle du palais de Pena fut certainement dessinée par Ferdinand II lui-même, et peut être considérée comme l'acte de naissance du néo-manuélin.

Ferdinand II ne se limita pas à transposer dans son palais de Pena ce seul style, il y mêla des éléments orientaux, morisques, indiens et maritimes, dans une irrégularité de composition hautement gratifiante pour les esprits romantiques.

À l'intérieur, la décoration des différentes dépendances du palais de Pena paraît avoir été menée sans la moindre pré-programmation, mais il est vrai que, à ce moment-là, le contraste entre les styles utilisés dans les différentes pièces était à la mode et l'éclectisme disposait d'un vaste éventail d'options, même s'il était toujours guidé par le goût du confort.

L'édifice de Ferdinand II n'est pas apparu par hasard pour couronner les rochers de Pena, son émergence doit être comprise dans un sens beaucoup plus large.

M. R. A.

I.2.c Castelo dos Mouros

Estrada da Pena, Serra de Sintra, tél.: 219 24 72 00.

Horaires: hiver de 9:30 à 17:00; été de 10:00 à 18:00; fermé le 1ᵉʳ janvier et le 25 décembre.

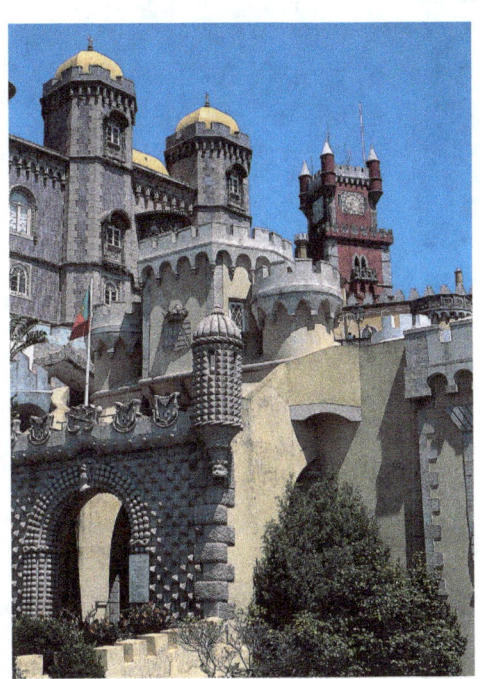

Palácio da Pena, Sintra.

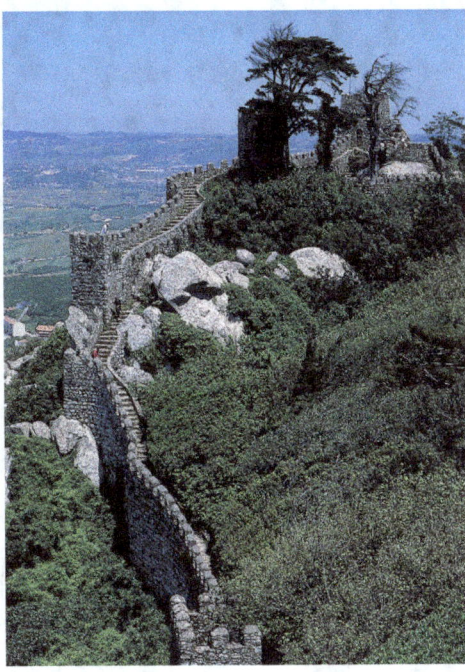

Castelo dos Mouros, Sintra.

59

CIRCUIT I *L'art mudéjar*

Sintra

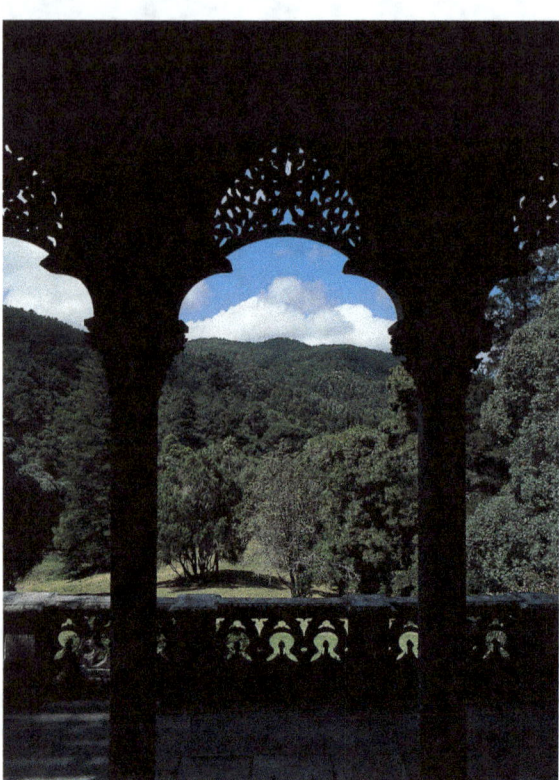

Palais de Monserrate, vue panoramique sur le jardin, Sintra.

Dans le couronnement de la Serra de Sintra, et couvrant une surface de quatre hectares, peut toujours se voir une longue courtine à merlons et créneaux avec ses tours quadrangulaires. Il reste peu de chose de cette bourgade fortifiée, encore habitée au Ve/XIe siècle, et qui servait sans doute aussi de refuge temporaire aux bergers et à leurs troupeaux.

Le prince régent Ferdinand II – celui-là même qui, vers le milieu du XIXe siècle, fit construire à proximité le Palácio da Pena – fut aussi l'auteur de la scénographie romantique qui enveloppe aujourd'hui ces belles ruines. Des trottoirs le long des murs crénelés, des escaliers et des parapets furent adaptés à un parcours qui permet de jouir de paysages d'une rare beauté.

C. T.

I.2.d Jardins et palais de Monserrate

Route de Monserrate, tél.: 219 23 12 01.
On ne peut visiter que les jardins, le palais étant actuellement en travaux.
Entrée payante. Horaires: de 9:00 à 18:00 (d'octobre à mars fermé à 17:00); fermé le 1er janvier, le dimanche de Pâques, le 1er mai et le 24 décembre.

Le palais néo-gothique qui fut la propriété de De Visme, huguenot anglais descendant d'une famille de la noblesse française établie à Lisbonne en 1746, et de William Beckford, écrivain né à Fonthill House (Wiltshire) en 1760 et qui vécut quelques années au Portugal, fit place, après des années, à "l'orientalisme barbare existant dans l'actuel Monserrate, construit dans un délire morisque par le vicomte Cook".

Quand il voulut reconstruire la vieille maison, Francis Cook se fit accompagner par l'architecte londonien James T. Knoles Senior qui, en 1858, élabora le projet, faisant émerger une structure présentant de vagues ressemblances avec des formules morisques et indiennes.

Ce petit palais, oblong, est formé d'une structure centrale cubique flanquée de deux tours rondes sommées d'élégantes coupoles rappelant des fleurs de lotus stylisées, et qui lui confèrent un exotisme singulier. Les ouvertures des murs extérieurs, blancs, qui forment un contraste avec les coupoles rouges, présentent, au-dessus du linteau, des impostes en forme

CIRCUIT I *L'art mudéjar*
Sintra

d'ogive remplies d'arabesques en filigrane de pierre.
À l'intérieur de ce petit palais, la galerie qui le traverse prend des aspects d'une surprenante beauté. Quant aux arcs, grâce à un système d'éclairage naturel, sophistiqué pour l'époque, ils se succèdent en créant des zones d'ombre et de clarté qui font ressortir d'une façon étonnante la riche dentelle des stucs.
Quand on entre, en traversant le porche extérieur qui donne sur le parc, dans une hallucination capricieuse, avant d'atteindre le vestibule octogonal, il faut absolument passer sous quelques autres fabuleuses arcatures en stuc et regarder l'escalier décoré qui donne accès à l'étage supérieur.
Avant d'arriver au salon de musique, vraiment délirant, comme on peut le supposer d'après ce qu'il en reste, il y avait une salle éblouissante, jadis revêtue de miroirs de Venise, avec ses cheminées en marbre blanc et ses lustres féeriques en cristal de Bohème.
À Monserrate, Sir Francis Cook ne se borna pas à "ériger d'un seul coup de chimériques fantaisies d'architecture et de sculpture" et à "orner avec les plus précieuses merveilles de l'art les salons et les galeries de cette demeure enchanteresse", mais il s'inquiéta des jardins et du parc, ayant donné à ce dernier un caractère scientifique, qui fut probablement inspiré par William Colebrook Stockdale, le peintre paysagiste romantique qui séjourna plusieurs fois au Portugal. Thomas Cargill, un médecin lisboète ami du propriétaire, ainsi que William Nevril, spécialiste de botanique, y apportèrent leur aide. Toutes ces personnes furent secondées par le jardinier anglais Francis Burt, qui décéda au Portugal en 1877.
La merveilleuse demeure-palais de Monserrate parvient à une si parfaite unité avec le parc extraordinaire qui l'entoure qu'elle ne peut que provoquer l'admiration de tous ceux qui ont le privilège de la connaître.

M. R. A.

Pour Santarém, reprendre le trajet du IC19 vers Lisbonne et suivre l'autoroute A1 en direction de Santarém/Porto.
Pour Alenquer, revenir à Lisbonne, emprunter l'autoroute A1 jusqu'à Carregado, prendre ensuite la direction d'Alenquer.
Pour Obidos, suivre l'A9/CREL jusqu'à Loures puis continuer par l'A8-IC1 en direction de Torres Vedras/Caldas da Rainha. Sortir à Obidos.

Parc naturel de Sintra/Cascais
À deux pas de Lisbonne, le Parc naturel de Sintra/Cascais propose au visiteur le premier "paysage culturel" classé Patrimoine mondial. Celui qui le visite aujourd'hui remonte jusqu'aux temps les plus anciens où l'existence humaine fut modelée, tout en se fondant dans un paysage varié et plein de charme.
Le climat propre à la Serra de Sintra (curieuse éruption volcanique survenue il y a 80 millions d'années) l'enveloppe dans une brume perpétuelle et a favorisé une végétation dense et verdoyante, patiemment travaillée par la main de l'homme. Sintra, connue depuis l'époque classique comme "Montagne de la Lune", fut le refuge de rois, de poètes, d'ermites et d'aristocrates qui y édifièrent des palais, des demeures, des fermes, des chalets, des couvents et des chapelles, entourés de parcs agrémentés de plantes apportées des quatre coins du monde.
Au nord, les communautés humaines occupèrent les plaines qui bordaient d'importantes rivières et y édifièrent de petites agglomérations, tout en morcelant le paysage de vignes, de vergers et de potagers avec des murets en pierre sèche ou avec des haies vives de roseaux et de cannes. La région est connue sous la

CIRCUIT I *L'art mudéjar*
Alenquer

Château, tour cuirasse, Alenquer.

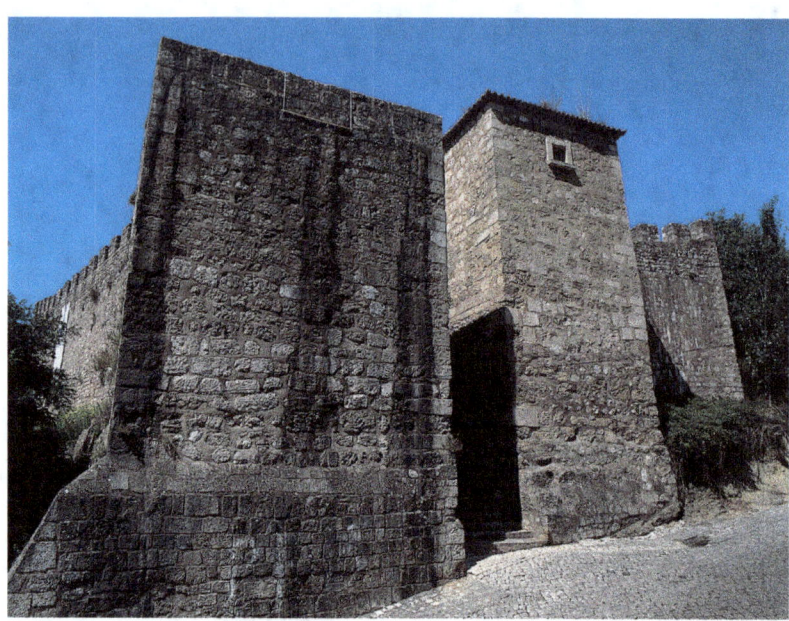

dénomination de région "saloia" (maraîchère). Dans la bande côtière, le cap de la Roca – "là où la terre se termine et où la mer commence", comme dirait Luis de Camões, le grand poète portugais du XVIe siècle – est le point le plus occidental de l'Europe. Parmi une grande variété d'espèces botaniques, l'Armeria, la Pseudarmeria et la Silène poussent exclusivement sur les falaises de cette côte, survolées par des oiseaux marins et par des oiseaux de proie, tels que le Corbeau marin à crête et le Faucon pèlerin. Le long de la côte, on pourra encore observer les plages de sable fin adaptées aux vents violents de la zone du Guincho et du cap Raso. On verra aussi les dunes fossiles du Magoito et de Oitavos.
À ne pas manquer lors de la visite du Parc naturel de Sintra/Cascais: le couvent des Capuchos, les chais de Colares, Azenhas do Mar et le parcours entre le cap de Roca et la plage d'Adraga.
C. G., P. N.

Centre d'information: Rua General Alves Roçadas, 10-2°, 2710 Sintra, tél.: 219 23 51 16/66.

I.3 **ALENQUER** (option)

I.3.a **Alenquer islamique**

Renseignements: tél.: 263 73 09 00.
Musée municipal Hipólito Cabaço, tél.: 263 73 09 06.

À l'époque islamique, la petite ville d'Alenquer, implantée près d'un bras navigable du Tage, était intégrée au réseau de centres urbains reliés à Lisbonne par un intense trafic fluvial. Avec les centres d'Arruda, Xira, Azambuja et Benavente, Alenquer partageait les terres à blé de Ballata et envoyait ses produits vers la capitale, tout en tirant bénéfice du contrôle de

toutes les routes commerçantes venant de Coruche, Tomar ou Santarém.
Faute d'informations archéologiques, il est impossible d'inférer une quelconque structure antérieure à de notoires interventions du bas Moyen Âge, et en particulier de la Renaissance, qui marquèrent le lieu d'une certaine monumentalité. Dans l'enceinte fortifiée de la *medina* – une superficie intra-muros d'environ cinq hectares au peuplement très dense –, on remarque une monumentale tour cuirasse qui, du moins en ce qui concerne sa base, peut avoir appartenu au système défensif de l'époque musulmane.
Contrairement au château fort, dont seules de futures fouilles pourront mettre au jour les fondations, on peut actuellement visiter les courtines de murailles et la tour cuirasse qui leur est associée. Un petit musée archéologique conserve des céramiques; la plupart sont du XIVe siècle, mais quelques-unes datent de la période islamique.

C. T.

Pour Obidos, emprunter la route n° 9 en direction de Torres Vedras; là, prendre la A8/IC1 jusqu'à Obidos.
Pour Santarém, revenir à l'autoroute A1 et suivre la direction Santarém/Porto.

I.4 **ÓBIDOS** (option)

I.4.a Ensemble urbain

Informations touristiques: Rua Direita, tél.: 262 95 92 31.

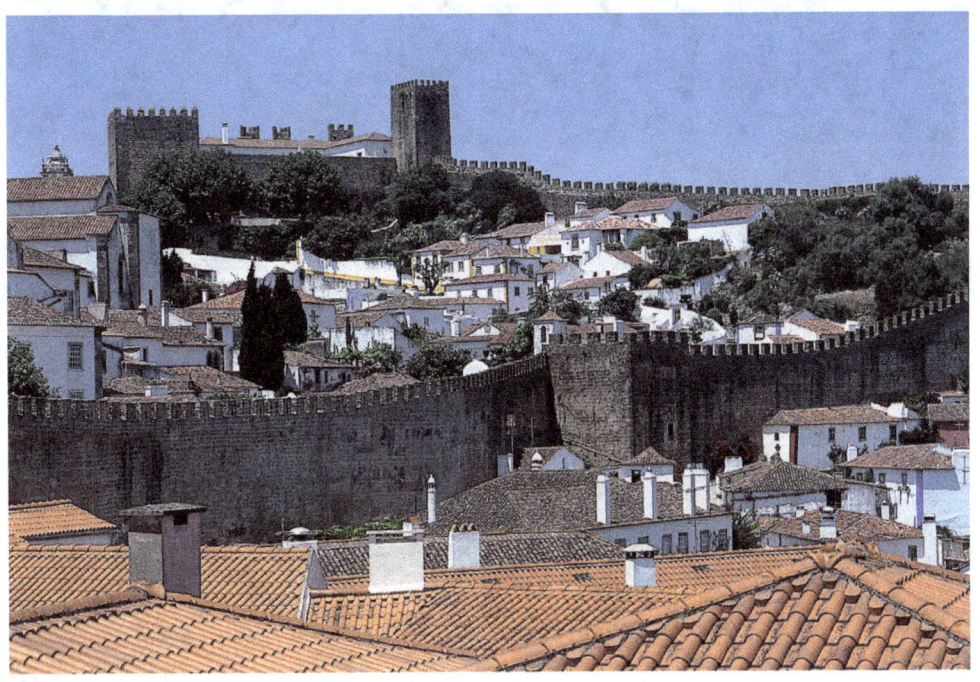

Château et ensemble urbain, Óbidos.

Entre Mudéjar et Mozarabes

Óbidos

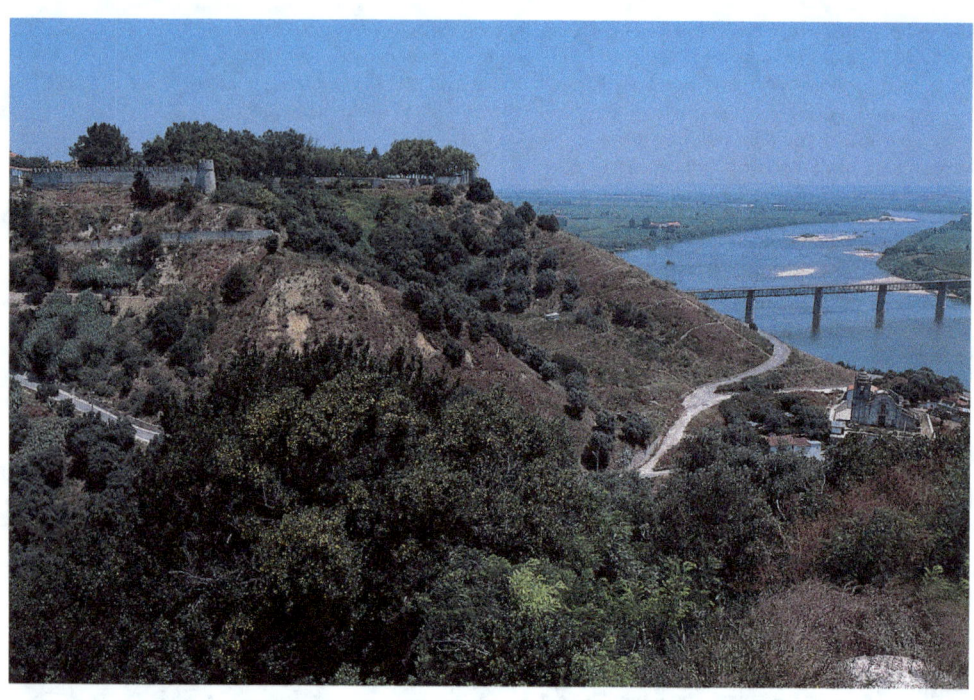

Le château et les bords du fleuve, Santarém.

Avant l'ensablement généralisé qui modifia toute la côte atlantique du Portugal à partir de la fin du Moyen Âge, la lagune d'Óbidos, actuellement confinée à sa bande côtière, arrivait presque aux pieds de la colline de la ville. Une zone portuaire y prospérait à l'ombre de l'imposante silhouette du château et de la ville fortifiée. Outre quelques preuves archéologiques, le toponyme – Óbidos dérive directement du mot latin "oppidum" – atteste en soi l'existence sur place d'une forteresse antérieure aux actuels volumes médiévaux qui s'y trouvent. La documentation écrite signale la conquête de la ville par le premier roi de Portugal, quelques années après la prise de Lisbonne, et nous apprend qu'à l'époque, l'agglomération était déjà entourée de puissantes murailles. Malgré l'absence d'informations directes sur la période islamique – à l'exception, probablement, de quelques fondations de la tour du Facho (flambeau) –, il faut souligner la valeur de l'ensemble urbain de cette ville, d'une qualité exceptionnelle. Tout l'ensemble historique, bien préservé dans le tracé des artères et dans l'architecture en général, est lié à la tradition méditerranéenne.

C. T.

Suivre l'IP 6 en direction de Rio Maior et continuer par la Estrada (route) 114 jusqu'à Santarém.

I.5 SANTARÉM

Bureau de tourisme: Rua Capelo e Ivens, 63, tél.: 243 30 44 37.

La ville de Santarém (l'ancienne "Scalabis", siège d'un *conventus* romain) domine l'immense plaine du Ribatejo, l'ancien territoire de Ballata, depuis toujours cité et loué par les chroniqueurs romains et arabes. Le système d'exploitation agricole de ces terrains, cycliquement inondés par le fleuve Tage, fut comparé par le chroniqueur al-Himyari à celui des marais du Nil.

On peut supposer que Santarém était organisée autour de trois noyaux urbains bien différenciés. Celui de la forteresse, certainement entourée de murailles, avait trois portes et se prolongeait jusqu'à la zone de São João de Alporão. Près du fleuve et entourant l'église de la sainte protectrice – sainte Irène – se développèrent les faubourgs de l'Alfange et, surtout, celui de la Ribeira, qui formait le noyau le plus important de la ville islamique.

Étant donné le maintien de cet important culte chrétien, attesté par la dénomination elle-même, on pense qu'une importante communauté mozarabe avait dû se fixer dans la ville – Xantarin –, en particulier dans la bande qui bordait le fleuve.

C. T.

I.5.a Musée municipal de Santarém-São João de Alporão

Largo Zeferino Sarmento, tél.: 243 30 44 40. Entrée payante. Horaires: de 9:30 à 12:30 et de 14:00 à 17:30; fermé le lundi et les jours fériés.

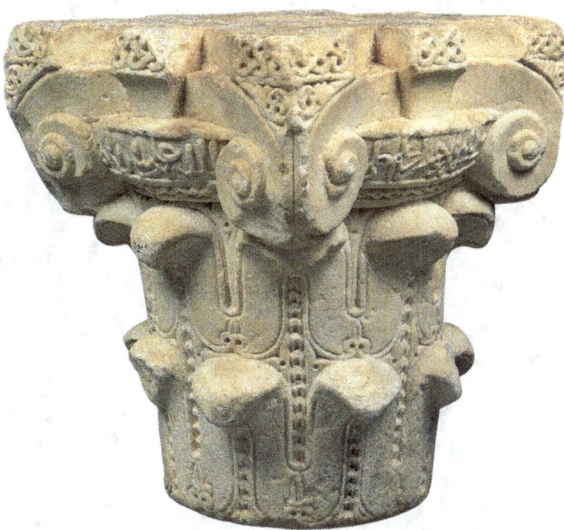

Chapiteau en marbre blanc, VIe/XIIe siècle, Musée municipal de Santarém, São João de Alporão.

Parmi les objets actuellement conservés à São João de Alporão, on remarque trois chapiteaux, auxquels on fait référence depuis la fin du XIXe siècle. Deux d'entre eux peuvent être datés de la période califale, le troisième de l'époque des Almohades. Les plus anciens sont des pièces finement travaillées, où l'on peut percevoir une progression du géométrisme par rapport aux caractéristiques classiques que sont les volutes corinthiennes et les feuilles d'acanthe. Cependant, l'abaque commence à être occupé par un complexe ensemble de nœuds tendant à l'abstraction. Ce système de décoration nous permet d'attribuer ces chapiteaux à une phase post-califale; ils datent probablement de la seconde moitié du Ve/s.m.XIe siècle. Si l'on prend en considération les inscriptions épigraphiques à invocations religieuses, on pourra affirmer que ces chapiteaux provenaient sans doute d'une mosquée, dont ils demeurent le seul et unique témoignage.

C. T.

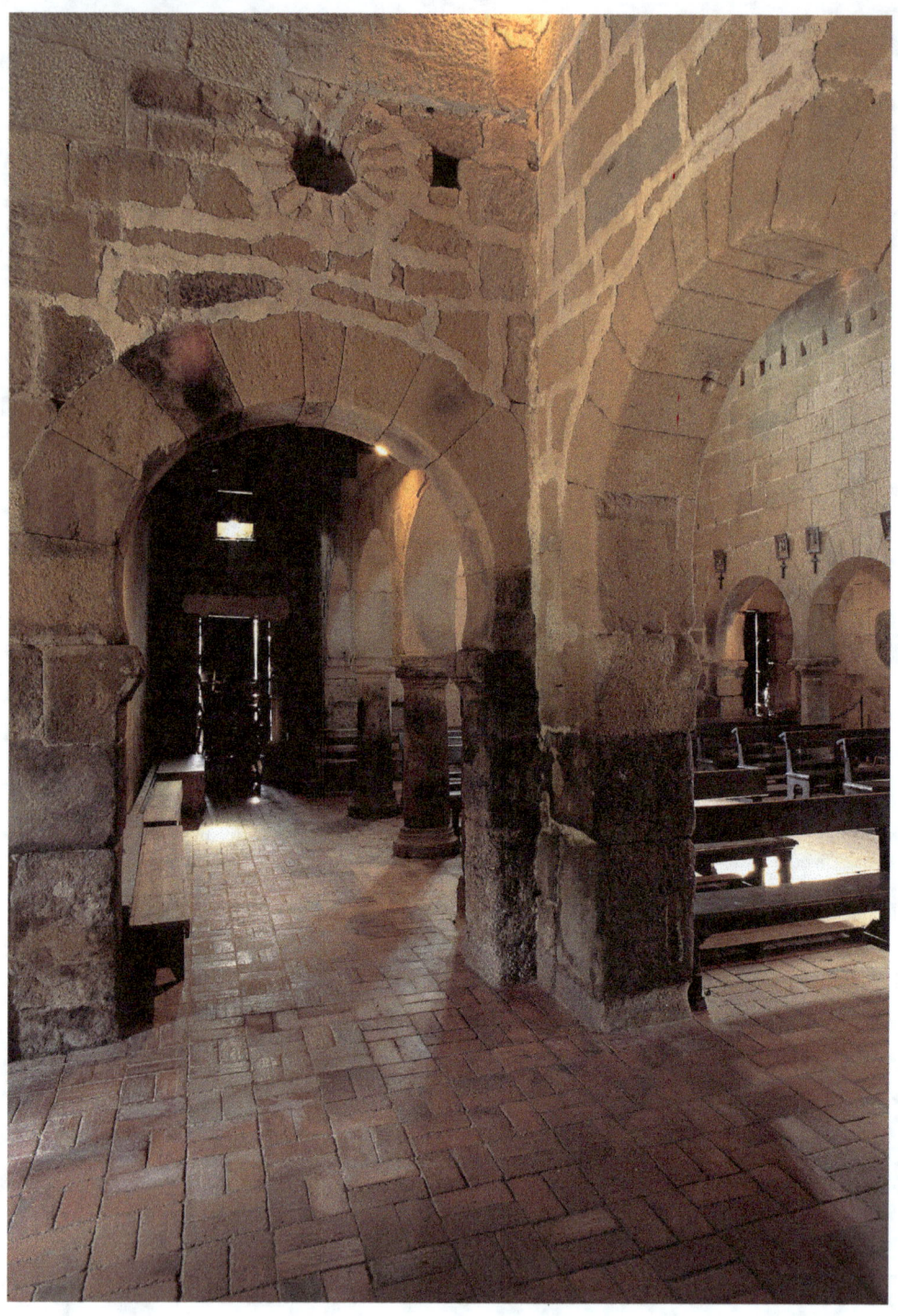

CIRCUIT II

Entre Maures et Mozarabes

Cláudio Torres, Maria Adelaide Miranda, Mário Pereira, Santiago Macias

II.1 COIMBRA
        II.1.a Musée national Machado de Castro
        II.1.b Arc d'Almedina
        II.1.c Murailles et ville islamique
        II.1.d L'inscription de la Sé Velha

II.2 LORVÃO
        II.2.a Monastère

        Apocalypse de Lorvão

II.3 LOUROSA
        II.3.a Église principale São Pedro

II.4 AVÔ (option)
        II.4.a Château

II.5 PIÓDÃO (option)
        II.5.a Ensemble urbain

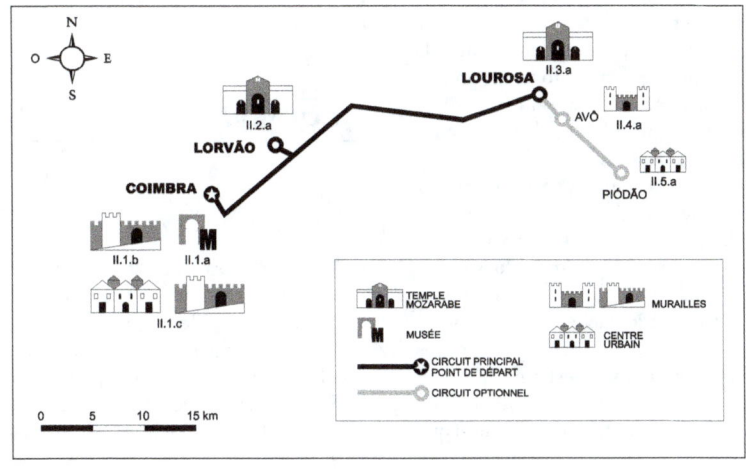

*Église principale
São Pedro, Lourosa.*

CIRCUIT II *Entre Maures et Mozarabes*

Coimbra

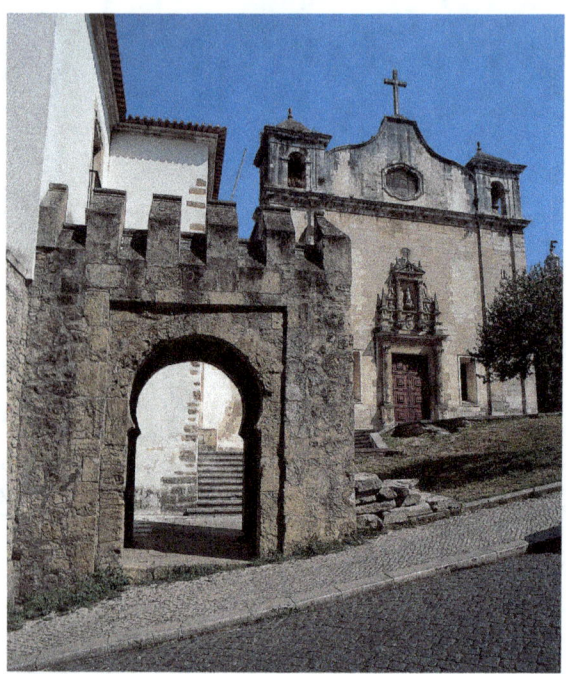

Musée national Machado de Castro, porte mozarabe, Coimbra.

La ligne du fleuve Mondego, qui constituait un point de pénétration pour ceux qui venaient de la mer, et, surtout, les terres inondables et fertiles qui entourent la ville de Coimbra et qui s'étendent jusqu'à la forteresse de Montemor forment un territoire parfaitement cohérent, une sorte d'île méditerranéenne au milieu des ondulations montagneuses qui servent de contrefort au système central ibérique. Traversés dans le sens nord-sud par la voie qui reliait la vallée du Tage aux villes de Porto et de Braga, les champs du Mondego nourrissaient depuis toujours une population à forte sédentarité et peu encline à suivre les changements abrupts imposés par les conquérants. C'est ainsi que l'on peut expliquer son "mozarabisme" têtu, en période d'influence musulmane, ainsi que son vieil attachement aux traditions méditerranéennes, sous l'occupation des seigneurs féodaux venus des âpres montagnes du Nord. La population de Coimbra semble avoir toujours su négocier pour maintenir son autonomie; ce fut le cas pendant les campagnes militaires des armées islamiques; ce fut encore le cas au début du XIIe siècle: alors qu'elle se trouvait déjà sous la domination chrétienne imposée par la hiérarchie papale, elle déclencha de violentes révoltes urbaines aux fins d'imposer ses traditions liturgiques mozarabes. Dans les fertiles plaines du Mondego, dans les vallées et les versants abrités de ses affluents, se fixe alors une population fortement attachée aux traditions méditerranéennes et islamiques, aussi bien dans la toponymie que dans les habitudes alimentaires ou le tissage, et même dans les techniques de construction – traditions qui perdurent encore aujourd'hui.

C'est dans cette ville de Coimbra, et dans sa région, que s'opère la synthèse des deux civilisations: celle du Nord et celle du Sud. C'est aussi là que, d'une certaine manière, s'est forgé cet esprit de tolérance, assez bref, qui présida aux débuts du royaume de Portugal.

C. T.

II.1 COIMBRA

Office de tourisme: Largo da Portagem, tél.: 239 85 59 30.

"La ville de Coimbra est très forte: c'est un château fort d'une haute excellence. Elle est située auprès du Mondego qui prend sa source dans la Serra da Estrela et qui passe au pied de plusieurs châteaux qui dépendent de Coimbra. Ce fleuve se jette dans la mer à 24 milles de Coimbra; il est très riche en poissons de toutes sortes. La ville de Coimbra est belle et dotée de maints avantages; elle possède, sur la berge du fleuve, une plaine fertile très bonne pour les cultures, même sans arrosage. Quand le fleuve sort de son lit, il la recouvre entièrement. Ensuite, quand il se retire, on sème le grain, et cela si bien, que les habitants récoltent le blé pour toute l'année en cours et encore pour l'année suivante, même si la plaine n'a pas plus de 15 milles de long sur 4 de large. La ville de Coimbra a beaucoup de vergers d'un bon rendement et de nombreuses oliveraies qui donnent une très bonne huile d'olive. Coimbra est une ville très ancienne." C'est en ces termes que le chroniqueur al-Razi décrivait la ville du Mondego au IVe/Xe siècle.

On peut présenter Coimbra comme une ville aux caractéristiques méditerranéennes, quoique tout à fait à l'ouest de la Péninsule, et déjà bien au nord du Tage. Elle couvrait, à l'époque islamique, une surface d'environ dix hectares; elle était entourée de murailles, trois à quatre mille habitants y vivaient. Implantée sur une colline qui domine les plaines cultivées du Mondego, son territoire s'étendait jusqu'à la mer, près de laquelle s'élevait l'imposante forteresse de Montemor-o-Velho. Une monumentale ville fortifiée, avec un quartier attenant, dominait le haut de la colline, là où, de nos jours, se dressent la vieille université et l'ensemble des facultés contemporaines. Près du fleuve, en haut et le long d'une chaussée qui se dirigeait vers le nord, se développa un quartier au dense peuplement de pêcheurs, d'artisans et de commerçants, auquel on accédait par la porte d'Almedina.

C. T.

II.1.a Musée national Machado de Castro

Largo Dr. José Rodrigues, tél.: 239 82 37 27. Entrée payante. Horaires: de 9:00 à 12:30 (dernière entrée à 12:00) et de 14:00 à 17:30 (dernière entrée à 17:00); fermé le lundi et les jours fériés.

Cet important musée national, installé dans l'ancien palais épiscopal, se dresse sur une plate-forme artificielle créée par un monumental forum romain. À l'intérieur, à côté d'une des plus importantes collections d'art chrétien du Portugal, est exposé un chapiteau finement travaillé au trépan et que l'on

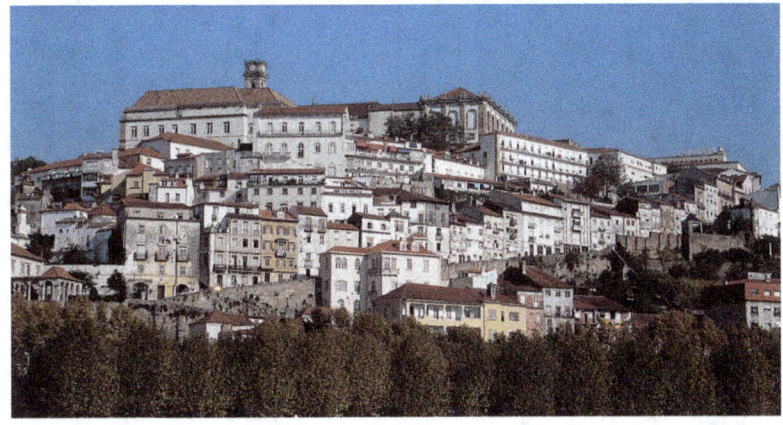

Vue générale, Coimbra.

Coimbra

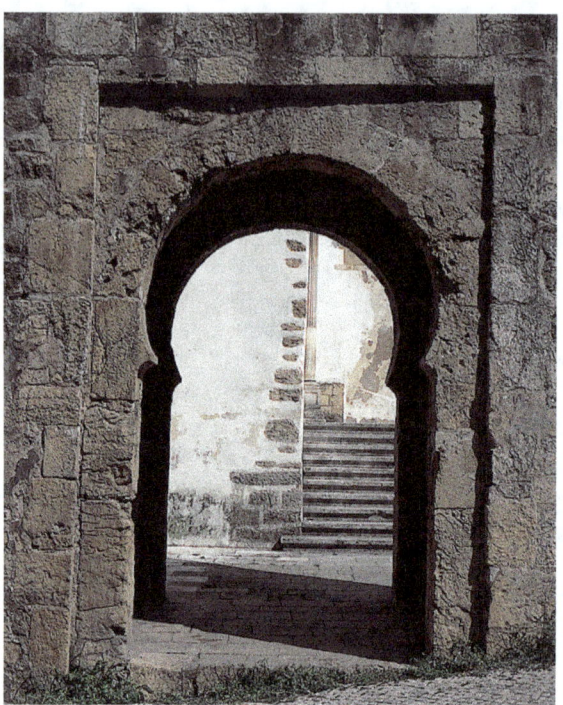

Musée national Machado de Castro, porte mozarabe, Coimbra.

peut indiscutablement dater de la période des califes (IVe/X^e-V^e/XIe siècles). Également originaires du château fort de Montemor-o-Velho, deux fragments d'une décoration en plâtre et en chaux présentent des motifs proches de ceux qui furent trouvés dans l'Aljafería de Saragosse et qui datent du Ve/XIe siècle. Un autre chapiteau, à volutes corinthiennes et également daté de la période des califes, a été trouvé dans la même bourgade fortifiée; il est actuellement conservé au musée d'Évora, où il a dû être déposé vers la fin du XIXe siècle.

C. T.

La porte mozarabe

Quand la ville fut conquise en 456/1064, après son intégration au comté de Portugal, une forte communauté mozarabe y resta et son pouvoir ne fut définitivement aboli qu'à la fin du Ve/d.VIe/XIIe siècle. Le pouvoir et le prestige de cette communauté ont sans doute influé de façon déterminante sur le goût local. La supposée porte double de l'ancien palais épiscopal – qui devait déjà être une grande porte double dans une ancienne ceinture de murailles de la ville islamique – a certainement été refaite après la conquête chrétienne. Avec ses arcs bien dessinés, en forme de fer à cheval à *alfiz*, cette porte cadre bien avec les traits esthétiques des empires maghrébins contemporains.

C. T.

Suivre la Rua Borges Carneiro, traverser le Largo da Sé Velha (place de la vieille cathédrale), puis descendre la Rua do Quebra-Costas jusqu'à l'arc d'Almedina.

II.1.b Arc d'Almedina

Rua do Quebra-Costas.

C'était la porte principale de la ville (de la *medina*, en arabe), qui s'ouvrait directement sur le fleuve, dont un canal navigable arrivait alors tout près de l'actuelle rue Ferreira Borges. Dans la zone du Péage, un vieux pont romain – aujourd'hui disparu sous l'ensablement – permettait le passage de la route qui reliait Lisbonne aux terres du Nord. Sur les murs latéraux de la porte d'Almedina, qui donne toujours accès à l'intérieur de la ville, près de la voûte du XVIIe siècle, on peut encore discerner la naissance de deux imposants arcs en fer à cheval, qui encadraient l'ancienne double grande porte de la ville musulmane. Les outrages du temps, la volonté de faire disparaître les marques identitaires des vaincus et la nécessité de nouveaux travaux ont fini par poncer les sommiers saillants des arcs pour leur donner leur forme actuelle, en plein cintre.

C. T.

II.1.c Murailles et ville islamique

Le développement de Coimbra à partir du bas Moyen Âge et les destructions massives consécutives, au XXe siècle, à la construction d'édifices universitaires dans la ville haute rendent la lecture de la topographie de la ville islamique particulièrement malaisée.
Les murailles qui entouraient Coimbra à l'époque islamique s'étendaient tout le long de la Couraça de Lisboa (cuirasse de Lisbonne) et passaient tout près de la rue Ferreira Borges (à côté de laquelle se trouve l'arc d'Almedina) avant de monter vers la zone de l'actuel musée Machado de Castro. Plus haut, à l'endroit où se trouve aujourd'hui le Largo (la place) de D. Dinis, se dressait la forteresse de la ville. Le cimetière islamique se situait peut-être au nord des murailles, sur les terrains où, bien plus tard, fut construite la Sé Nova (la nouvelle cathédrale).

S. M.

II.1.d L'inscription de la Sé Velha
(ancienne cathédrale)

Largo da Sé Velha, tél.: 239 82 52 73.
L'entrée du cloître est payante.
Fermé le vendredi.

Sur la façade nord de l'ancienne cathédrale est conservée une inscription en arabe qui est sûrement contemporaine de la construction de la cathédrale, datée du VIe/XIIe siècle. "J'écrivis ceci comme souvenir permanent de ma souffrance. Ma main mourra un jour, mais la grandeur restera" – telle est la complainte d'un tailleur de pierre anonyme, contraint d'accomplir une dure tâche, mais qui n'en manifeste pas moins son admiration pour la grandeur de la construction, et qui est sans doute déjà prêt à accepter une inévitable assimilation religieuse. Beaucoup d'autres tailleurs de pierre et artisans maures restèrent dans la ville et contribuèrent à l'agrandissement de la nouvelle capitale du tout jeune royaume de Portugal.

C. T.

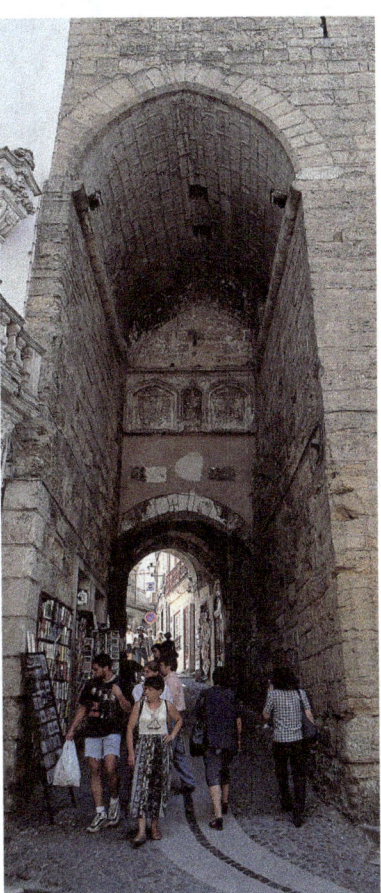

Arc d'Almedina, Coimbra.

Lorvão

Arc d'Almedina, façade nord, d'après un dessin de la DGEMN, Coimbra.

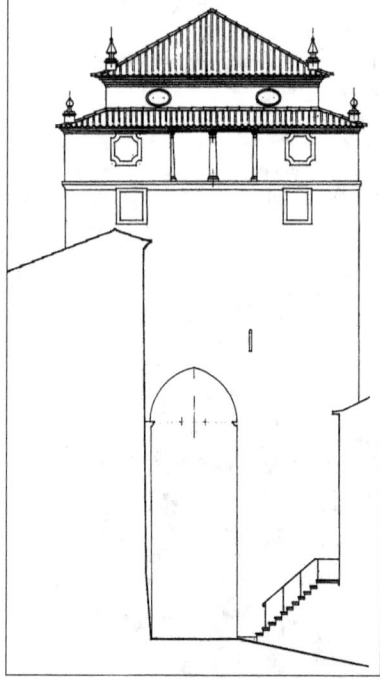

Suivre l'IP3 en direction de Viseu, tourner à gauche en direction de Penacova et continuer jusqu'à Lorvão.

II.2 LORVÃO

II.2.a Monastère de Lorvão

Horaires: hiver de 9:00 à 12:30 et de 14:00 à 17:30; été (de juin à septembre) de 9:00 à 12:30 et de 14:00 à 18:30; fermé le lundi et le mardi.

Le monastère de Lorvão, consacré à saint Pélage et à saint Mammet, est l'un de ceux qui nous ont laissé des vestiges documentaires et des réminiscences artistiques de leur passé mozarabe. La date de sa fondation est incertaine. La *Crónica de Cister* (chronique de Cîteaux) indique le VIe siècle comme étant la date la plus probable, et cette hypothèse fut renforcée récemment par la découverte, sur les lieux mêmes du monastère, d'une pierre attribuée à l'époque wisigothique. Cependant, la datation de Bernardo de Brito fut remise en cause par Rui de Azevedo, lequel, après un examen critique très rigoureux de ses sources, établit que la fondation datait vraisemblablement de l'année 878.

C'est à partir du Xe siècle, après la prise de Coimbra par le roi Alphonse III de León, que nous disposons de données fiables sur la vie du monastère. Le renseignement le plus ancien est la donation de Vila Cova par Ordonho II en 911. Les donations s'intensifient, et c'est au cours de ce siècle que, faisant partie des établissements protégés par le comte de Coimbra, le monastère acquiert une véritable puissance. Son importance s'explique également par le prestige du culte de saint Mammet et par la crise politique de la monarchie léonaise, qui lui octroie une plus grande autonomie. Pendant la période islamique, l'importance de Coimbra se renforce encore grâce au trafic fluvial qui revivifiait toute la région; Lorvão était l'une des voies de ce commerce pour le transport de charbon et de bois. En 966, la lettre de l'abbé Primo est déterminante pour le monastère: l'abbé veut faire venir de Cordoue Zacarias, maître des ponts et chaussées, qui deviendra, avec l'abbé en personne, responsable des campagnes de travaux dans le monastère.

Au XIe siècle, la popularité du sanctuaire de Saint-Vincent de la Vacariça porte gravement atteinte au prestige du monastère, mais, à partir de 1086, celui-ci reprend possession de la plupart de ses biens.

CIRCUIT II *Entre Maures et Mozarabes*
Lorvão

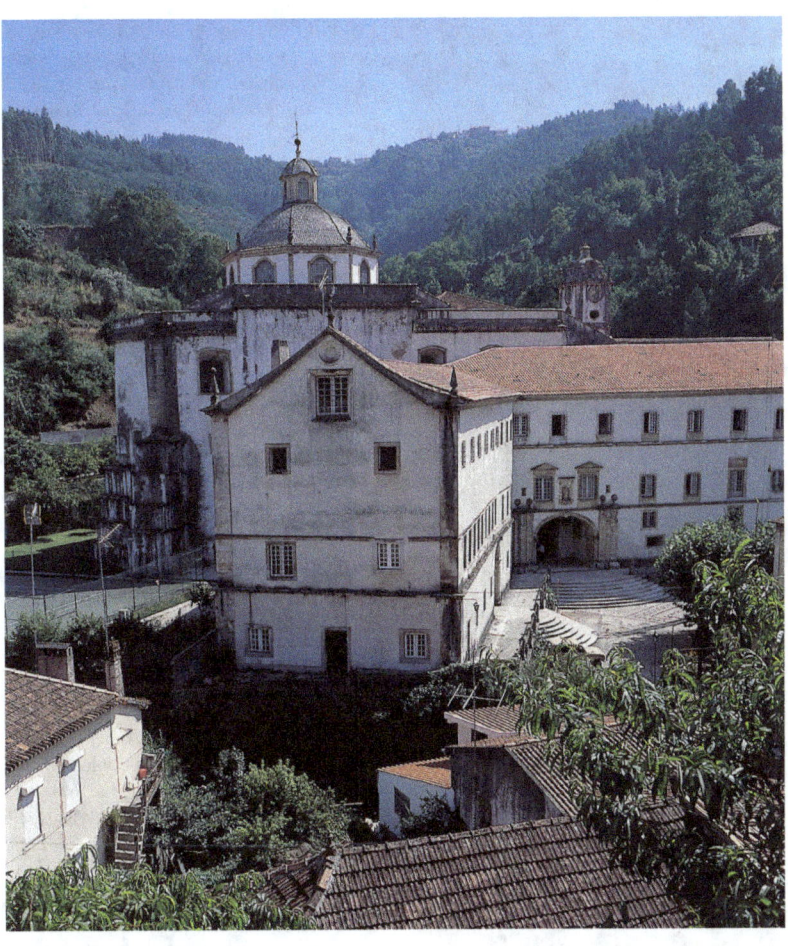

Monastère du Lorvão.

Comme la plupart des monastères du nord-ouest de la Péninsule, Lorvão a dû être influencé par la règle fructuosienne, en adaptant tardivement la règle de saint Benoît, et en adhérant, avec l'appui du roi Alphonse Ier de Portugal et de sa fille Thérèse, à l'ordre féminin de Cîteaux en 1200. C'est dans ce monastère que fut produit un des manuscrits fondamentaux pour l'étude de l'enluminure au Portugal, le très célèbre "Apocalypse de Lorvão".

M. A. M.

Reprendre l'IP3 en direction de Viseu, puis l'IC 7 vers Arganil / Oliveira do Hospital, suivre la route n° 17 jusqu'à Venda da Esperança et tourner à droite en direction de Lourosa (environ 50 km).

APOCALYPSE DE LORVÃO

Maria Adelaide Miranda

"Apocalypse de Lorvão", enluminures, XIIe siècle, Institut des archives nationales / Torre do Tombo.

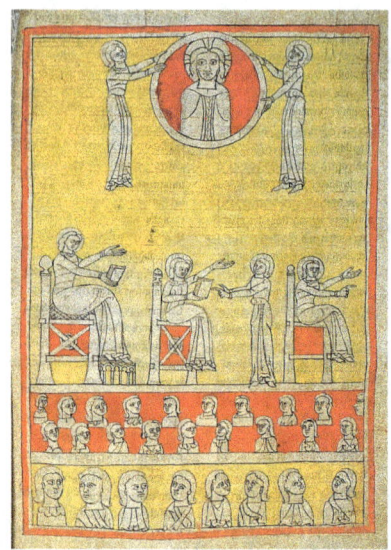

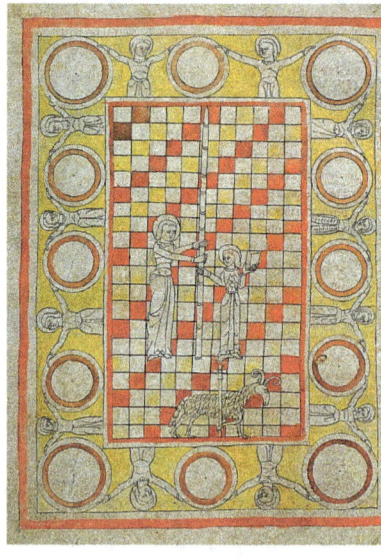

Produit dans le monastère de Lorvão, ce commentaire de l'Apocalypse est conservé aux Archives nationales portugaises, couramment appelées de la "Torre do Tombo". Il fut copié par Egeias en 1189; comportant 219 folios, il est écrit sur deux colonnes, il mesure 345 x 245 mm et son support est le parchemin. Il s'agit d'une œuvre tardive, affiliée aux *Beatus* (plusieurs ensembles de commentaires de l'Apocalypse qui trouvent leur origine dans un exemplaire du VIIIe siècle écrit et enluminé par Beatus, un moine de Liebana). Cet ensemble d'environ 25 manuscrits contient une iconographie qui révèle les inquiétudes et les angoisses qui précèdent la fin du millénaire. *L'Apocalypse de Lorvão* rassemble 70 récits accompagnés de leurs illustrations respectives. L'enlumineur réussit ses compositions d'une manière particulièrement originale. Les personnages flottent dans un espace virtuel, abstrait parce que sacré, sur des bandes à fonds géométriques, d'une grande charge symbolique. Le manuscrit présente des éléments d'une extrême importance pour l'établissement de points de contact avec l'enluminure mozarabe. La copie dut être faite, comme l'indiquent les ressemblances iconographiques, d'après un manuscrit plus ancien attribué à Beatus de Liebana lui-même (fragment de Silos). Elle appartient à la famille I, dont fait également partie le *Beatus* d'Osma. L'époque mozarabe est également présente dans les arcs outrepassés.

Il s'agit du seul manuscrit portugais de l'époque, où prédomine le caractère narratif symbolique, et où la représentation humaine occupe un espace prépondérant.

CIRCUIT II   *Entre Maures et Mozarabes*

Lourosa

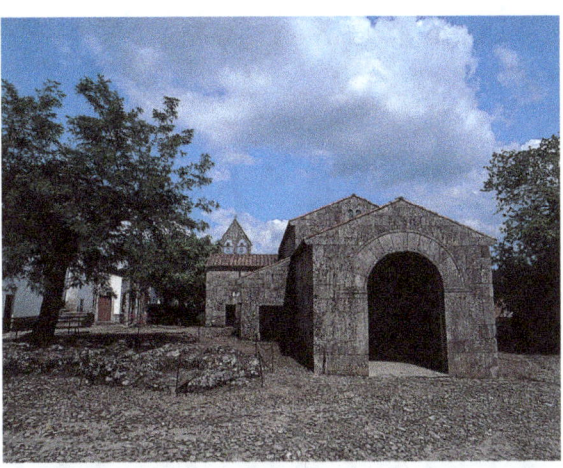

*Église principale
São Pedro, extérieur,
Lourosa.*

*Église principale
São Pedro, intérieur,
Lourosa.*

II.3 LOUROSA

II.3.a Église principale São Pedro

Cette église ne peut se visiter qu'en compagnie de Mme Maria Patrocínio Nunes, que l'on peut contacter sur place ou par tél.: 232 81 66 21.

Cette austère église rurale, dont la date de fondation ne peut être controversée – 299/912 –, sert d'étalon chronologique pour toute l'architecture de transition de la région du centre du Portugal. Elle s'impose en tant que monument mozarabe le plus significatif du pays. Malgré quelques références asturiennes dans le ciselé rustique, les influences des modèles andalousiens sont évidentes en ce qui concerne la modulation générale des pierres de taille et, surtout, les éléments décoratifs des corniches, ainsi que le tracé des arcs. Ce temple de São Pedro de Lourosa présente les caractéristiques d'une basilique, où un petit transept sépare le chœur du corps de l'église. Dans ce dernier, une séquence de trois arcs outrepassés, appuyés sur des colonnes, sépare la nef centrale des nefs latérales.

Pendant des travaux de restauration, vers le milieu du XXe siècle, au cours desquels tout l'édifice fut rendu à son aspect primitif, on trouva plusieurs éléments architecturaux qui appartenaient certainement à un autre temple plus ancien, de l'époque des Wisigoths.

À l'emplacement du parvis de l'église, on mit au jour un cimetière, avec des tombes creusées dans la roche, un autel votif et d'autres indices qui attestent la continuité de l'occupation du site.

C. T.

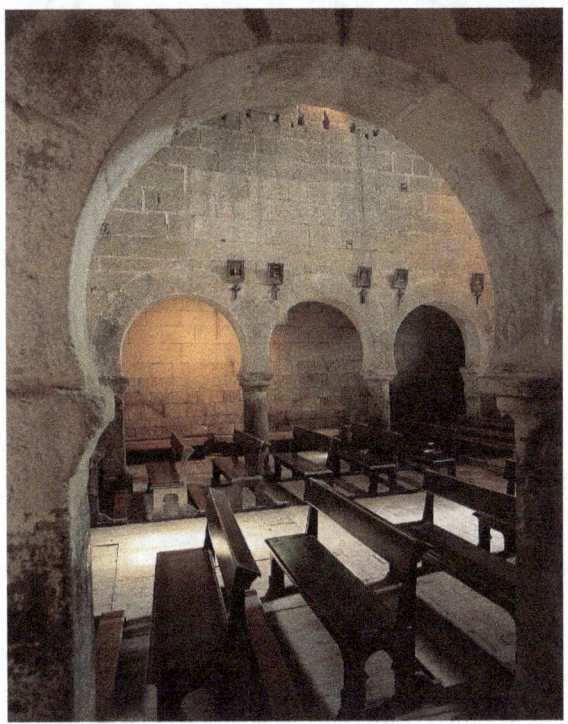

Revenir sur la route 17, la suivre jusqu'à Venda de Galizes. Tourner ensuite à droite pour prendre la route 230 en direction d'Avô.

CIRCUIT II *Entre Maures et Mozarabes*

Avô

II.4 **AVÔ** (option)

II.4.a **Château**

Dans la fertile vallée de la rivière Alva, Avô jouit d'une excellente position stratégique, favorisée par des conditions naturelles de défense et de domination.
Le château joua un rôle important lors des oscillations frontalières entre le Nord chrétien et le Sud islamique. L'arc ogival et quelques pans de muraille définissent ce qui fut une enceinte fortifiée qui, bien sûr, attira l'attention des premiers rois portugais au moment de l'établissement des populations et de la consolidation de la frontière.
Le comte Henri (le père du premier roi de Portugal) donna Avô à l'évêque de Coimbra, qui conserva désormais l'*alcadie* et la souveraineté sur le château.
Certains documents mentionnent ce château comme le théâtre de nombreuses luttes entre les rois portugais Sancho II et Alphonse III.

Il est curieux de constater qu'il existe ici aussi un espace désigné par le mot "Couraça" (cuirasse). Comme à Coimbra (Couraça de Lisboa) ou à Estremoz (Torre das Couraças – tour des cuirasses), le terme désigne un accès protégé jusqu'à l'eau, vital pour la résistance des habitants qui se réfugiaient à l'intérieur de l'enceinte fortifiée. Dans la ville, qui reçut sa première charte en 1178 – octroyée par le roi Sancho Ier –, charte qui fut plus tard renouvelée en 1514 par le roi Manuel Ier, on peut encore observer une invocation à saint Michel (dans la chapelle qui se trouve à proximité des murailles) qui, avec la rivière "de la Maure", sont des exemples d'une toponymie qui continue de préserver, d'une certaine façon, l'héritage de la présence islamique. L'ancienne maison de la mairie et le pilori (de style manuélin) sont d'autres vestiges attestant l'importance de la ville dans le passé.

M. P.

En reprenant la route 230, en arrivant à Vide, et immédiatement après avoir traversé le pont, prendre à droite et suivre en direction de Piódão (environ 16 km).

II.5 **PIÓDÃO** (option)

Office de tourisme: Av. das Forças Armadas, Arganil, tél.: 235 20 48 23.

II.5.a **Ensemble urbain**

Contempler la tombée de la nuit à Piódão est quelque chose d'inoubliable.
C'est la présence d'une nature qui s'impose ici, d'une manière intense et singulière. C'est la montagne, c'est l'eau, c'est le schiste.

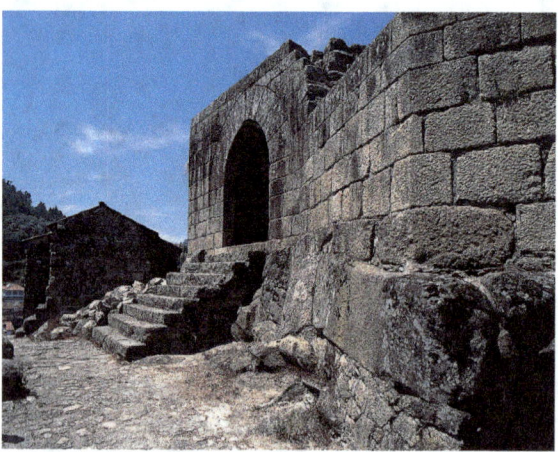

Château, Avô.

CIRCUIT II   *Entre Maures et Mozarabes*
Piódão

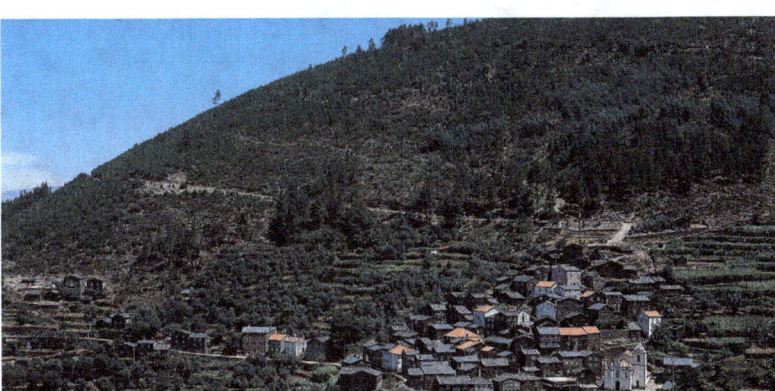

Ensemble urbain, Piódão.

La montagne a conditionné la morphologie urbaine. Les rues, petites et étroites, serpentent sur le versant et structurent une agglomération qui s'est ordonnée en se tournant vers la vallée. Ces rues, recouvertes par différentes typologies d'utilisation du schiste, permettent l'écoulement des eaux de pluie et rendent les déplacements plus commodes. Toutes les compositions sont marquées par une grande sensualité des formes.

Le schiste est partout. Nous le trouvons sur les chaussées, sur les clôtures des propriétés, sur les murs des maisons, sur les revêtements des toits, sur les couvertures des moulins et sur les dépendances agricoles.

De nous jours, l'agglomération présente toujours un ensemble d'une grande unité, qui, encadré par un paysage de cultures en terrasses, est un des meilleurs exemples du dialogue harmonieux entre l'homme et la nature.

C'est un bon exemple de patrimoine rural, qui met en valeur la manière savante que l'homme a su employer pour trouver localement des solutions efficaces et adaptées, et pour tirer le meilleur parti possible de ce que la nature lui offrait.

M. P.

Alcántara (Espagne)
De l'autre côté de la frontière, en Estrémadure espagnole, il serait intéressant de faire un saut du côté de la belle ville de Trujillo, dominée, encore aujourd'hui, par l'une des plus importantes et monumentales forteresses de l'époque des califes. Quand on passe à Cáceres, une visite s'impose au musée régional, installé dans la "Casa de las Veletas" et construit sur une citerne de la période islamique. Sur le retour, à proximité de la frontière portugaise de Segura, on verra le célèbre pont romain d'Alcántara qui traverse le Tage.

C. T.

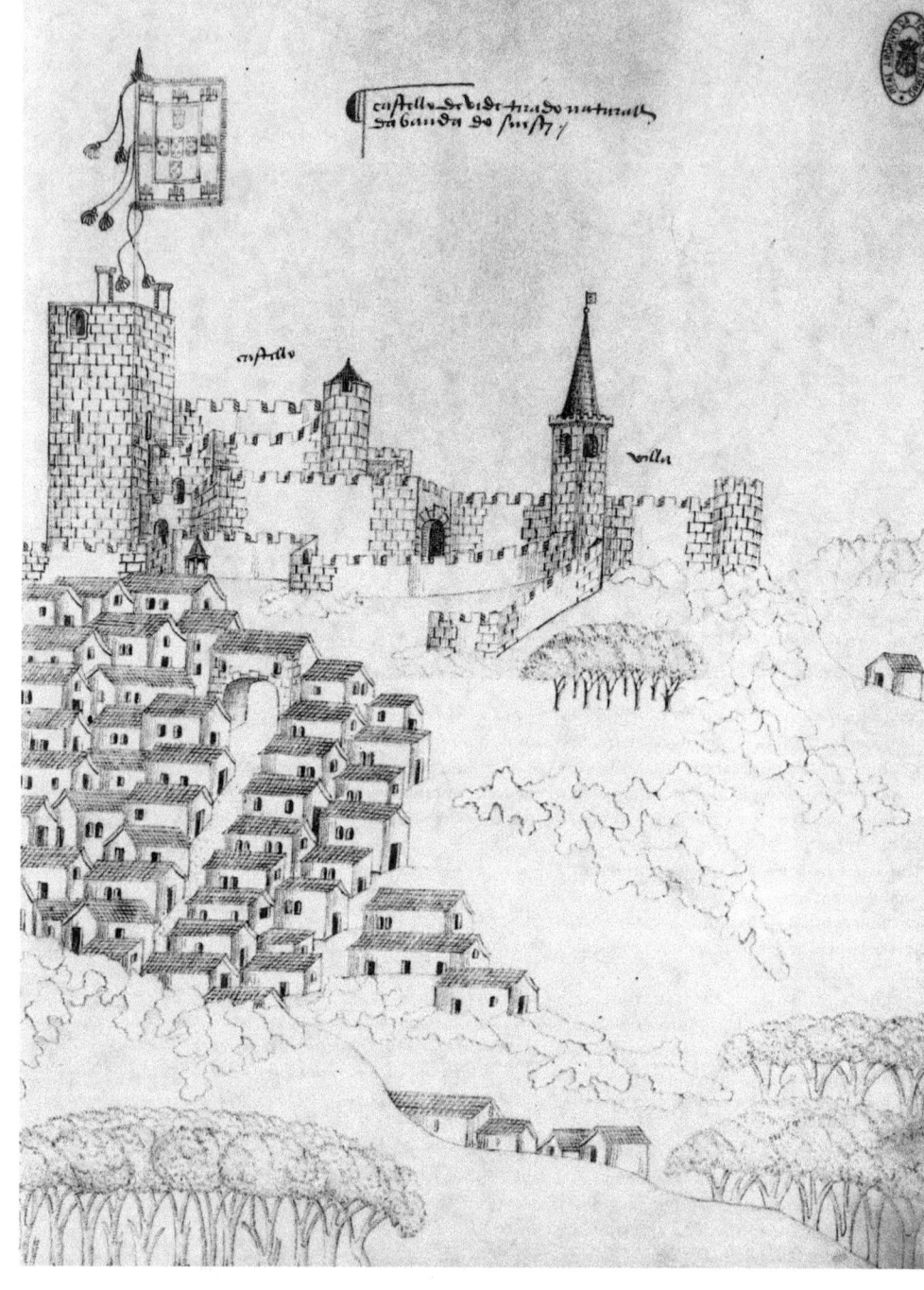

CIRCUIT III

Idanha: terre de frontière

Cláudio Torres, Mário Pereira, Cristina Garcia, Paula Noronha

III.1 IDANHA-A-VELHA
  III.1.a Château et centre urbain
  III.1.b Cathédrale
    (ancienne mosquée)

III.2 MONSANTO
  III.2.a Château

III.3 SABUGAL (option)
  III.3.a Château

III.4 SORTELHA (option)
  III.4.a Château

III.5 ALFAIATES (option)
  III.5.a Château

III.6 CASTELO DE VIDE
  III.6.a Castelo de Vide islamique

III.7 MARVÃO
  III.7.a Château et ensemble urbain

III.8 CRATO (option)
  III.8.a Ensemble urbain

III.9 ALTER DO CHÃO (option)
  III.9.a Château

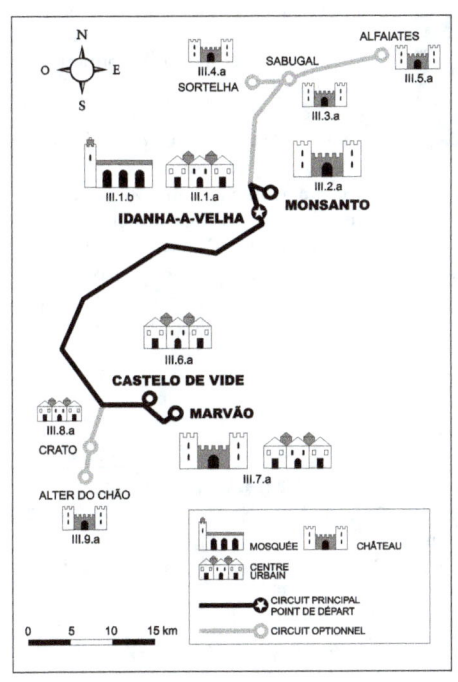

Castelo de Vide, détail, dessin du XVIe siècle, in Duarte d'Armas, "Livro das Fortalezas".

CIRCUIT III   *Idanha: terre de frontière*

Idanha-a-Velha

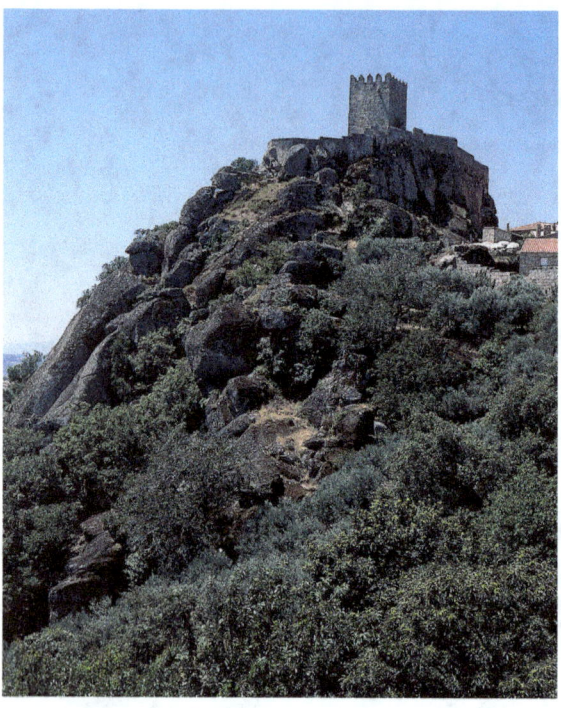

Château, Sortelha.

Pendant les premiers temps de l'islamisation, les grandes villes du littoral et de l'Alentejo s'adaptèrent rapidement au nouvel ordre social et religieux. Mais dans les vallées et dans les chaînes montagneuses accidentées, au nord du bassin du Tage, les problèmes furent tout autres. Pas seulement à cause des mouvements de balancier des conquêtes et des reconquêtes militaires, mais aussi à cause de la prudence et de la méfiance naturelles d'un peuple de bergers. Pour eux, l'assimilation des nouvelles idées, venues du sud, fut plus lente et, surtout, dépourvue de rigueur technique ou liturgique. Ce phénomène engendra parfois des traits novateurs, qui étaient l'apanage des régions frontalières, où les contrôles sont souvent moins rigides et les échanges plus imaginatifs.

Dans ces montagnes de l'intérieur, aux chemins difficiles et pierreux, l'unique grande voie de liaison entre les Asturies et les ports de la Méditerranée restait la "Via da Prata" (la route de l'argent), qui, à l'époque romaine, reliait Astorga et León aux villes de Mérida et de Séville. C'est vers cette artère que convergeaient les accès des châteaux et des bourgades fortifiées, qui, aux alentours de l'actuelle frontière portugaise, servaient de refuge aux communautés autochtones de paysans et de bergers. En l'absence de preuves archéologiques fiables, il existe cependant des indices locaux qui nous font supposer une certaine dépendance ancienne de cette région, soumise au contrôle tributaire du monde islamique du Sud. C'est le cas du château d'Alfaiates ("tailleurs", en portugais actuel), dont l'origine toponymique n'a strictement rien à voir avec une quelconque activité de coupe ou de couture. Ce toponyme, *al-hajar*, très courant pour des fortifications de la période islamique, signifie en arabe "les pierres d'un piton rocheux". Dans cette région de frontière nord-sud, qui fut, jusqu'au VIe/XIIe siècle, un champ de bataille entre Maures et chrétiens, d'autres tensions militaires se réactivèrent au XIVe siècle sur une nouvelle frontière, cette fois-ci est-ouest, au moment des confrontations systématiques entre les royaumes de Portugal et de Castille, qui luttaient pour la possession des châteaux de Ribacôa.

C.T.

III.1 **IDANHA-A-VELHA**

III.1.a **Château et centre urbain**

Office de tourisme: Rua da Senhora do Almortão, Idanha-a-Nova, tél.: 277 20 29 00.

CIRCUIT III *Idanha: terre de frontière*
Idanha-a-Velha

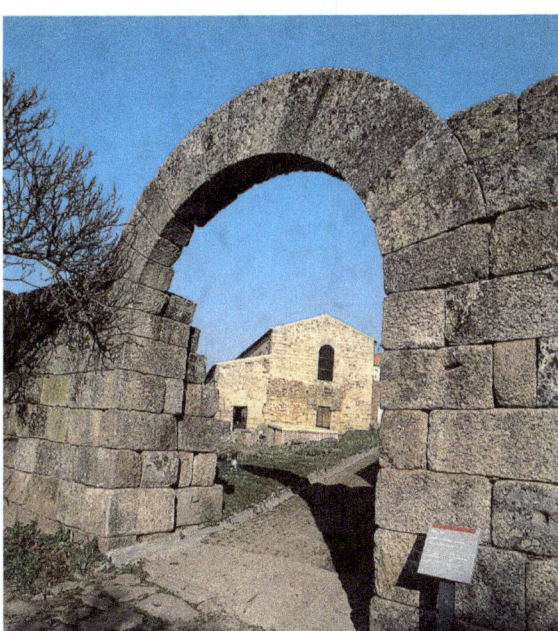

Remparts, Idanha-a-Velha.

Idanha-a-Velha est aujourd'hui un petit village de quelques dizaines d'habitants. Et pourtant, partout, les petites maisons rurales se superposent à des vestiges monumentaux ou réutilisent les matériaux de ces derniers. C'était une importante ville romaine, connue sous le nom de "Egitânia", et elle fut le siège d'un évêché pendant la période du royaume wisigothique de Tolède.

Pendant les premières années de l'islamisation – d'après la description du chroniqueur cordouan Ibn Hayyan –, la vieille ville, connue alors sous le nom de "N.yāni", servit de refuge à un rebelle d'origine locale, Ibn Marwan, ainsi qu'au clan de sa famille qui, pendant des dizaines d'années, s'opposa aux visées centralisatrices des califes de Cordoue.

Les murailles, aux pierres de taille en solide granit, qui entourent Idanha encore de nos jours sont de la même famille typologique que celles du couvent de Mérida (construit en 219/835). Chronologiquement, elles doivent précéder de peu les défenses de Talavera de la Reina, qu'Abd al-Rahman III fit construire à la fin du IIIe/d.Xe siècle; il se peut même qu'elles soient leurs contemporaines. Comme à Talavera de la Reina, les grosses tours semi-cylindriques de Idanha sont encore dans le droit fil d'une tradition romaine et byzantine. La porte nord de la ville, avec son entrée à grande porte double, encadrée par deux tours semi-cylindriques, renvoie également à une chronologie semblable.

C. T.

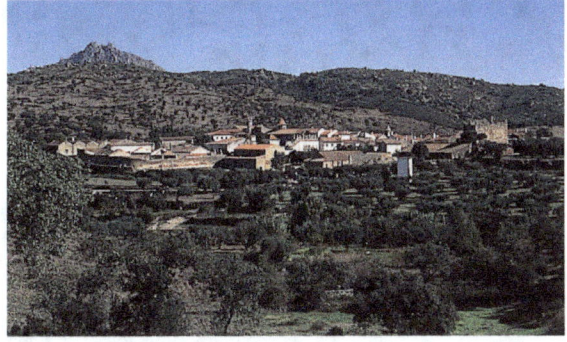

Vue générale, Idanha-a-Velha.

III.1.b **Cathédrale** (ancienne mosquée)

Longtemps considéré comme une cathédrale wisigothique, ce temple peut aujourd'hui être classé comme ayant été, en réalité, une mosquée, ou, du moins, comme une construction aux caractéristiques syncrétiques. On peut remarquer l'orientation vers La Mecque dans une chapelle voûtée, qui, pourtant, d'après ses dimensions, a peu de chose à voir avec le traditionnel *mihrab*. Une séquence d'arcs, légè-

Monsanto

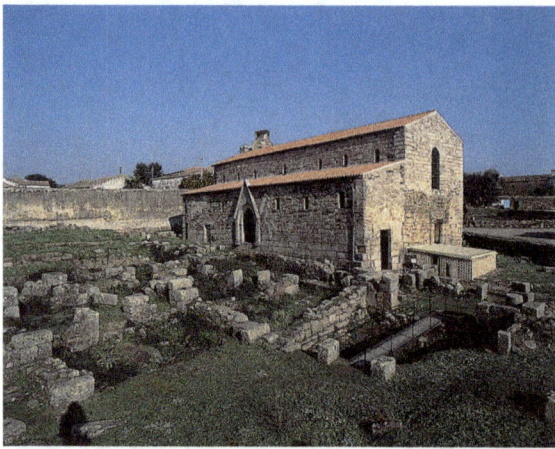

Cathédrale (ancienne mosquée), extérieur, Idanha-a-Velha.

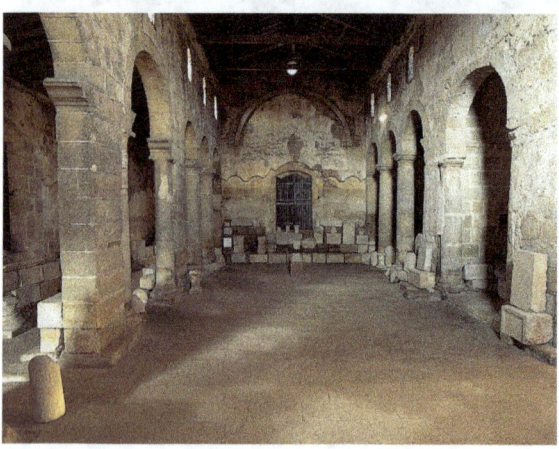

Cathédrale (ancienne mosquée), intérieur, Idanha-a-Velha.

rement outrepassés et formant une nef transversale, détache nettement cette chapelle de l'ensemble. Si nous admettons que le mur sud-est était la *qibla* d'une mosquée, l'organisation atypique et sans orientation précise de l'édifice devient moins énigmatique. Le programme de cette étrange mosquée ne peut être compris que si l'on considère qu'elle fut construite pendant la période agitée du rebelle *muladi* Ibn Marwan (f.IIIe/f.IXe siècle). Pour la situer chronologiquement, nous pouvons avoir recours à quelques éléments qui nous paraissent significatifs, bien que le plus évident soit le parallélisme entre les techniques de construction de la mosquée de Idanha avec l'église de Lourosa, qui se trouve à un peu plus de 70 km et qu'une inscription date de 299/912.

C.T.

Pour Monsanto, suivre la route 332 dans le sens Medelim/Penamacor, tourner à droite avant Medelim, prendre ensuite la route 239 jusqu'au croisement de Monsanto.

III.2 MONSANTO

III.2.a Château

Office de tourisme: Rua Marquês da Graciosa, tél.: 277 31 46 42.

Quel que soit le côté par lequel on approchera Monsanto, il ne sera pas difficile de s'apercevoir que ce mont-là n'aurait pu être qu'un "mont saint".
C'est un mont qui se détache, c'est un mont qui attire, c'est un mont destiné à être sacré ! L'excellence du site attira, depuis toujours, les colonisateurs. Ceux-ci finissent par fortifier le sommet de la montagne, probablement pendant l'époque celtique, et la maîtrise du lieu devient l'objet de la convoitise des Romains, des Wisigoths, des Arabes et des templiers.
Des noms comme celui du préteur romain Lucius Emilius Paulus, celui de Gualdim Pais et celui du comte de Lippe sont associés à ce château qui réussit à maintenir son importance stratégique depuis l'Antiquité jusqu'aux guerres péninsulaires (XIXe siècle), comme l'attestent la description et le relevé effectués par le major du Royal Corps du Génie, Eusebio Furtado, en

CIRCUIT III *Idanha: terre de frontière*
Monsanto

1813, et qui nous décrivent une place forte encore opérationnelle.

L'importance du site traversa différentes époques et le château accuse l'évolution et les transformations que l'on y effectua pour le maintenir en bon état.

La bourgade médiévale dut pousser autour de la citadelle fortifiée, que l'on appelle ici Alvacara; plus tard, elle fut à son tour entourée de murailles.

Duarte D'Armas, auteur d'un ouvrage célèbre qui représente quelques villes fortifiées et châteaux du Portugal, nous montre une agglomération qui s'approchait progressivement des champs cultivés, au pied de la montagne.

Fortification médiévale, adaptations pendant la phase de transition, constructions ceintes de remparts: le château porte le témoignage de toutes les transformations qui vont de la neurobalistique à la pyrobalistique. Des tours, des murailles médiévales et des créneaux de la phase de transition coexistent avec les terre-pleins, la poudrière et les canons des fortifications modernes. La tour de guet du Pião (du pion, du soldat), la chapelle de São Pedro de Vir-a-Corça (Saint-Pierre de la Biche-qui-vient) et celle de São Miguel (Saint-Michel) sont les meilleurs témoins médiévaux qui aient survécu à l'explosion qui, en 1815, détruisit la poudrière et une grande partie des structures qui subsistaient intra-muros.

Comme c'est souvent le cas dans bon nombre de citadelles, l'église Santa Maria do Castelo signe le passage d'un culte à un autre, et témoigne de la persistance et de la perpétuation du sacré dans un même lieu. Elle est le symbole de la victoire militaire du christianisme.

M. P.

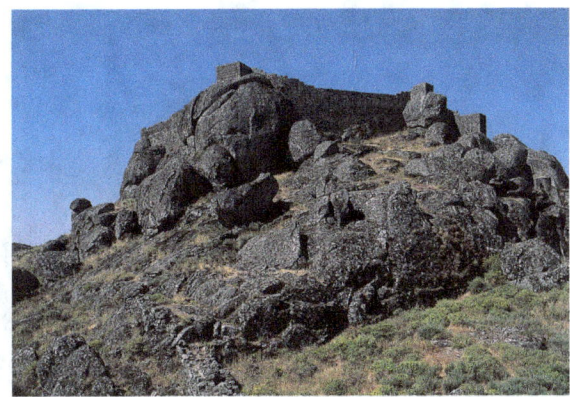

Château, Monsanto.

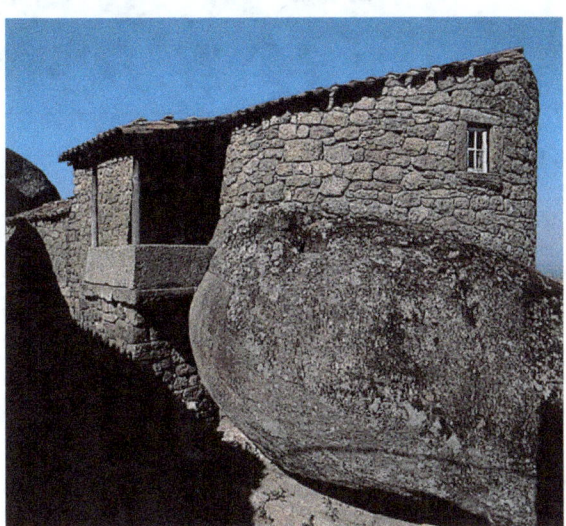

Village, Monsanto.

Pour Castelo de Vide, suivre la route 239 en direction de Proença-a-Velha; continuer par la route 233 jusqu'à Escalos de Cima; tourner à droite en direction de Alcains et prendre alors l'IP2 en direction de Castelo Branco/Portalegre. Sortir de l'IP2 à Alpalhão et suivre la route 246 jusqu'à Castelo de Vide.

Pour Sabugal, suivre la route 239, tourner à gauche, passer par Medelim et suivre la route 332 en direction de Penamacor. À partir de là, continuer par la route 233 jusqu'à Sabugal.

Sabugal

Château, Sabugal.

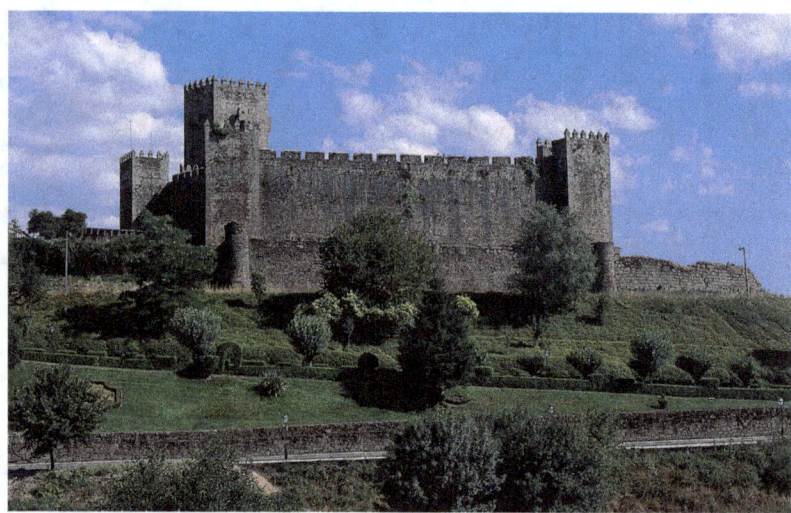

III.3 SABUGAL (option)

III.3.a Château

Renseignements: Câmara Municipal (mairie), Praça da Republica, tél.: 271 75 10 40.
Horaires: de 9:00 à 12:30 et de 14:00 à 18:00 (en été, fermeture à 19:00).

Le château de Sabugal est ce que l'on peut considérer, en termes médiévaux, comme une place forte.
De forme quadrangulaire irrégulière, il est entouré par une forte barbacane pentagonale bien protégée par des dizaines de créneaux (qui rendaient possible, au XVIe siècle, l'utilisation d'armes à feu). Ce château s'impose par l'épaisseur et par la hauteur de ses courtines et par sa capacité défensive (rendue efficace par les quatre robustes tours à base quadrangulaire, par les deux tourelles rondes et, surtout, par son imposant donjon). Avec ses balcons de grosse pierre sur toutes ses faces, avec ses meurtrières de différentes sortes, avec ses étages voûtés d'ogives et son couronnement de créneaux à extrémité pyramidale, ce donjon de 28 mètres de haut est appelé populairement la "Tour des Cinq Angles", du fait de sa base pentagonale.
C'est en effet un château imposant. Il s'agit d'un des châteaux de Riba-Côa qui tomba dans le giron du royaume portugais au moment du traité d'Alcanises en 1297. Il n'est donc pas étonnant que l'on attribue sa construction au règne du roi Dinis de Portugal. Le dessin qu'en fait Duarte D'Armas (XVIe siècle) nous présente un château qui ressemble fidèlement à ce que nous pouvons voir aujourd'hui, ce qui montre bien ce qui lui a toujours valu son importance stratégique: le contrôle d'un important point de passage de la rivière Côa. Comme il était proche de la frontière, on chercha encore, aux XVIe et XVIIe siècles, à le maintenir opérationnel. Cependant, les nouvelles stratégies de défense le cantonnèrent ensuite dans un rôle secondaire, situation qui s'aggrava à cause de la proximité géographique de la grande fortification entourée de remparts qui commençait à prendre forme à Almeida.

CIRCUIT II *Le style Cisneros*
Sortelha

On peut aisément identifier le rempart qui partait de la citadelle et qui y aboutissait en laissant le pilori en dehors de la Porte de la Ville, ainsi que cela fut représenté au XVIe siècle.

M. P.

Pour Castelo de Vide, suivre la route 233 jusqu'à Castelo Branco. Prendre ensuite l'IP en direction de Portalegre jusqu'à Alpalhão, puis emprunter la route 24 jusqu'à Castelo de Vide. En sortant de la ville de Sabugal par le sud, tourner à droite en direction de Sortelha et parcourir environ 12 km.

III.4 **SORTELHA** (option)

III.4.a **Château**

Renseignements: Mairie de Sabugal, Praça da República, tél.: 271 75 10 40.

Quand, au Portugal, nous voulons faire référence à un paradigme de ville médiévale fortifiée, Sortelha nous vient immédiatement à l'esprit, étant un des meilleurs exemples d'occupation type de l'espace, de structuration de la défense et de croissance débordant vers les faubourgs.

L'emplacement de la citadelle est, ici aussi, évident. La bourgade s'étendit tout autour et se protégea par des remparts et par quelques tours, qui, en certains cas, protègent à leur tour les entrées en les flanquant. Il est intéressant de vérifier que tout ici s'est développé selon les canons de la fortification médiévale.

On accède à l'enceinte de la citadelle par une porte bien gardée par un balcon de grosse pierre. À l'intérieur, la Cisterna (la citerne), l'inaccessible donjon à entrée élevée, et une fausse porte (donnant sur la vallée opposée à la bourgade) font partie d'un ensemble où sont encore visibles les marques des étages avec ses planchers. Dans les remparts de la ville, la Porte Neuve, tournée vers la Serra da Estrela, et

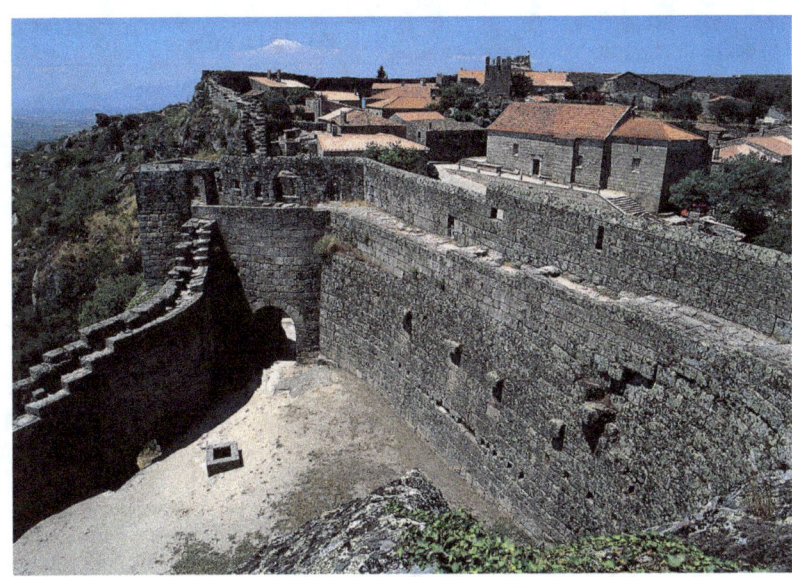

Château, Sortelha.

CIRCUIT III *Idanha: terre de frontière*

Alfaiates

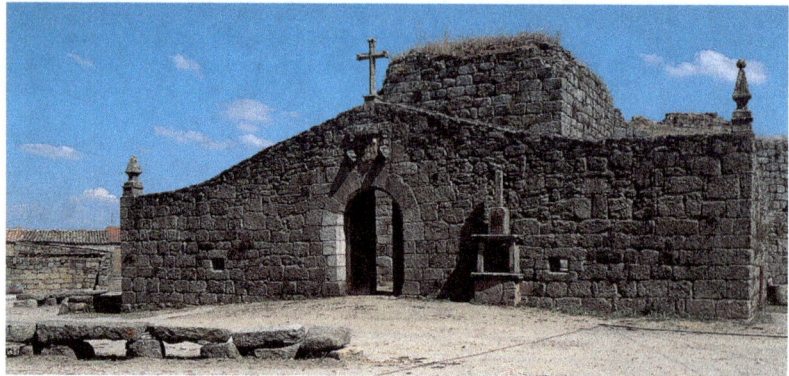

Château, Alfaiates.

sous laquelle passe une chaussée médiévale bien conservée. On peut y voir, gravées, les mesures de longueur utilisées intra-muros. Un pilori manuélin avec une sphère armillaire, la Maison de la Mairie (Casa da Câmara) et l'église principale (avec un plafond mudéjar) dessinent la structure d'une bourgade qui présente des petites places le long de la rue axiale reliant les deux portes principales.

On dut commencer les travaux du château sous le règne de Sancho Ier, 1181. On les poursuivit sous les règnes de Sancho II, 1228, du roi Dinis, bien sûr, et même sous Manuel Ier (XVIe siècle). De l'époque de ce dernier datent les créneaux, en vue, déjà, de l'usage d'armes à feu.

Les chapelles de Santiago et de São Genásio, des indices d'une ancienne léproserie et la Quinta da Corredoura (la ferme du passage de la transhumance) sont des vestiges du passé de cette ville frontalière. Tout en haut, dominant la ville, la petite chapelle de São Cornélio sert de sentinelle.

Il faut aussi parler de la survivance de la Capeia Raiana (*corrida* à la manière des zones frontalières), singulière façon de combattre le taureau, qui, pendant l'été, continue d'animer le Largo do Corro, tout près de la Porte de la Ville.   M. P.

Pour continuer en direction de Alfaiates, suivre la même route jusqu'à Sabugal, prendre ensuite la route 233-3 jusqu'à Alfaiates.
Pour Castelo de Vide, prendre la route 18-3 en direction de Caria/Covilhã jusqu'au croisement avec l'IP2, qu'il faut emprunter dans le sens de Portalegre jusqu'à Alpalhão. Suivre ensuite la route 246 jusqu'à Castelo de Vide.

III.5 **ALFAIATES** (option)

III.5.a **Château**

Renseignements: Mairie de Sabugal, Praça da República, tél.: 271 75 10 40.

Quand on cite le château d'Alfaiates, on veut surtout parler de ce qui est visible et qui se rapporte à l'intervention manuéline, bien rappelée par les armes qui surmontent l'entrée de l'enceinte fortifiée. Il ne reste pas grand-chose de la construction d'origine, qui remonte à l'époque de D. Dinis. La documentation existante rapproche l'actuel château d'Alfaiates des interventions dues à l'action du roi Manuel Ier, qui, en 1510, fit fortifier la ville.

À Alfaiates, nous nous trouvons devant une œuvre de transition caractéristique, entre le château médiéval et la forteresse

CIRCUIT III   *Idanha: terre de frontière*
Castelo de Vide

moderne, tout comme à Evoramonte ou à la tour de Belém.
Diogo de Arruda (1525) fit construire, ici aussi, une structure défensive qui était principalement destinée à l'utilisation des armes à feu. C'est à lui que nous devons cette construction d'une forme quadrangulaire régulière, avec trois grosses tours angulaires et circulaires, et avec des canonnières qui protégeaient toute l'enceinte. La ville primitive d'Alfaiates possède un ensemble monumental qui comporte, outre le château, le pilori et l'église de la Miséricorde – avec ses portails, ses consoles de corniche et son intéressante rosace romane. On peut y voir également le couvent de Sacaparte, un des lieux les plus mystérieux qui soient, autour duquel gravitent d'innombrables légendes.

M. P.

Pour Castelo de Vide, revenir à Sabugal et prendre la route 233 jusqu'à Castelo Branco. Suivre alors l'IP2, en direction de Portalegre, jusqu'à Alpalhão. Prendre enfin la route 246 jusqu'à Castelo de Vide.

III.6 CASTELO DE VIDE

III.6.a Castelo de Vide islamique

Renseignements: tél.: 245 90 13 61.

À l'époque islamique, Castelo de Vide devait être une petite agglomération, en haut d'une montagne, dont les habitants étaient en majorité des bergers. C'est aujourd'hui une ville prospère, entourée de bois verdoyants et de bonnes terres cultivées, qui s'est développée dans les temps modernes grâce au commerce frontalier. Les murailles du château furent sans doute construites, ou réparées, vers la fin du XIVe siècle, pour pallier le manque de sécurité de la frontière, et aussi pour protéger la prospère communauté juive qui s'y était installée. Ce qu'il importe de

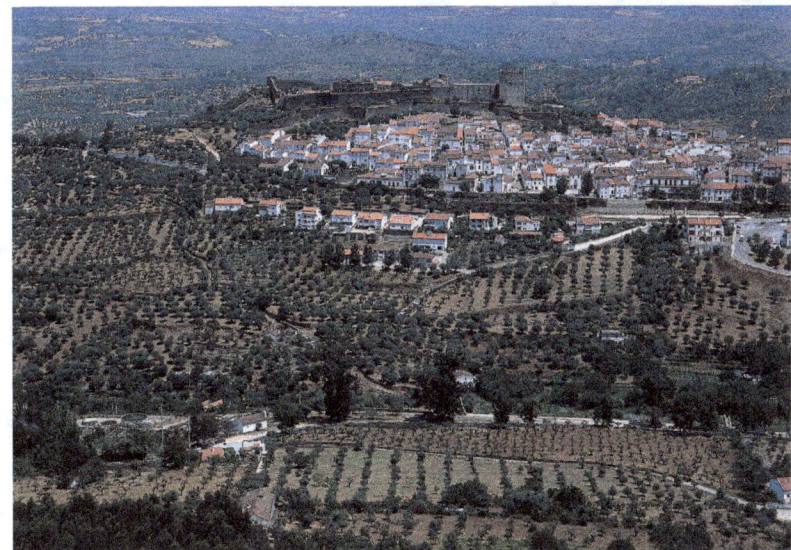

Castelo de Vide.

CIRCUIT III   *Idanha: terre de frontière*

Marvão

Castelo de Vide.   *Ensemble urbain, Marvão.*

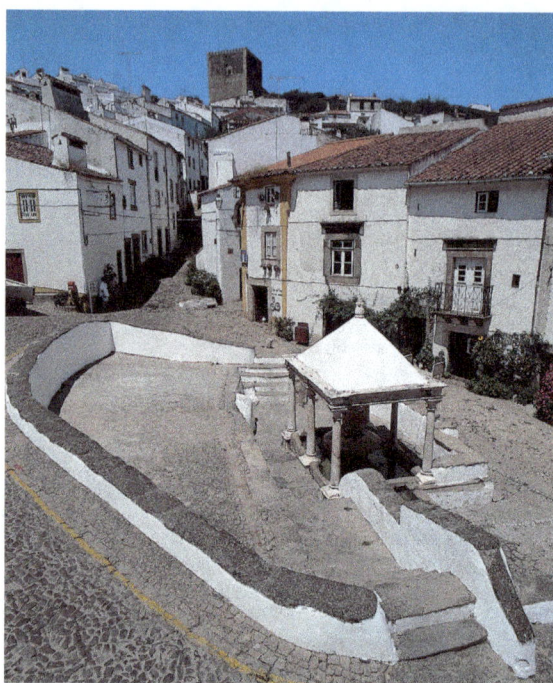

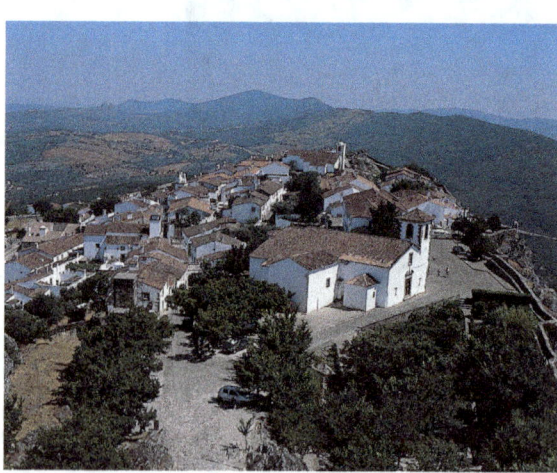

souligner, dans cette belle ville, c'est le tracé urbain et la série exceptionnelle de jambages et de linteaux, en pierre taillée; il ne faudrait pas non plus oublier les arcs brisés. Tout ceci fait que cette ville présente l'ensemble médiéval le plus important et le mieux conservé de la région.

C.T.

En sortant de Castelo de Vide, prendre la route 246-1 jusqu'à Marvão (environ 13 km).

III.7 MARVÃO

III.7.a Château et ensemble urbain

Office de tourisme, tél.: 245 99 38 86.

Sur un formidable piton rocheux, qui atteint mille mètres de hauteur, se dressent la ville et la forteresse de Marvão, certainement parmi les plus anciennes de toute la région. La légende attribue sa fondation à un certain Marwan, musulman et seigneur de Coimbra. Ce personnage est en effet bien connu dans l'histoire d'al-Andalus. Le *muladi* Ibn Marwan al-Jilliqui (Marwan le Galicien) fut le chef de la résistance à la centralisation commencée par les califes de Cordoue pendant la seconde moitié du IIIe/s.m.IXe siècle. Son clan familial dirigea, presque un siècle durant, plusieurs révoltes du Gharb al-Andalus contre le pouvoir califal, se retranchant, tour à tour, à Badajoz, Idanha ou Marvão. Étant donné la qualité stratégique de cette dernière forteresse, et donc l'ancienneté de son peuplement systématique, ce nom de Marvão n'est probablement pas un simple anthroponyme: au contraire, il est assez vraisemblable que ce fut plutôt la famille du *muladi*, originaire et maîtresse de ces terres, qui s'appropria le nom à titre d'identification à son pouvoir régional.

CIRCUIT III   *Idanha: terre de frontière*
Crato · Alter do Chão

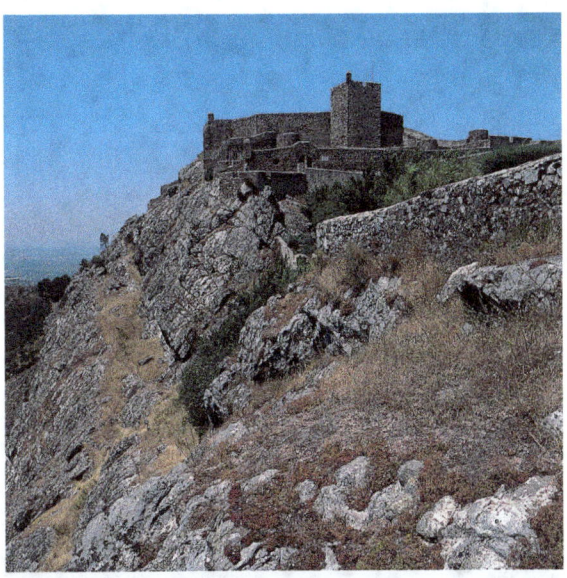

Château, Marvão.

Le paysage que l'on aperçoit depuis les murailles est éblouissant; comme disent les habitants, c'est le seul endroit d'où l'on puisse voir les milans de côté.
C.T.

En sortant de Marvão, suivre la route 359 jusqu'à Portalegre, et continuer ensuite par la route 119 jusqu'à Crato.

III.8 **CRATO** (option)

III.8.a **Ensemble urbain**

Renseignements: Rua 5 de Outubro, tél.: 245 99 71 61.
Flor da Rosa, tél.: 245 99 73 41.

Après la "Reconquête", à la fin du VIe-d.VIIe/d.XIIIe siècle, les chevaliers de l'ordre de l'Hôpital avaient reçu du monarque portugais l'ordre de construire leur siège dans ces lieux. Dans la ville de Crato, et se substituant probablement à une forteresse, on dut construire alors un palais fortifié, dont il ne reste pas grand-chose aujourd'hui, à cause des batailles de la guerre de la Restauration (libération du joug espagnol qui avait duré soixante ans, de 1580 à 1640), vers le milieu du XVIIe siècle. Cependant, à proximité et actuellement restauré, se dresse un édifice de ce même ordre, le monumental "Mosteiro da Flor da Rosa" (monastère de la fleur de la rose).
Malgré les travaux successifs subis par celui-ci, on peut encore observer, dans les courtines et dans les grosses tours qui entourent la ville, les vestiges des techniques de construction de l'époque islamique. L'urbanisme de l'ensemble de la ville ancienne rappelle également le tracé traditionnel des voies.
C.T.

En sortant de Crato, suivre la route 245 jusqu'à Alter do Chão (environ 12 km).

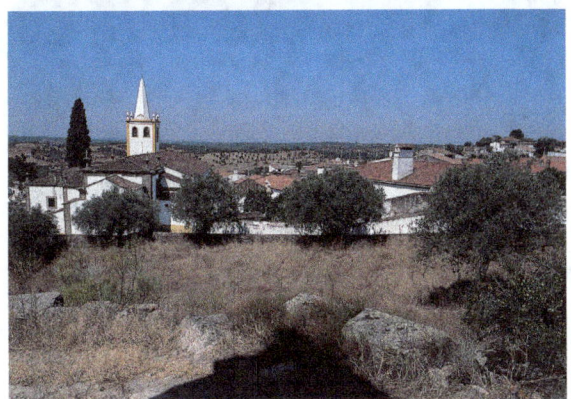

III.9 **ALTER DO CHÃO** (option)

Ensemble urbain, Crato.

III.9.a **Château**

Horaires: d'avril à octobre, de 10:00 à 12:30 et de 14:00 à 17:30; les autres mois, toute

Alter do Chão

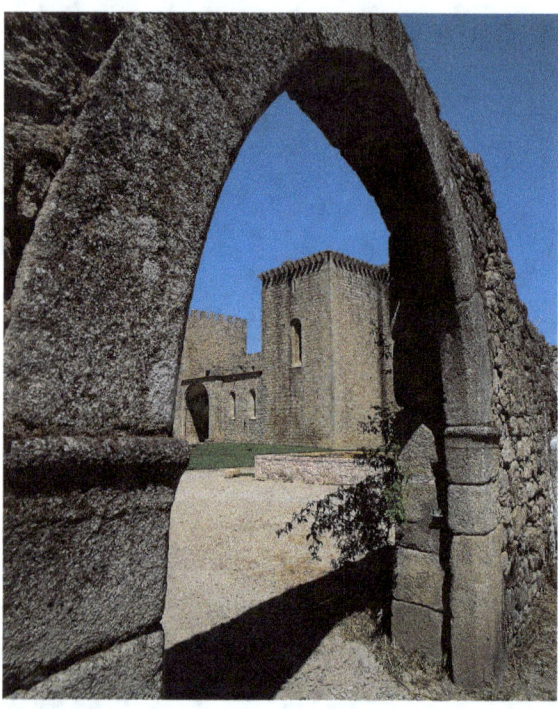

Mosteiro da Flor da Rosa, Crato.

d'un peuplement important aux premiers temps de l'islamisation. À environ 4 kilomètres, on peut visiter les haras de Alter où, traditionnellement, on élève et maintient dans ses caractéristiques d'origine une race de chevaux qui descend des anciennes lignées andalousiennes.

C. T.

Parc naturel de São Mamede
Dans la vaste plaine de l'Alentejo, aux horizons plats ou ondulés, se dresse subitement un massif rocheux de 1 025 mètres d'altitude, constitué par plusieurs ensembles montagneux, parmi lesquels se détache la Serra de São Mamede. Schiste, sédiments sablonneux, calcaires et quartzites, tout ceci se mélange dans des configurations colorées d'une rare beauté, qui font contraste avec le granit de la plaine, et qui présentent une considérable variété de types de sol.
Le parc de la Serra de São Mamede, qui s'étend sur 31 750 hectares appartenant aux communes de Arronches, Castelo de Vide, Marvão et Portalegre, révèle au visiteur un choix diversifié d'espèces de la flore et de la faune, fruit de la combinaison de l'altitude et de la lithogenèse avec des conditions climatiques variées. Les oiseaux occupent une place très importante dans ce parc naturel grâce à la quantité et à la variété des espèces qui y font leur nid, telles que l'Aigle de Bonelli, le Griffon, l'Aigle à serpents, l'Aigle à aile ronde, la Cigogne noire, et les espèces nocturnes, comme le Hibou royal et la Chouette des bois. Autrefois menacées, les communautés de cerfs et de sangliers reviennent peu à peu occuper leurs habitats.
Les vallées verdoyantes ont attiré, depuis des époques reculées, la fixation des hommes. Il ne faut donc pas s'étonner si l'on tombe sur les ruines de la ville romaine d'Alamia, ou sur le très ancien pont "da Portagem" (du péage), ou encore sur les châteaux médiévaux de Marvão et de Vide.

visite des lieux doit être réservée deux jours à l'avance au Posto de Turismo (Office de tourisme), tél.: 245 61 00 04.

Dans cette petite fortification, profondément modifiée au XIVe siècle et dont l'histoire antérieure est ignorée des sources écrites, ce qui frappe de prime abord, ce sont les tours d'angle à section semi-circulaire. Ces grosses tours à couronnement conique en forme de flèche et aux caractéristiques clairement postérieures reposent sur une base à l'appareil archaïque, proche d'autres systèmes de construction datés de la période des émirs. Avec les proches ruines de Alter Pedroso et de Cabeço de Vide, cette région donne des preuves suggestives

CIRCUIT III *Idanha: terre de frontière*

Alter do Chão

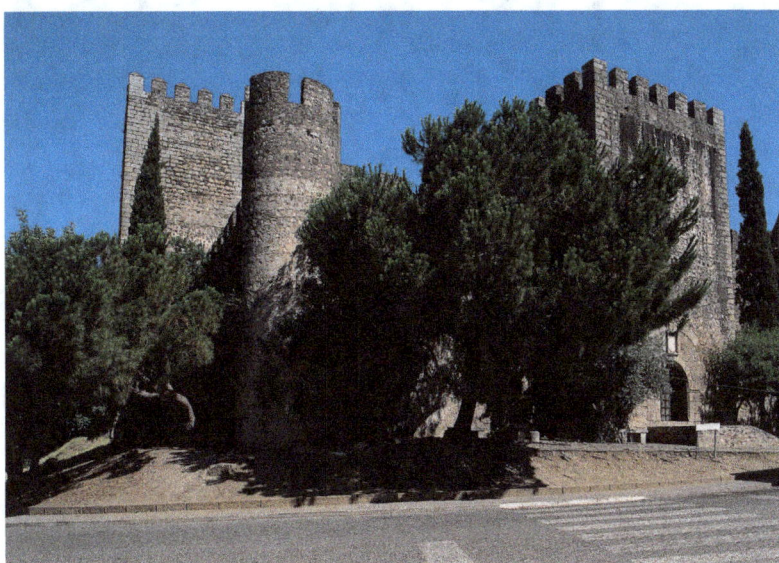

*Château,
Alter do Chão.*

L'agriculture est l'activité économique par excellence des différentes bourgades d'aspect méditerranéen qui parsèment la Serra de taches blanches.
Au nord, un paysage morcelé fait alterner les bois de chênes et les châtaigneraies avec les oliviers, les pins et les eucalyptus; les terrains secs avec les marais.
Au sud prédominent les vastes plaines d'yeuses et de chênes-lièges, où déambule le bétail.
Pendant une visite au Parc naturel de la Serra de São Mamede, il ne faut pas rater la "Festa da Castanha" (la fête de la châtaigne), dans la ville de Marvão. Intéressez-vous également à l'artisanat original de la région, et surtout aux objets en chêne-liège, aux tapisseries et à la fabrication de fibres textiles.

Centre de renseignements: Praceta Herois da Índia, 8-1°, 7330 Portalegre.

C. G., P. N.

Badajoz et Mérida (Espagne)
Quand on passe la frontière du Caia, après avoir traversé le fleuve Guadiana, on entre tout de suite dans les faubourgs modernes qui entourent la vieille ville islamique de Badajoz. À l'intérieur de monumentales murailles en pisé, construites pendant la période des Almohades, on peut visiter un musée archéologique où l'on trouvera une importante collection islamique.
Surplombant aussi le Guadiana, mais quelques kilomètres en amont, se trouve la ville de Mérida, vieille capitale de la Lusitanie, qu'il faut absolument visiter. Outre ses musées, dont les collections islamiques continuent de s'enrichir grâce à de nouvelles fouilles, il faut aller voir le célèbre "Conventual" – une des premières forteresses construites en al-Andalus par les troupes musulmanes.

C. T.

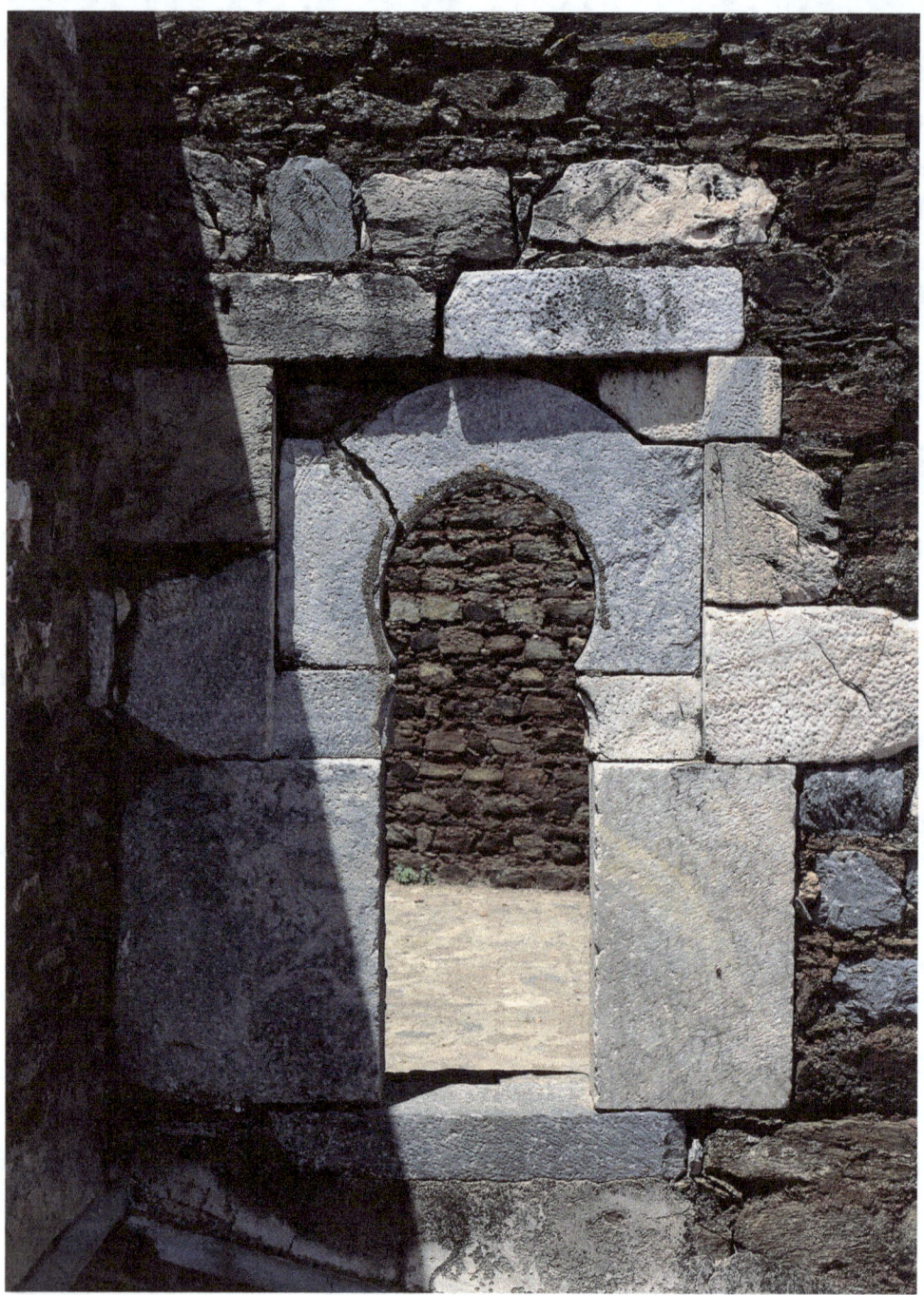

CIRCUIT IV

La route du Gharb

Cláudio Torres, Santiago Macias, Fernando Branco Correia, Artur Goulart de Melo Borges

IV.1 ELVAS
    IV.1.a Arc du Mirador ou Porte de la Citadelle
    IV.1.b Porte du Temple

IV.2 JUROMENHA (option)
    IV.2.a Forteresse

IV.3 ALANDROAL (option)
    IV.3.a Château

IV.4 VILA VIÇOSA (option)
    IV.4.a Château

IV.5 ÉVORA
    IV.5.a Évora islamique
    IV.5.b Musée d'Évora
    IV.5.c Vieux remparts

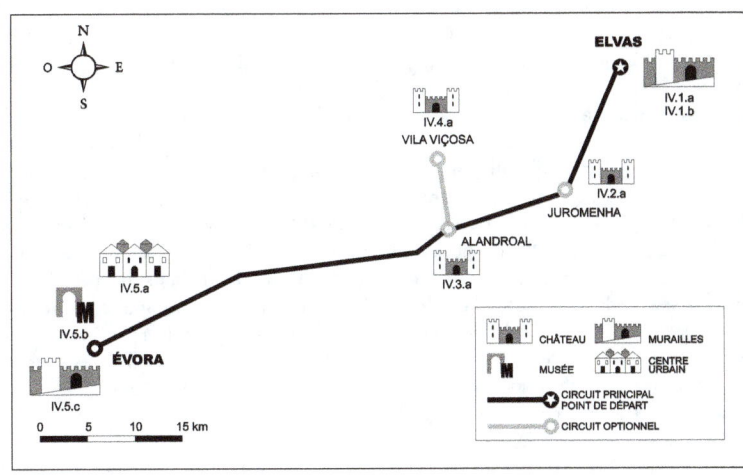

Château, arc en fer à cheval, Alandroal.

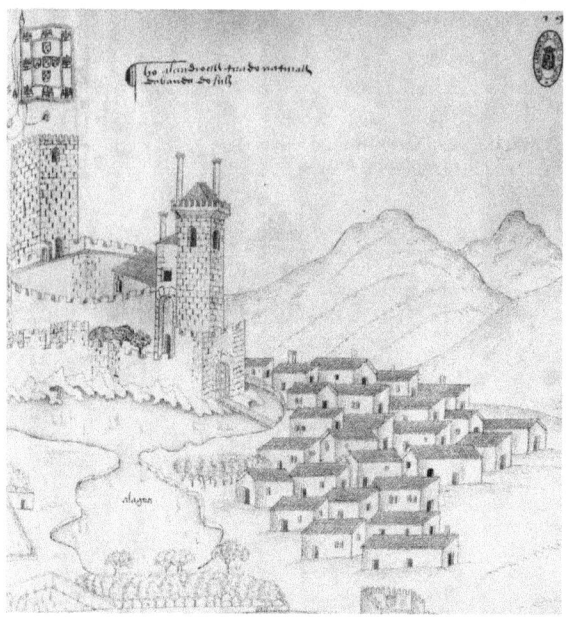

Alandroal, détail, dessin du XVIe siècle, in Duarte d'Armas, "Livro das Fortalezas".

Le Haut Alentejo reste un des territoires peu étudiés et mal connus du Gharb al-Andalus. On ne commence que maintenant à soupçonner l'importance, à l'époque islamique, de lieux tels que Veiros. D'autres, dont on commence à peine à aborder l'étude, comme Cabeço de Vide ou Monforte, durent être des bourgades fortifiées. Outre Juromenha, mentionnée dans des textes de géographes et d'historiens, d'autres sites, avec des superficies qui allaient de deux à quatre hectares, comme Avis, Estremoz ou Montemor-o-Novo, méritent certainement d'être remarqués. Il faudrait, par exemple, enregistrer l'existence d'une stèle funéraire assez tardive, sculptée sur du marbre d'Estremoz, qui fut probablement transportée depuis l'Alentejo jusqu'à São Tomé de Aguião (Arcos de Valdevez) pour être ensuite placée au Musée d'archéologie en 1905.

Dans d'autres cas, et face à l'absence d'éléments archéologiques, il est possible de risquer des interprétations plus architecturales ou fonctionnelles. Le cas le plus intéressant, et aussi le plus énigmatique, est sans aucun doute celui du château de Portel. Outre le toponyme, qui se réfère naturellement à l'existence d'un port à sec, l'imposante masse du château féodal s'est superposée violemment à une agglomération plus ancienne, à laquelle doivent avoir appartenu quelques grosses tours et des pans de muraille qui, çà et là, sont toujours visibles dans la vieille enceinte. Si, au nord du Tage, l'islamisation suit le vecteur sud-nord de la voie romaine qui reliait Lisbonne, Santarém, Coimbra et Braga, le Haut Alentejo, au contraire, s'organisait en fonction du croisement de cette même voie, qui se prolongeait jusqu'à Beja et Mértola, avec une autre qui structurait le territoire entre le littoral et les contreforts de la Meseta. Ce chemin, qui dessinait un axe est-ouest, avait comme points capitaux les villes de Qasr Abudanis (Alcácer do Sal), Évora et Mérida. La fondation de Badajoz, en pleine période des émirs et à l'ombre des Banu Marwan, conféra une nouvelle logique à cet axe, qui finit par englober les terres fertiles du haut Guadiana. Dans ce territoire, des villes comme la vieille et décadente Mérida, comme Badajoz (dix hectares intra-muros) qui, au Ve/XIe siècle, fut même la capitale des Aftassides, et comme Elvas, Évora et Alcácer, avec ses sept hectares d'enceinte fortifiée, se détachent nettement. Il s'agissait d'un vaste territoire densément peuplé et traversé par un intense trafic de marchandises, entre l'intérieur continental et les installations portuaires du Sado et du Tage.

C. T., S. M.

CIRCUIT IV *La route du Gharb*

Elvas

IV.1 ELVAS

Renseignements: Praça da República, tél.: 268 62 22 36.

L'existence d'Elvas, pendant l'époque islamique, est bien documentée par des sources islamiques du IVe/Xe siècle, mais la ville est peut-être encore plus ancienne. Deux lignes de murailles, qui firent partie du système défensif islamique d'Elvas, prouvent la grande dimension de ce centre urbain, auquel le géographe al-Idrisi, au VIe/XIIe siècle, donne le nom de ville ou *medina*. Même si, aux yeux de cet auteur, la beauté des femmes de la ville n'était pas indifférente, pour d'autres, au Ve/XIe siècle, la richesse des champs qui entouraient Elvas était une agréable surprise. Ce que l'on vient d'apprendre se reflète dans d'importantes traces laissées dans la toponymie, aussi bien au niveau urbain (comme Alcamim, Alcala ou Almocovar), qu'au niveau rural – comme Torre do Mouro (tour du Maure), Seixo dos Mouros (galet des Maures), Herdade do Mouro (ferme du Maure), Horta do Mouro (potager du Maure), Vale do Mouro (vallée du Maure), ou encore Fonte (source) de Axa, Poço de Almourim (puits du petit Maure), Alcarapinha, Alpedrede, Alfarofia, etc.

Elvas fut l'objet d'un grand programme de travaux sous la domination almohade. Ces travaux concernèrent la citadelle (voir Porte du Temple) et la muraille de la *medina*. Cette dernière, qui occupe une surface de près de dix hectares, présente encore des vestiges de pisé militaire sur une grande partie de son périmètre et fut renforcée par des portes coudées aujourd'hui disparues. De ce qui en reste, il faut voir une tour polygonale, partiellement modifiée, connue sous le nom de *Arco da Encarnação* (arc de l'Incarnation).

Le tracé urbain, aussi bien dans la citadelle que dans la *medina*, présente aujourd'hui encore des rues étroites et tortueuses qui peuvent être des réminiscences d'un tissu urbain ayant plusieurs siècles d'héritage islamique. La présence islamique, à Elvas, ne s'arrêta pas avec l'intégration de la ville à la couronne portugaise. Sa communauté de "Maures libérés", ou mozarabes, fut même, au XVe siècle, la deuxième – en importance – de l'Alentejo. Les "Maures" d'Elvas avaient une renommée de bons artisans, dominaient une technologie adaptée au travail des champs et étaient souvent des marchands qui entretenaient d'étroits rapports avec le royaume voisin.

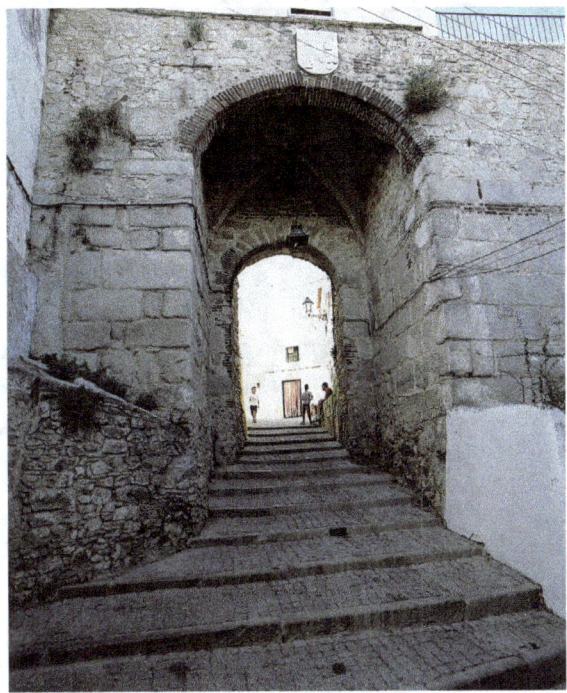

Arco do Miradeiro, Elvas.

CIRCUIT IV   *La route du Gharb*

Elvas

Elvas doit être intégrée à l'itinéraire des villes portugaises où l'épigraphie d'époque islamique laissa des vestiges.
En vérité, même si les stèles de sa fondation – avec des caractères arabes qui, du moins jusqu'au XVIIe siècle, se trouvaient sur la muraille de la *medina* – ont disparu, on a récemment mis au jour, dans un lieu qui n'a pas encore été rigoureusement identifié, une stèle de style funéraire qui, d'après sa calligraphie, doit dater du milieu du VIe/XIIe siècle.

F. B. C.

IV.1.a Arc du Mirador ou Porte de la Citadelle

Porte du Temple, Elvas.

Ce que l'on appelle "Porta da Alcáçova" (porte de la citadelle) est une porte d'entrée droite, flanquée de deux massives tours quadrangulaires. Dans sa construction furent utilisées de grandes pierres de granit, qui venaient sans doute d'un édifice de l'époque romaine, ou peut-être même d'un ancien système défensif de l'époque romaine ou tardo-romaine.
Bien que, actuellement, l'arc d'entrée soit presque de plein cintre, cette porte était autrefois surmontée d'un arc outrepassé ou "en fer à cheval", détruit en 1887. De cette entrée originelle, il nous reste, heureusement, la photo réalisée par un citoyen polonais qui visita Elvas avant qu'il ne soit détruit. Apparemment, il s'agissait d'un arc dépourvu d'*alfiz* (encadrement). Tout ceci se rapporte à un système d'entrée, qui, chronologiquement, pourrait correspondre aux périodes des émirs et des califes (IIIe/IXe et IVe/Xe siècles).

F. B. C.

IV.1.b Porte du Temple

Largo de Santa Clara.

Cette porte de l'enceinte de la citadelle est connue, déjà à l'époque chrétienne, sous le nom de Porte du Temple parce qu'elle se trouvait à proximité de biens immobiliers appartenant à l'ordre religieux et militaire du même nom.
Actuellement, pour pénétrer à l'intérieur de la citadelle islamique, on passe sous un arc ouvert directement dans le mur en pisé (*tabiyya*) de l'enceinte entourée de murailles. Autrefois, pour des raisons défensives, son accès était tortueux et formait un angle (ou coude) de 90°.
Cette porte, qui fait partie d'une maison privée mais qui est visible depuis la rue, présente un double système d'entrée, formant un coude, avec une chambre ou cour intermédiaire. On peut voir une porte, déjà partiellement reconstruite, surmontée par un arc en fer à cheval et qui, contrairement à l'Arc du Mirador, est déjà encadré d'un *alfiz*.

CIRCUIT IV   *La route du Gharb*
Juromenha

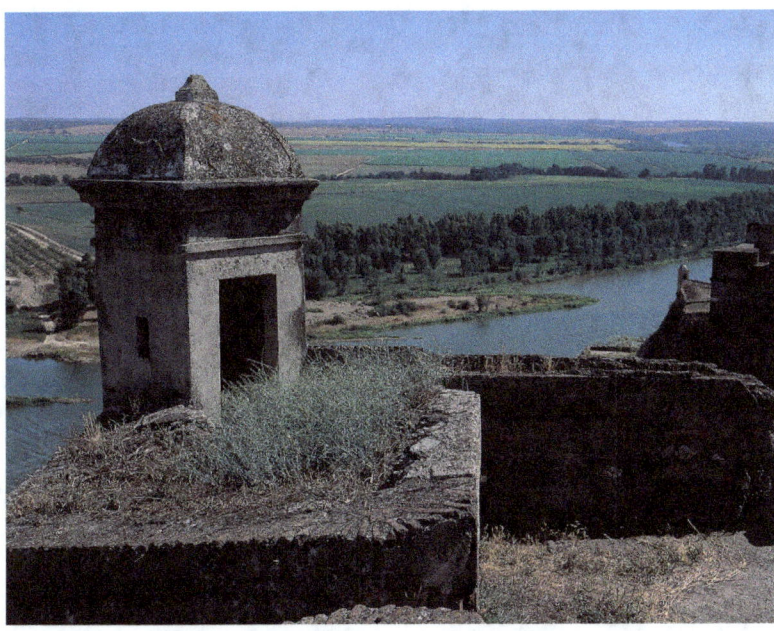

Forteresse, Juromenha.

Si l'on observe sa structure et sa forme, on pourra affirmer que cette entrée fut construite dans une phase postérieure à celle de l'Arc du Mirador et qu'elle correspond, très probablement, à des travaux d'agrandissement réalisés pendant la domination almohade. En effet, on peut la rapprocher d'œuvres défensives similaires, datées de la même époque.

F. B. C.

En sortant d'Elvas, suivre la route n° 4 en direction de l'Espagne et tourner à droite au carrefour pour prendre la route 373. Après 17 km environ, tourner à gauche pour Juromenha.

IV.2 JUROMENHA (option)

IV.2.a Forteresse

Pour les visites, prendre rendez-vous auprès de la Junta de Freguesia (mairie), tél. : 268 96 90 02.

La forteresse de Juromenha, protégée par la petite rivière de Mures et par le fleuve Guadiana — et qui contrôle un de ses ports naturels —, se dresse dans une région de terres fertiles, aux eaux poissonneuses, et ayant même dans ses environs les vestiges d'une exploitation minière ancienne. Elle occupe une position dominante, d'où, au loin, on aperçoit Badajoz.

Malgré les travaux d'envergure qui, à partir du XVIIe siècle, ont détruit nombre de vestiges des occupations d'époques antérieures, la forteresse conserve encore une grande partie des murailles médiévales qui l'entouraient, et parmi lesquelles on remarque celles de l'époque islamique.

À l'extrémité nord-est se trouve encore une tour massive, en maçonnerie, où l'on inséra trois pierres datées de la période wisigothique (deux éléments d'une frise et un pied d'autel). Cette tour est peut-être con-

CIRCUIT IV   *La route du Gharb*

Alandroal

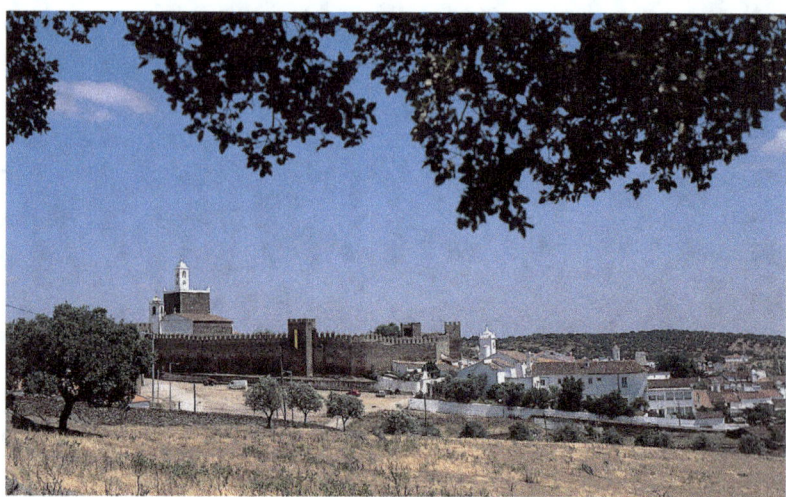

Château, Alandroal.

temporaine de la phase pendant laquelle une grande partie du territoire de l'ouest de la péninsule Ibérique voulut affirmer son autonomie face au pouvoir de Cordoue, sous la direction de Abd al-Rahman Ibn Marwan al-Jilliqi, au IIIe/IXe siècle.
Adossés à cette tour, on trouve des pans de muraille en pisé de type militaire. Ces murailles, dont les dernières modifications doivent dater de l'époque almohade, présentent, près de la tour dont on vient de parler, un ensemble de tours régulières et peu espacées entre elles, sans entrées coudées, et qui ressemblent à des fortifications de l'époque califale (IVe/Xe siècle).
D'ailleurs, Juromenha est déjà citée par des géographes du monde islamique au IVe/Xe siècle. Ibn Sahib al-Sala, de son côté, donne de nombreux détails sur sa prise et son occupation par Geraldo Sem Pavor (Gérald Sans Peur) et ses chrétiens de 561/1166 à 564/1169. D'après le "philosophe" Ibn Arabi, vers la fin du VIe/XIIe-d.VIIe/XIIIe siècle, Juromenha fonctionnait comme un *ribat*, c'est-à-dire comme une sorte de monastère d'ermites

musulmans, voué au *djihad* (à la guerre sainte).
Le début de l'utilisation de l'ensemble de silos pour emmagasiner les céréales, que les fouilles archéologiques trouvèrent à l'intérieur, doit également dater de l'époque islamique.

F. B. C.

Reprendre la route 373 en direction de Alandroal (environ 16 km).

IV.3 **ALANDROAL** (option)

IV.3.a **Château**

Renseignements: Rua de Olivença, tél.: 268 44 00 40.

Le château d'Alandroal est vraiment représentatif des capacités des "Maures libérés" (ou mozarabes), qui réussirent à se maintenir dans la région même après l'intégration du territoire à la couronne portugaise.
Il s'agit d'une fortification que l'ordre d'Avis fit édifier, vers la fin du XIIIe siècle,

CIRCUIT IV *La route du Gharb*
Vila Viçosa

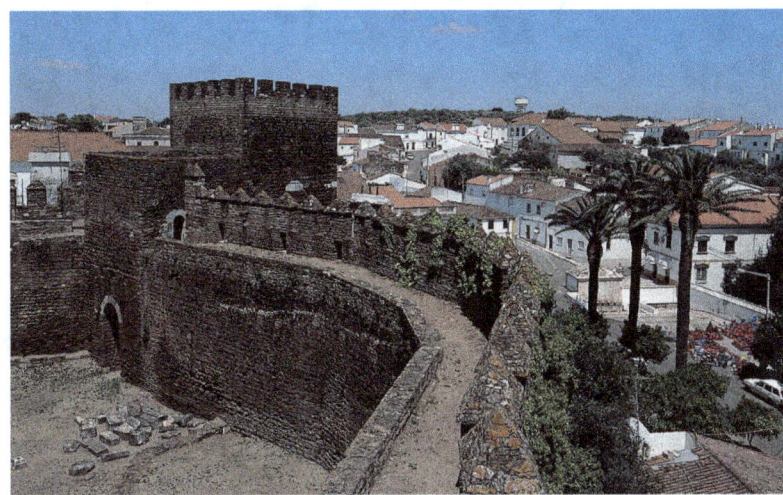

Château, chemin de ronde, Alandroal.

sous le règne du roi Dinis de Portugal, plus précisément en 1298.
Son architecte, maçon ou maître bâtisseur, fut le musulman "Mestre Calvo" ("Maître Chauve"). Étrangement, les seigneurs de la ville et du château n'empêchèrent pas la mise en place, sur un angle de la tour de droite, d'une stèle sur laquelle le constructeur non seulement se présente en tant qu'auteur du château, mais utilise, de surplus, une expression équivalente à la devise des rois nasrides de Grenade. Cependant, on pourra déceler d'autres signes d'un goût au cachet islamique. Outre quelques aspects spécifiques de la construction – comme, par exemple, une préférence pour l'utilisation de tours quadrangulaires –, et outre l'existence d'autres inscriptions gravées sur ses murs, et qui trahissent l'influence islamique, il faut signaler une fenêtre, petite et discrète, avec un arc en fer à cheval inscrit dans un *alfiz*, très courant dans les systèmes décoratifs de la phase finale de la domination islamique. Toutes ces caractéristiques font du château d'Alandroal un des meilleurs exemples de l'art mudéjar dans l'Alentejo, avec tout ce que cet art implique de compromis entre un monde chrétien médiéval dominant et une minorité islamique non dépourvue de formes ni de valeurs propres.

F. B. C.

En sortant d'Alandroal, suivre la route 255 en direction de Vila Viçosa.
Pour Évora, prendre la route 373 jusqu'au croisement de la route de Redondo et suivre ensuite la route 254 jusqu'à Évora.

IV.4 **VILA VIÇOSA** (option)

IV.4.a **Château**

Renseignements: Praça da República, tél.: 268 88 11 01.
Entrée payante. Horaires: du mardi au dimanche, de 9:00 à 13:00 et de 15:00 à 18:00; fermé le lundi et les jours fériés.

Il ne reste pas grand-chose de l'ancienne muraille qui entourait l'agglomération islamique, qui prit le nom de Vila Viçosa après

CIRCUIT IV   *La route du Gharb*

Évora

Château, Vila Viçosa.

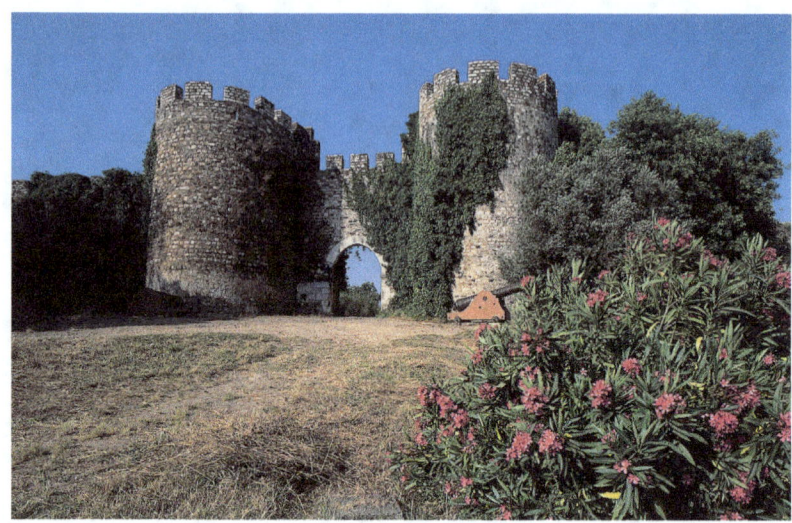

la conquête chrétienne et qui reçut sa charte en 1270. Le système défensif actuel doit dater surtout du XIVe siècle. Une importante partie de l'ancien ensemble urbain fut détruite au début du XVIe siècle pour faire place à un solide fort avec ses remparts, qui était déjà achevé en 1537. À l'intérieur de cette belle forteresse Renaissance, de la Maison de Bragance, est conservée une importante collection de pièces archéologiques manufacturées, parmi lesquels on remarque des objets en céramique de l'époque islamique, trouvés dans la ville.

C. T.

Pour Évora, suivre la route 254 en direction de Redondo.

IV.5 ÉVORA

IV.5.a Évora islamique

Renseignements: Praça do Giraldo, tél.: 266 70 26 71.

Bien que la ville n'ait jamais eu l'importance d'autres centres d'al-Andalus, les vestiges qui restent de l'époque islamique sont largement suffisants pour justifier un regard attentif sur la ville.
Même les murailles sont intéressantes. Reconstruites à la fin du IIIe/d.Xe siècle, et entourant sept hectares d'espace intra-muros, elles furent cependant très longtemps attribuées à des mains romaines ou wisigothiques. Un des épisodes les plus connus de l'histoire de l'Évora islamique leur est rattaché:
La nuit du 19 août de l'année 300/913, l'armée d'Ordonho II "entra dans la ville, où les combats et la tuerie atteignirent leur paroxysme, avec beaucoup de morts des deux côtés, jusqu'à ce que les chrétiens s'imposent par leur nombre, les battent et les obligent à se réfugier dans la partie orientale de la ville", d'après le récit d'Ibn Hayyan. Les rares habitants rescapés se réfugièrent alors dans les parties les plus hautes d'anciens édifices et, sous le couvert de la nuit, réussirent à s'échapper pour Beja.

Après ce désastre, "tous les gens de l'Occident s'émurent [...], commencèrent à réparer leurs murailles, à protéger leurs points faibles et leurs remparts, avec beaucoup de diligence".
Ce récit, dû au Ve/XIe siècle à Ibn Hajjan (*al-Muqtabis V*), est corroboré par l'épigraphe actuellement conservée au musée d'Évora, qui rend compte des travaux (302/915).
On sait encore que la citadelle d'Évora était située sur les lieux aujourd'hui occupés par le palais des comtes de Basto et que c'est à l'emplacement de la grande mosquée que se trouve aujourd'hui la Sé (cathédrale).
En dehors de l'observation attentive des documents et de la muraille, qui permit de retrouver de nouveaux arguments à propos de l'Évora islamique, la ville possède encore d'autres éléments épars de l'époque qui nous intéresse: les chapiteaux de la période des califes, qui ornent discrètement deux fenêtres du palais Cadaval, et quelques inscriptions qui célèbrent des constructions commandées dans la ville ou qui signalent le décès de fidèles à une date donnée.

S. M., C. T.

IV.5.b Musée d'Évora

Place Conde de Vila Flor, tél.: 266 70 26 04. Entrée payante, sauf le dimanche matin. Horaires: de 9:30 à 12:30 et de 14:00 à 17:30; fermé le lundi et le mardi matin.

Le noyau islamique du musée fut formé à partir de la collection archéologique de l'archevêque d'Évora, D. Frei Manuel do Cenáculo (1802-1814), avec des pièces trouvées dans la ville et livrées à la bibliothèque publique, avec des acquisitions et des donations, et avec ce qui fut mis au jour lors des fouilles effectuées dans l'enceinte même du musée. Même si le musée couvre les domaines de la sculpture, de la céramique et de la numismatique, les inscriptions sur des stèles, avec cinq exemplaires d'Évora et un de Mértola (originaire de

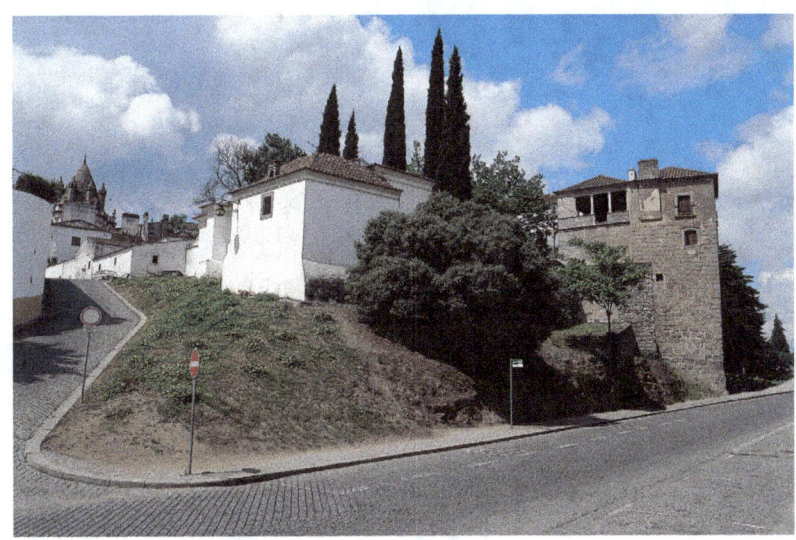

Remparts, vue partielle, Évora.

CIRCUIT IV   *La route du Gharb*

Évora

Chapiteau en marbre, f. IVe/f.Xe siècle, Musée d'Évora.

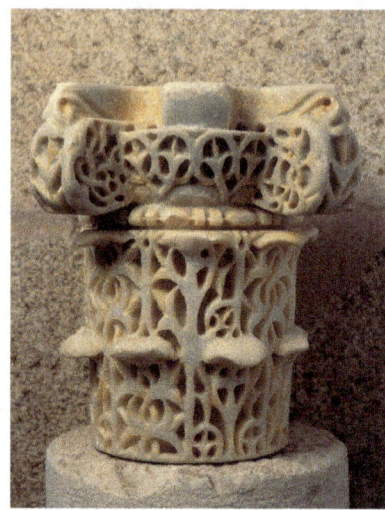

Stèle à inscriptions commémoratives, 302/915, Musée d'Évora.

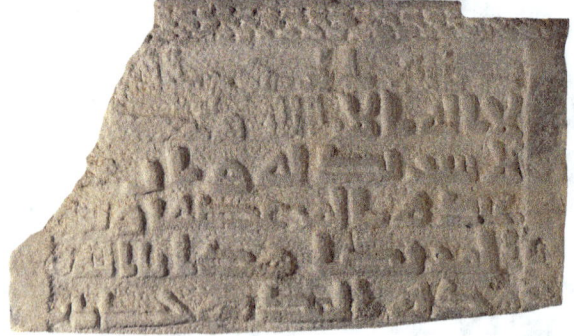

l'ancienne collection Cenáculo) constituent l'ensemble le plus représentatif.

Il faut souligner l'importance de la stèle la plus ancienne de toutes celles qui furent trouvées à ce jour au Portugal, un relief en coufique archaïque et datable de 301/914-302/915, puisqu'elle se réfère à la construction d'Évora. D'après des données historiques connues, il s'agit de la date de la reconstruction de la ville par le seigneur de Badajoz. Évora avait été abandonnée, un an auparavant, après la violente invasion de la Galice (et le pillage qui s'ensuivit), par Ordonho II. Ce fragment de stèle, en marbre, présente la particularité d'avoir été réutilisé, environ deux siècles plus tard, quand on grava sur son revers une inscription commémorative d'un édifice, que le seigneur d'Évora du moment – qui fut quelqu'un d'important pendant la période des secondes Taïfas, Abou Muhammad Sidray Ibn Wazir al-Qaysi – fit construire.

On trouve encore, au musée, deux remarquables linteaux avec des épigraphes de la fin du Ve/f.XIe siècle, et une stèle funéraire, avec un arc "symbolique" et une abondante décoration, du VIIe/XIIIe siècle. Il faut également signaler deux des trois chapiteaux du IVe/Xe siècle, récemment acquis, qui font partie de la collection islamique; identiques par leur facture et leurs dimensions, ils furent trouvés à Beja, dans les années quarante, au cours de la construction d'un édifice. Ce sont deux excellents exemples, très bien conservés, du raffinement de l'art de la sculpture vers la fin de l'époque des califes.

L'intervention archéologique effectuée à l'intérieur du musée dans le but d'étudier la possibilité d'agrandir une cave déjà existante révéla une série de structures et de matériaux essentiels pour la connaissance de la période islamique d'Évora. Il s'agit d'un ensemble de maisons, le premier à être découvert dans la ville. Il fut possible d'y identifier un niveau plus ancien, de l'époque des émirs, ainsi qu'un noyau, plus étendu, de constructions d'une époque plus tardive (V^e/XIe siècle). Parmi ces dernières, on remarque des latrines, bien conservées, avec la fosse correspondante. Le butin de ces fouilles, auquel appartiennent des céramiques dites *cuerda seca* et des céramiques vitrifiées en *vert et manganèse*, vint enrichir considérablement la collection, tout en lui fournissant un contexte historique et muséographique: l'Évora islamique.

A. G. M. B

IV.5.c Vieux remparts

Dans une ville dominée par le Temple de Diane, par la mémoire de la période romaine et par la Renaissance, la période islamique acquiert difficilement une visibilité. En réutilisant des pierres de taille plus anciennes, et en imitant la forme irrégulière et l'appareil romains, la muraille islamique d'Évora (construite à la fin du IIIe-d. IVe/d. Xe siècle) introduisit dans l'occident de la péninsule Ibérique des éléments de la tradition syrienne: les grandes tours sont moins espacées entre elles, et se détachent peu des murailles. Des remparts qui jadis entourèrent toute la ville, par où sont passés Ibn Abdoun ou Ibn Wazir, il reste deux segments, courts mais expressifs: l'un au nord (tourné vers l'université d'Évora et sur lequel fut construit le palais des comtes de Basto), l'autre à

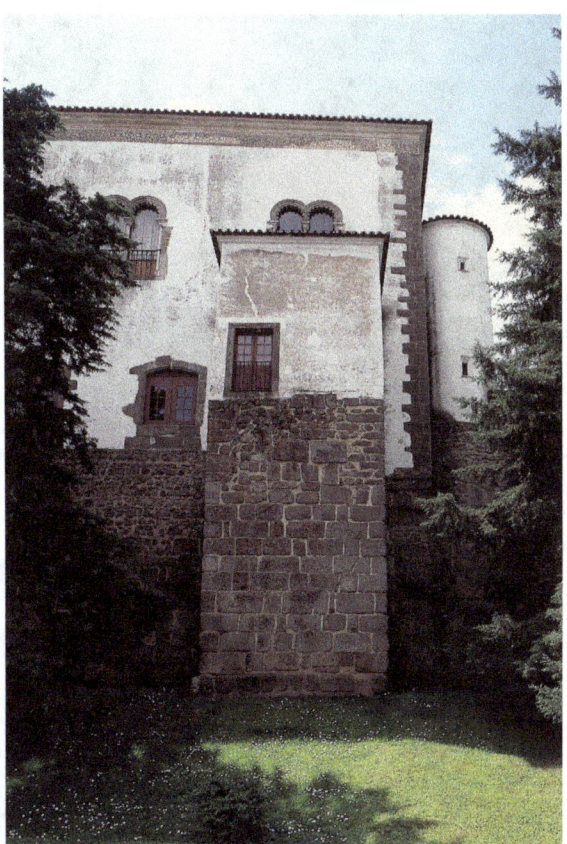

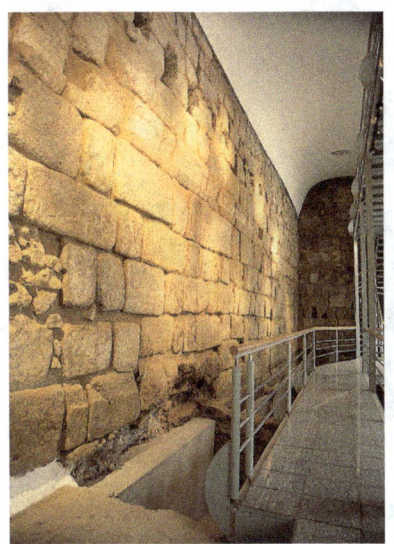

l'ouest (englobé dans un édifice au n° 5 de la rue de Burgos, et où sont actuellement installés des services dépendant du ministère portugais de la Culture).

S. M.

Il est recommandé d'enchaîner avec l'Exposition Musée Sans Frontières espagnole **L'ART MUDÉJAR. L'esthétique islamique dans l'art chrétien** *et d'effectuer la visite du circuit X, Mécénat nobiliaire et monastique, qui comprend les villes de Guadalupe, Llerena, Zafra et Calera de León.*

Rua de Burgos, pan de muraille, Évora.

Palais des comtes de Basto, pan de muraille, Évora.

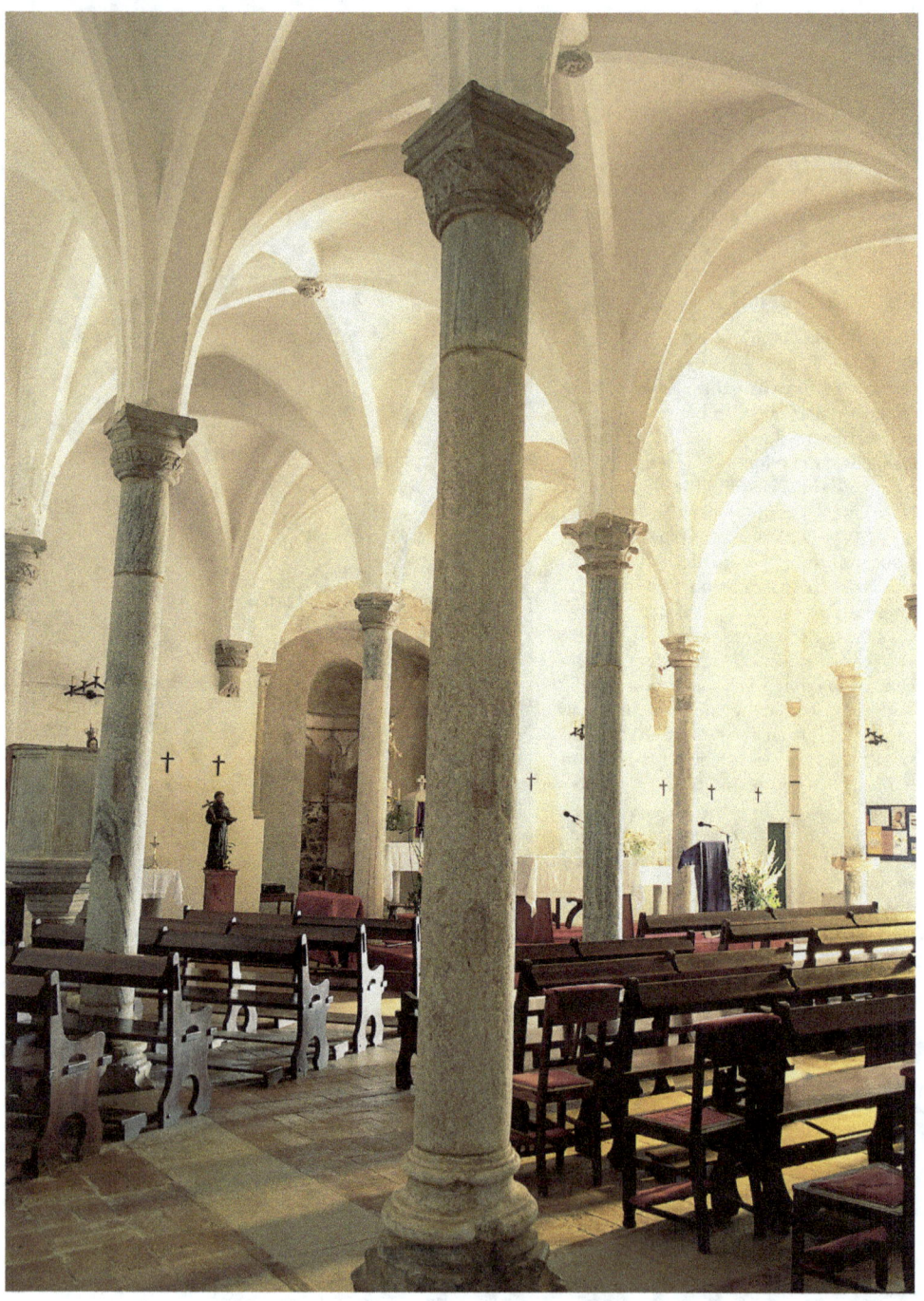

CIRCUIT V

Un royaume de Taïfa: Mértola

Santiago Macias, Cláudio Torres, Miguel Rego, Maria João Vieira

V.1 BEJA
    V.1.a Beja islamique
    V.1.b Musée Rainha D.ª Leonor

V.2 MOURA
    V.2.a Château
    V.2.b Musée municipal de Moura
    V.2.c Mouraria et puits arabe

V.2 NOUDAR
    V.3.a Château

V.4 SERPA-VILA BRANCA
    V.4.a Ensemble urbain
    V.4.b Murailles
    V.4.c Musée archéologique de Serpa

V.5 MÉRTOLA
    V.5.a Musée de Mértola
    V.5.b Quartier islamique
    V.5.c Château
    V.5.d Église principale Nossa Senhora da Anunciação (ancienne mosquée)

Tissage

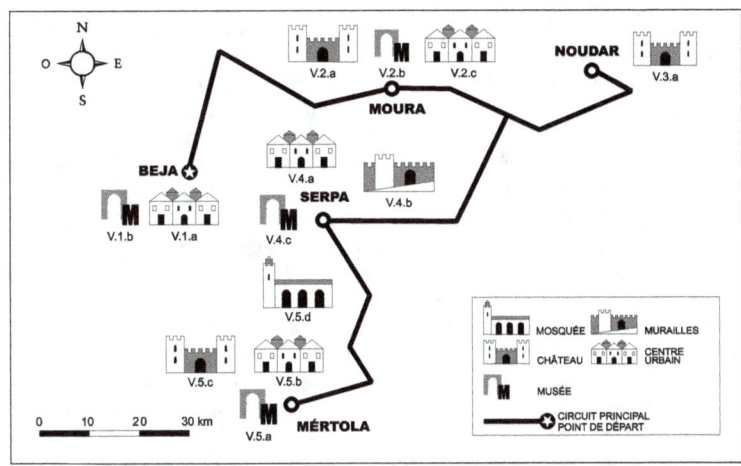

Église principale (ancienne mosquée), intérieur, Mértola.

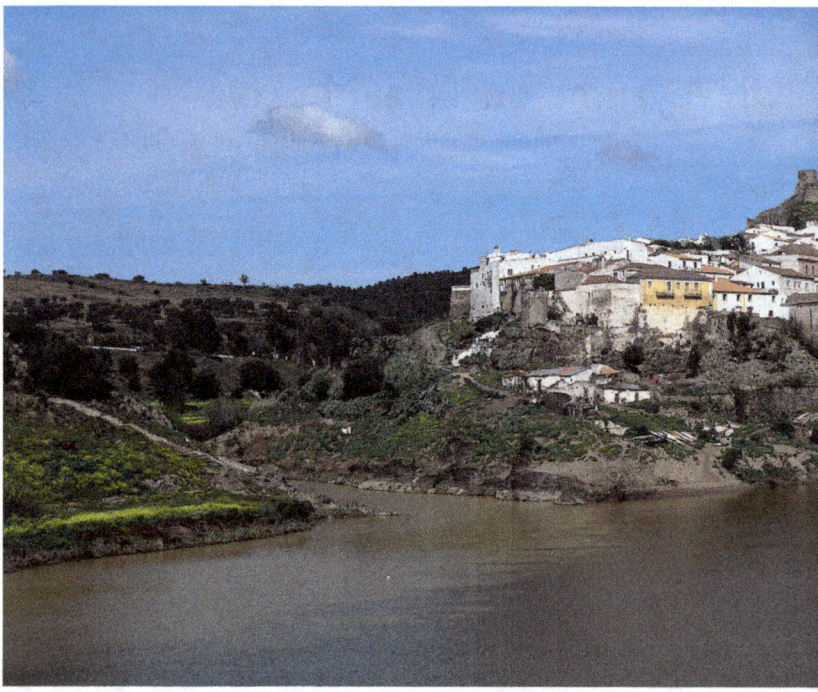

Vue générale, Mértola.

Ce circuit couvre en grande partie l'ancien territoire de Beja. Cette vaste contrée, qui s'étendait depuis la côte atlantique jusqu'à la Serra de Aracena (qui appartient aujourd'hui à la province espagnole de Huelva), s'organisait autour d'une voie qui reliait les villes de Beja et de Mértola. Toute une région, depuis les terrains de la rive gauche du Guadiana, où prédominait l'agglomération de Aroche, suivie par Moura, Serpa, Noudar et Totalica (Santo Aleixo), jusqu'au haut cours du Sado ou la rivière de São Romão, s'organisait autour de cette voie. Près de la côte, moins peuplée, se détachait le bourg fortifié de Santiago do Cacém, baigné par une ancienne lagune maritime, ainsi que le port de Sines dont le nom était, à l'époque musulmane, Marsa Hasine.

Plus au sud, au pied de la montagne, étaient situées les agglomérations fortifiées de Castro da Cola, Ourique et Odemira, ainsi que le *burdj* (tour) de Mesas do Castelinho — autant de sites qui étaient encore intégrés aux territoires s'étendant jusqu'aux bords désertiques de la côte occidentale. Une population dispersée de bergers et de petits paysans paraît avoir contrôlé ces points fortifiés qui connurent une réelle longévité historique.

L'histoire de cette région pendant la période islamique suit de près tout ce qui se passait dans les principaux sièges du pouvoir. Pendant plus de cinq siècles (192/711 et 647/1250), ce vaste territoire fut le théâtre permanent de tensions entre la centralisation voulue par Cordoue ou Séville et les

CIRCUIT IV   *Un royaume de Taïfa: Mértola*

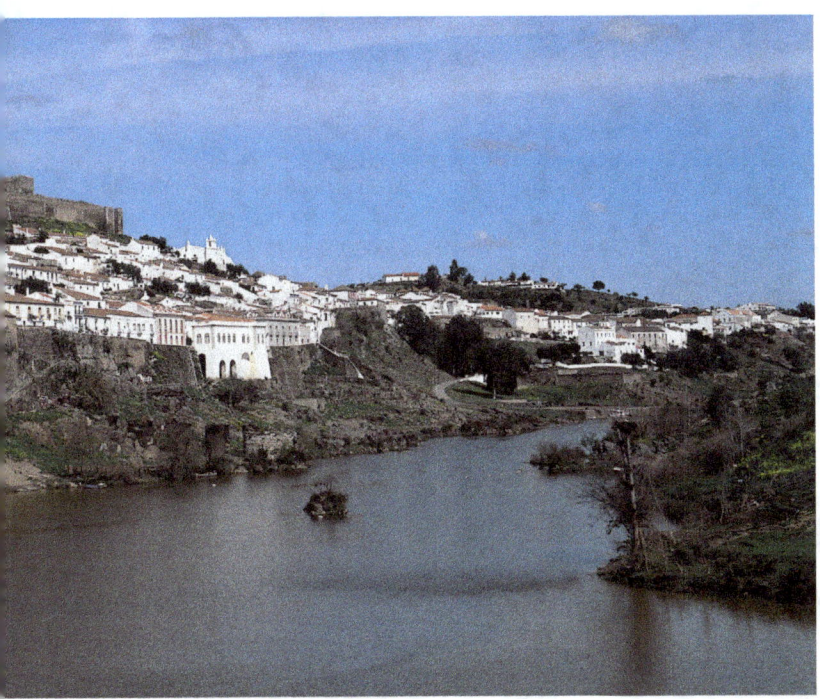

tentatives d'autonomie des populations locales. C'est dans ce contexte que l'on peut inclure les révoltes de Beja (p.m.IIe/m.VIIIe siècle), les révoltes successives menées par les Banu Marwan (s.m.IIIe/s.m.IXe siècle), les Taïfas vers le milieu du Ve/m.XIe siècle et les campagnes militaires d'Ibn Qasi vers le milieu du VIe/m.XIIe siècle.

Outre une agriculture fortement enracinée dans la région et qui fut la cause d'un dense peuplement de *villae* pendant l'époque romaine, ce fut dans les métaux que la région du Bas Alentejo trouva une de ses principales ressources et une renommée qui se prolongea jusqu'à la période islamique.

Les poètes de l'Antiquité disaient que lorsque le soleil se couchait, à l'occident, il plongeait dans des torrents d'or liquide provoquant les incandescences de la fin du jour. La richesse aurifère et métallifère de l'Ibérie était encore plus forte que le mythe. Nous savons aujourd'hui que dans les montagnes les plus reculées du Bas Alentejo intérieur, on exploita, pendant des siècles, d'importants filons de minerai. Ibn Razi mentionnait, dans le territoire de Beja, pendant les périodes islamiques, l'existence d'une importante mine d'argent pur. Appelée Totalica, à l'emplacement de l'actuel village de Santo Aleixo (Moura), on disait d'elle que "les habitants la cachent et s'en servent", c'est-à-dire que les habitants en extrayaient le minerai en secret et dans un lieu inconnu de tout le monde.

Le cuivre, qui était sans doute encore exploité à l'époque islamique, devait être extrait en petites quantités des anciens gisements romains de la bande de pyrite de l'Alentejo; mais nous en avons peu de traces archéologiques.

Le bronze était toujours, à l'époque, la matière première d'une métallurgie domestique produisant des objets d'usage quotidien, depuis les boucles de ceinture, les pointes de fuseau et les boucles d'oreille jusqu'aux harnais et autres incrustations d'armes et d'armures.

Sur la période islamique, la documentation écrite se rapportant au territoire de Beja est singulièrement pauvre. C'est pour cette raison que la majeure partie de ce qu'on en écrit se base sur des données archéologiques, sur des lectures topographiques ou sur des éléments parfois fournis par la toponymie.

D'après Ibn Ghalib, "les limites territoriales de Beja confinent aux limites territoriales de Mérida. Son terrain favorise la culture des céréales et l'élevage du bétail. Ses fleurs sont bonnes pour les abeilles et c'est pour cela qu'il y a beaucoup de miel. Ses eaux ont la propriété de tanner les peaux d'une manière incomparable. Le territoire de Beja est énorme et contient des villes, des forteresses et des districts. Parmi ses villes, on compte Alcácer-do-Sal et Aroche. De Beja à Mérida, il faut trois jours à cheval."

Cependant, il serait bien difficile de reconnaître aujourd'hui le paysage qui existait pendant la période islamique. Les défrichages répétés du terrain, en particulier ceux réalisés pendant le XIXe siècle, donnèrent à la région son aspect actuel, certainement très différent de celui qui s'offrait aux yeux des habitants du Gharb il y a mille ans. Du point de vue urbain, des changements et des agrandissements successifs — les murailles de la féodalité, les remparts de la Restauration, la croissance des agglomérations au cours du XIXe siècle — laissèrent très peu de structures islamiques en état d'être reconnues.

Du point de vue physique, l'identification de la plupart des lieux n'est pas facile non plus, même en tenant compte des récents efforts de l'archéologie. En de nombreux endroits, la période islamique est attestée par la seule présence d'une ou deux pièces. Parfois, c'est uniquement la toponymie, la topographie ou la logique même de l'occupation du territoire qui permettent d'inférer l'importance de quelques sites à cette époque-là. Dans certains cas, comme Aljustrel, il reste très peu de chose du point de vue physique; ailleurs, comme à Ourique, ce furent le temps et les hommes qui se chargèrent d'éliminer

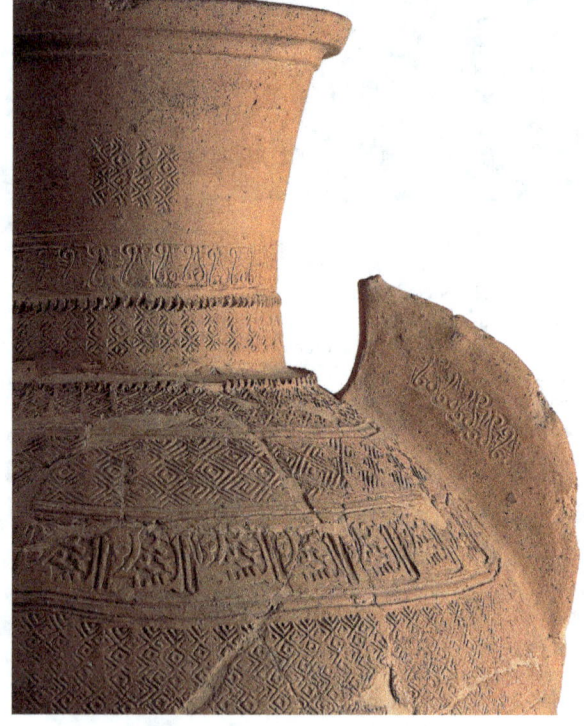

Jarre en céramique, VIe / XIIe -VIIe / XIIIe siècles, Musée Rainha D.ª Leonor, Beja.

ce que le passé islamique nous avait laissé. Nous laissons de côté, dans ce guide, les sites ruraux ou ceux qui, par leur isolement, sont difficiles à inclure dans un parcours de visites. Il faut inclure dans ce dernier groupe des stations archéologiques, dont l'intérêt est indéniable, telles que Alcaria Longa ou Mesas do Castelinho. Quelques-unes des principales agglomérations urbaines ont connu des destinées bien différentes. Beja reprit pleinement, après la "Reconquête", le rôle de ville clé du territoire. Siècle après siècle, elle acquit de l'importance et de la puissance, dans un processus d'expansion qui rend aujourd'hui difficile l'identification des vestiges du passé islamique au sein de la ville actuelle.

Le cas de Mértola est tout autre. Une stagnation prolongée au Moyen Âge et à l'âge moderne permit à quelques-uns de ses vestiges de l'époque islamique d'arriver jusqu'à nous en état d'être reconnus. Sont dans ce cas un tronçon de la muraille septentrionale et surtout quelques aspects architecturaux de l'ancienne mosquée locale.

D'autres lieux de moindre importance à l'époque, comme Moura, Serpa, Noudar ou Aroche, allient à la présence de leurs châteaux respectifs – où l'on reconnaît parfois des morceaux de muraille almohade – d'autres vestiges archéologiques, voire des légendes évocatrices.

S. M., C. T.

V.1 BEJA

V.1.a Beja islamique

Renseignements: Rua Capitão João Francisco de Sousa, 25, tél.: 284 31 19 13.

Ville au passé brillant pendant l'époque romaine et le haut Moyen Âge, Beja joua à plusieurs reprises un rôle important dans l'évolution politique du Gharb al-Andalus. La ville fut plusieurs fois le siège de grandes rébellions qui essayaient de contrer l'hégémonie politique de métropoles comme Cordoue ou Séville.

Selon al-Maqqari, Beja non seulement bénéficiait d'un territoire riche en mines d'argent, mais "pouvait se glorifier d'être le pays natal de al-Mu'tamid Ibn Abad". Un autre auteur, al-Razi, repris dans la *Chronique générale d'Espagne* de 1344, affirmait: "Beja est une des anciennes villes qui se trouve en Espagne et qui fut faite du temps de Jules César qui fut le premier des Césars. Et Jules fut le premier qui commença à morceler la terre et à la clôturer. Beja est un terre très bonne et bonne pour la culture et avec de très bons élevages. Et c'est une très bonne terre de ruches parce qu'on y trouve des fleurs excellentes et profitables pour les abeilles. Et l'eau de Beja est de nature à être très bonne pour le tannage des cuirs. Et il y a en elle beaucoup de bonnes rues et très larges."

La communauté mozarabe de Beja dut conserver, suppose-t-on, une certaine

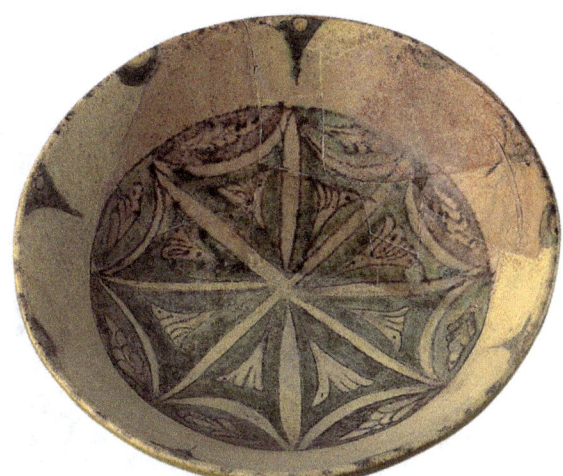

Bol décoré en "vert et manganèse", IVe / Xe siècle, Musée de Mértola.

CIRCUIT V *Un royaume de Taïfa: Mértola*

Beja

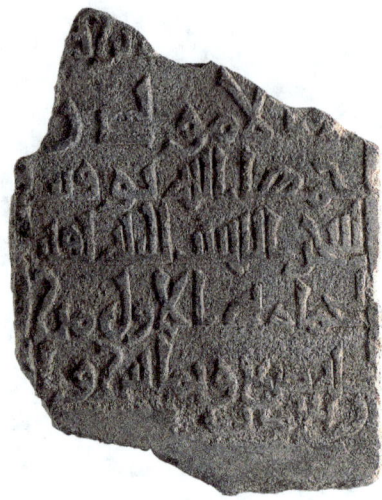

Stèle funéraire en marbre, 487/1094, Musée Rainha D.ª Leonor, Beja.

puissance. La persistance de cultes chrétiens anciens et les travaux subis par des édifices comme l'église Santo Amaro, reconstruite ou modifiée pendant les IVᵉ/Xᵉ et Vᵉ/XIᵉ siècles, vont dans le même sens. À partir du Vᵉ/XIᵉ siècle, avec l'importance grandissante d'Évora, et surtout avec le morcellement politique des royaumes de

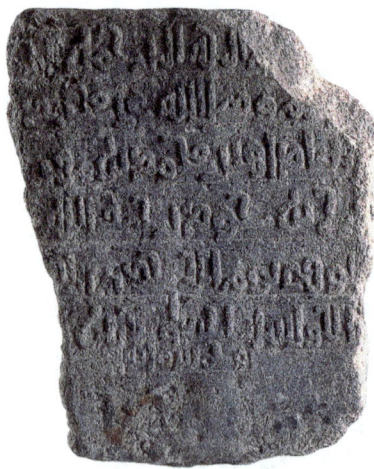

Stèle funéraire en marbre, 531/1136, Musée Rainha D.ª Leonor, Beja

Taïfas, la décadence de Beja s'accentue et il n'est pas étonnant que le siège de la capitale régionale soit occupé, sporadiquement, par Mértola, bien fortifiée.

La mémoire de la ville islamique est aujourd'hui occultée par les interventions urbaines répétées entreprises dans le centre historique. Les plus importantes furent certainement celles qui eurent lieu pendant le XIXᵉ siècle, époque à laquelle de grandes parties de la ville médiévale furent démolies. L'arc en fer à cheval — assez tardif — du donjon du château, quelques épigraphes du Musée régional, et une ou deux pièces en céramique constituent les vestiges visibles de celle qui fut une des villes les plus marquantes du Gharb al-Andalus.

S. M.

V.I.b Musée Rainha D.ª Leonor

Largo da Conceição, entrée par l'église du couvent de la Conceição, tél.: 284 32 33 51.
Entrée payante. Horaires: de 9:30 à 12:30 et de 14:00 à 17:15; fermé le lundi et les jours fériés.

La première collection archéologique de Beja fut celle que Frei Manuel do Cenáculo Villas-Boas réunit à la fin du XVIIIᵉ siècle. Lorsqu'il fut nommé archevêque d'Évora en 1802, il fit transporter dans cette dernière ville une partie des pièces archéologiques. Le Musée archéologique de Beja ne put être inauguré, en grande partie grâce au dévouement de José Umbelino Palma, que vers la fin de l'année 1892. On y réunit surtout des matériaux romains de la ville de Beja, qui faisait à l'époque l'objet de vastes campagnes de travaux publics. En 1927 et en 1928, le Musée régional de Beja fut installé dans la partie encore existante du couvent de Nossa Senhora da Conceição où, actuellement, se trouve toujours son noyau central. Dans un édifice surtout marqué par la mémoire de la passion de sœur Mariana

CIRCUIT V   *Un royaume de Taïfa: Mértola*
Moura

Alcoforado pour un chevalier français, les pièces de la période islamique ne sont guère abondantes. Dans un catalogue du Musée régional réalisé dans les années cinquante, seules deux stèles funéraires de cette époque sont signalées. Depuis, on y incorpora quelques autres pièces (provenant surtout de Castro da Cola); mais on ne peut pas dire que ce qui est présenté fasse justice à ce que fut, en réalité, la Beja islamique. Le Musée régional de Beja dispose d'une importante et significative collection épigraphique, constituée en grande partie de stèles funéraires provenant, selon toute probabilité, des cimetières maures de la ville. De l'ancien édifice du collège de la Compagnie de Jésus nous est parvenue une collection de planches calligraphiées qui normalement n'est pas exposée au public et qui est censée avoir appartenu à Dom Frei Manuel do Cenáculo.

Le musée compte encore six inscriptions funéraires, parmi lesquelles quatre sont datées. L'épigraphe la plus ancienne date de 440/1048-479/1087 et signale le décès de Malik Ibn Hassan. La plus récente des stèles de Beja date de 531/1136 et se réfère à un certain Mouhammad Ibn Moufarrij Ibn Houd. Elle fut mentionnée pour la première fois par José Leite de Vasconcelos; il s'agit d'une stèle de l'époque paléochrétienne remployée sur l'autre face pour l'inscription arabe. Elle faisait partie des fondations du nouveau dortoir du couvent da Conceição et fut mise au jour pendant les travaux réalisés en mai 1896.

Le couvent de la Conceição a été classé Monument national en 1922.

S. M.

En sortant de Beja, suivre l'IP2 en direction d'Évora. Après 21 km environ, prendre la route 258 pour Moura.

V.2 MOURA

V.2.a Château

Renseignements: Largo de Santa Clara, tél.: 285 25 13 75.

Le château de Moura est lié à la romantique légende de la Maure Saluquia, supposée la dernière *alcadesse* de la ville. En réalité, le mot *celoquia* (qui ressemble beaucoup au nom de la Maure) désigne une tour, et la tradition populaire se chargea de lui donner un autre sens.

Bourgade de petites dimensions à l'époque islamique, ses remparts défendaient une aire intra-muros de deux hectares. Nous sont

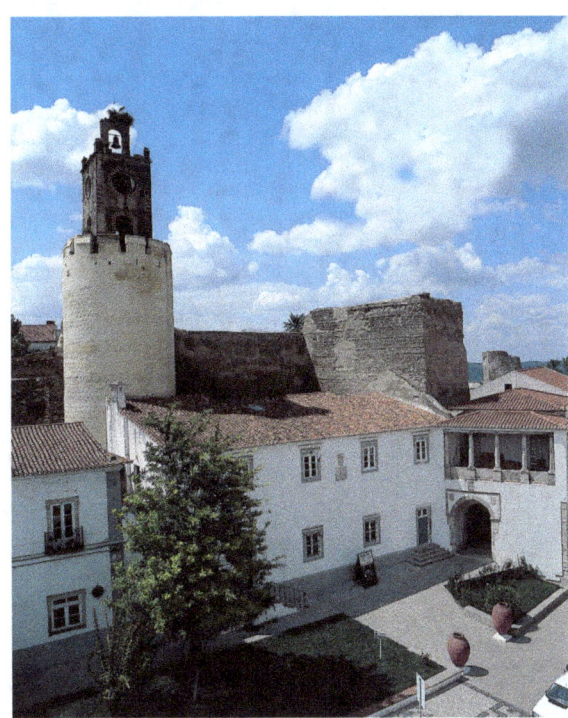

Château, grosse tour en pisé, Moura.

CIRCUIT V   *Un royaume de Taïfa: Mértola*

Moura

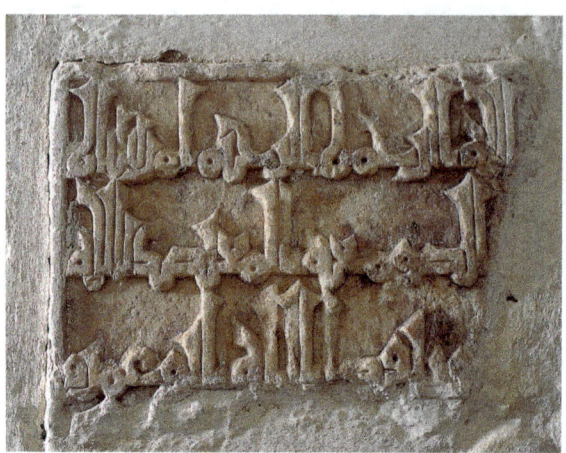

Château, stèle commémorative de la construction du minaret de la mosquée, 444/1052, Moura.

Dans ce petit musée municipal sont conservées quelques pièces qui témoignent de l'intérêt du passé islamique de la ville. Outre des céramiques de l'époque des califes, on remarque dans cette collection deux panneaux en os peint qui ont fait partie d'un petit coffre probablement fabriqué dans un atelier grenadin au VIIe/XIIIe siècle. Le système décoratif est dominé par une rosace centrale composée d'entrelacs et flanquée de figures humaines. Des bulbes végétaux, surmontant de longues tiges et des fleurs de lotus, évoquent une ambiance paradisiaque.

Il faut également citer les stèles funéraires; celle qui date de 1368, c'est-à-dire plus de cent trente ans après la "reconquête" de la ville, se détache du fait de sa rareté. Ayant toutes été trouvées, par hasard, dans la même zone, elles permirent de localiser le cimetière musulman de la ville, situé juste à côté de l'actuelle *mouraria* (quartier des Maures).

Il faut signaler aussi, près de la fontaine du château, l'existence d'une stèle commémorative de la construction du minaret d'une mosquée que al-Motadid fit construire vers le milieu du Ve/m.XIe siècle (datation probable: 444/1052).

parvenus quelques fragments de la courtine almohade (vers le milieu du VIe/m.XIIe siècle), qui fut en grande partie détruite pendant la deuxième moitié du même siècle. Des murailles en pisé qui jadis entouraient Moura, le plus important vestige qui subsiste aujourd'hui est une grosse tour quadrangulaire située contre l'édifice de la bibliothèque municipale. À la suite d'une récente restauration, on distingue difficilement, sur sa face principale, la peinture à la chaux qui imitait de grosses pierres de taille et qui ressemble à celle que l'on trouve dans les châteaux de Alcácer do Sal et de Salir (Loulé). Le château de Moura fut classé Édifice d'intérêt public en 1944.

S. M.

V.2.b Musée municipal de Moura

Rua da Rameira, tél.: 285 25 00 40.
Horaires: de mai à septembre: du mardi au vendredi: de 9:30 à 12:30 et de 14:30 à 18:00; samedi et dimanche: de 10:00 à 12:30 et de 16:00 à 19:00; d'octobre à avril: du mardi au vendredi: de 9:30 à 12:30 et de 14:30 à 18:00; samedi et dimanche: de 10:00 à 12:30 et de 14:30 à 17:00; fermé le lundi.

S. M.

V.2.c Mouraria et puits arabe

Pour visiter le puits arabe, il faut contacter Mme Joaquina Rosa Silva, Segunda rua da Mouraria, 28, tél.: 285 25 13 77.

Après la "reconquête" de la ville en 629/1232, les familles les plus riches durent émigrer vers le royaume de Grenade, dernier refuge de l'islam dans la péninsule Ibérique. Ceux qui restèrent firent acte de soumission et s'en allèrent vivre dans un faubourg construit sur un terrain à l'ouest du château.

Bien que partiellement détruit par la construction des remparts au XVIIe siècle, et bien que légèrement modifié par des interventions architecturales moins heureuses, le quartier de la Mouraria (classé Édifices d'intérêt public en 1993), aujourd'hui composé de trois rues, une ruelle et une place, présente encore les caractéristiques urbaines très marquées d'un quartier médiéval.

Sur le Largo da Mouraria (place de la Maurerie), on peut visiter une ancienne maison d'habitation où est conservée la margelle d'un puits que l'on peut dater du XIVe siècle.

S. M.

En sortant de Moura, suivre la route n° 258 en direction de l'Espagne jusqu'à Barrancos. Là, prendre la route qui va à Noudar.

Légende de la Moura Saluquia
C'est une légende au goût romantique, probablement recréée au XIXe siècle. Elle raconte l'histoire tragique du jour du mariage entre l'alcadesse Saluquia de Moura et le prince Brafama, de la ville voisine de Aroche.
Brafama, seigneur de Aroche, se dirigeait vers Moura où il devait épouser l'alcadesse Saluquia, quand il fut pris dans un guet-apens de chevaliers chrétiens. Ayant vaincu et tué les Maures, les chrétiens endossèrent leurs vêtements et se dirigèrent vers Moura, en se faisant passer pour le cortège du mariage. Saluquia leur fit ouvrir les portes de la ville, mais s'étant rendu compte de la tromperie, elle se précipita du haut des murailles du château avec les clés de la forteresse dans sa main.
La légende est perpétuée par les armes de la ville, qui montrent Saluquia tombée par terre à côté de la tour du château.

S. M.

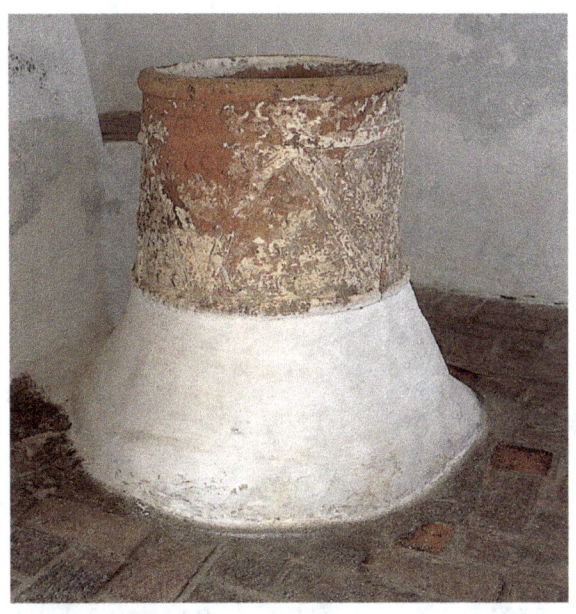

Rua da Mouraria, puits arabe, XIVe, Moura.

V.3 NOUDAR

V.3.a Château

Renseignements: Mairie de Barrancos, tél.: 285 95 06 30.
Horaires: de 8:00 à 19:00, fermé de lundi.

Noudar, dans la *kura* (territoire) de Beja, devait être, au début de la présence islamique dans la péninsule Ibérique, une petite agglomération. Vers la fin du IVe/f.Xe siècle ou au début du Ve/d.XIe siècle, sa défense est renforcée par la construction d'un humble *hisn* (château) ou *burdj* (idem) en pisé, dont les restes — quoique recouverts par la muraille en schiste du XIVe siècle — sont encore visibles dans la zone de la citadelle du château. Surplombant la voie qui reliait la région de Beja et de Moura à l'ancienne Route de

CIRCUIT V   *Un royaume de Taïfa: Mértola*

Noudar

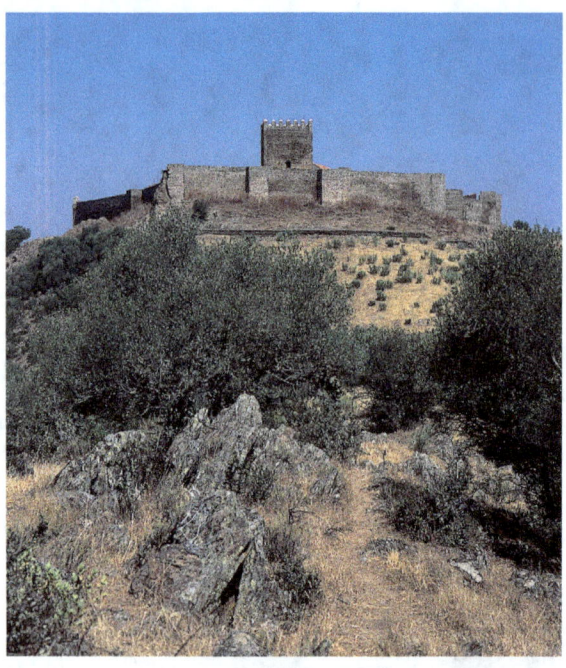

Château, Noudar.

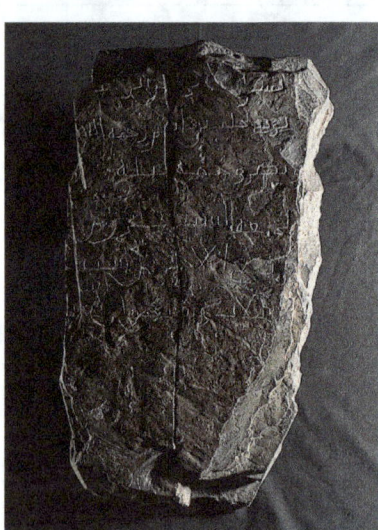

Stèle funéraire en schiste, 473/1080, Noudar.

l'Argent, en passant par Jerez de los Caballeros, le château jouait un rôle de sentinelle suggéré par sa localisation et par le synonyme/homophone du nom du lieu (regarder/voir se disait en arabe *nadara*). La structure fortifiée se dresse dans la zone la plus élevée d'un éperon rocheux très étendu entre les petites rivières de Múrtega et Ardila; jadis devait s'y trouver une petite basilique paléo-chrétienne. Le faubourg résidentiel entourait alors tout le haut du mont, à l'exception du versant sud.

Les deux stèles funéraires à caractères arabes et la collection de pièces d'argent du Ve/XIe siècle, le bout d'un fourreau de poignard et la vaste collection de céramiques du VIe/XIIe et du $VII^e/XIII^e$ siècle provenant de cet endroit nous laissent croire qu'il s'agit d'un site important dans ce territoire qui faisait frontière avec celui de Badajoz et qui fut continuellement habité jusqu'au milieu du XIXe siècle.

Ayant été conquis pendant la première moitié du $VII^e/p.m.XIII^e$ siècle par les Portugais, Noudar a été donné à l'ordre militaire d'Avis qui fit construire l'actuelle forteresse entourée de remparts avec environ 12 000 mètres carrés de surface. La ville reçut sa charte octroyée par le roi Dinis en 1295. En 1308, elle devint le premier *couto de homiziados* (refuge de fugitifs) créé au Portugal.   M. R.

Les pièces archéologiques mentionnées dans le texte se trouvent en restauration en vue de leur future exposition au public.

Pour Serpa, reprendre la route n° 258 jusqu'à Moura; là, emprunter la route n° 255 en direction de Pias/Serpa (environ 76 km).

Parc naturel des Picos de Aroche et de la Sierra de Aracena (Espagne)
Peu à peu, la plaine fait place aux versants occidentaux de la Sierra Morena. Les vastes plaines

CIRCUIT V   *Un royaume de Taïfa: Mértola*
Noudar

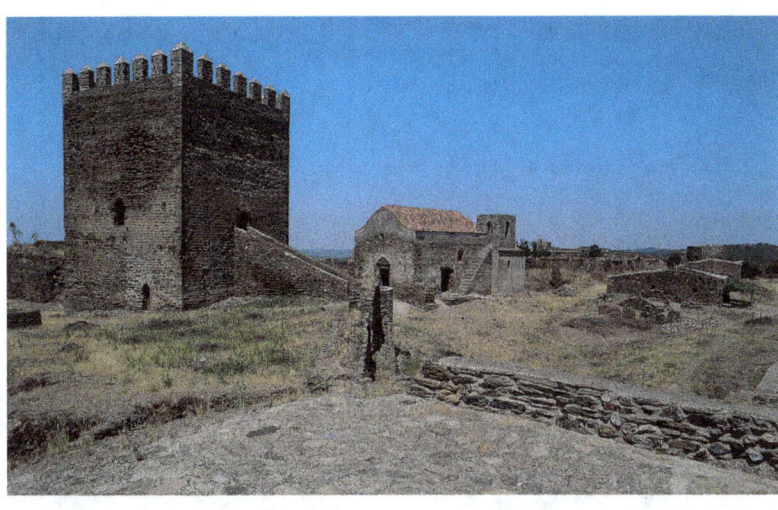

Château, Noudar.

de la région de Beja deviennent de plus en plus étroites dans les vallées des trois petites rivières Chança, Múrtega et Ardila. La Sierra de Aracena et les pics de Aroche dessinent à l'est, par leur relief, la frontière politique du territoire de Beja. Vers le Levant, aux IVe/X^e et V^e/XIe siècles, le territoire de al-Munastir (Almonaster la Real), porte du royaume abbadide de Séville, défend les voies qui pénètrent dans la région minière de l'Andévalo et jusqu'à la capitale sur les rives du Guadalquivir. Entre ce territoire et celui des expansionnistes Aftassides de Badajoz, Arun (Aroche) est, pendant le IVe/Xe siècle de al-Razi, un château dépendant de Beja.

La région qui constitue aujourd'hui le Parc naturel de la Sierra de Aracena et des Picos de Aroche jouait, du fait de sa nature orographique, un rôle important dans la délimitation des trois grands pôles: Beja et Mértola, Badajoz, Séville. Pauvres en population, qui habitait dans des petites cabanes, les agglomérations étaient parfois pourvues de petites enceintes fortifiées pour défendre le bétail et les gens. C'est le cas de Aracena, ou encore de certains remparts à caractère militaire comme Cortegana. C'est une région riche en bois de châtaignier, de chênes verts et de chênes-lièges; les terres sont bonnes pour l'élevage, la production du miel et le traitement des peaux. La Sierra a toujours été une région très convoitée pendant les périodes de fractionnement des pouvoirs politiques régionaux.

M. R.

Almonaster, Aroche et Nuestra Señora de la Peña (Espagne)
Dans la zone la plus élevée de Al-Munastir se dresse son château sur une surface d'environ 8 000 mètres carrés. Au nord, on trouve Almonaster la Real, ensemble urbain dont la croissance est évidente surtout à partir du XVe siècle. La structure des murailles médiévales s'élève sur des vestiges de murs de l'époque romaine; à l'intérieur de la citadelle, la mosquée islamique fut convertie en petite chapelle sous le patronage de Nuestra Señora de la Concepción.

La mosquée a été construite avec des remplois de vestiges architecturaux romains et paléochrétiens. Son mihrab et le mur de la qibla sont considérés comme étant les plus anciens (IIe/VIIIe-IIIe/IXe siècles) de l'islam occidental qui soient encore debout.

CIRCUIT V   *Un royaume de Taïfa: Mértola*

Serpa-Vila Branca

Al-Munastir fut chef-lieu de circonscription militaire et fiscale au IVe/Xe siècle. Il se trouvait face au territoire de Beja/Mértola, dont Awrus/Aroche était la forteresse érigée le plus à l'est.
L'actuel château de Aroche conserve encore la muraille des VIe/XIIe et VIIe/XIIIe siècles. À quelque cinq cents mètres vers le nord-est ont été récemment mis au jour les vestiges des habitations du faubourg, qui fut très probablement abandonné à la fin du IVe/d.XIe siècle.
La militarisation des bourgades situées dans des endroits clés du territoire de Beja/Mértola, à partir du Ve/XIe siècle, est à l'origine de la construction des remparts de Alfajar ou Alfayat de la Peña, à deux kilomètres de La Puebla de Gusmán, un des châteaux conquis par les troupes du roi Sancho II de Portugal, en 636/1239, lors de son incursion à partir de Mértola pour atteindre Tavira.
Actuellement, à Alfajar, on voit uniquement l'aire de l'implantation de la forteresse, les restes de ses gros murs et ceux de quelques habitations; à proximité, on peut voir le sanctuaire de la Virgen de la Peña.

M. R.

V.4 SERPA-VILA BRANCA

V.4.a Ensemble urbain

Renseignements: Largo D. Jorge de Melo, 2-3, tél.: 284 54 47 27.

Serpa est un de ces lieux où la continuité de l'occupation humaine du sol se fait sentir à travers une évolution longue de plusieurs siècles, marquée par la coexistence et la superposition de sédimentations historiques successives.
Le passé de la ville est encore difficile à discerner, et seules des fouilles archéologiques dans l'aire urbaine pourront le rendre plus précis. Nonobstant l'intensité de l'utilisation des espaces et la juxtaposition du quotidien qui rendent plus malaisée la lecture du tissu urbain, on peut clairement percevoir deux pôles générateurs principaux.
D'un côté, sur le point le plus haut de l'agglomération, il y a le Castelo Velho (le vieux château, comme on le désigne familièrement), qui en représente le périmètre le plus ancien. Là où surgirent les

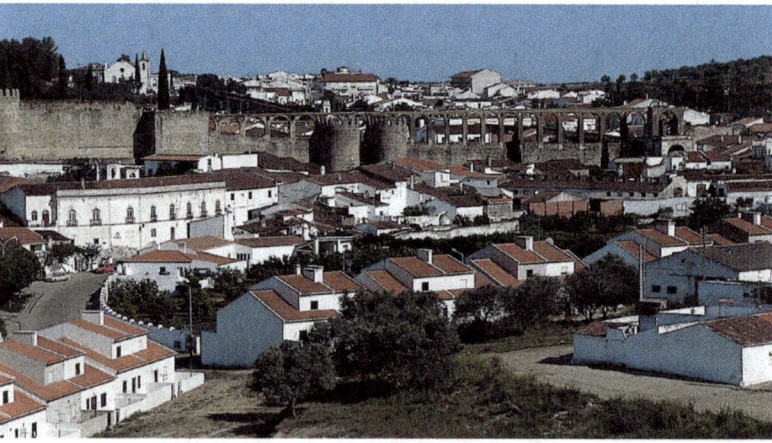

Ensemble urbain, Serpa.

116

CIRCUIT V   *Un royaume de Taïfa: Mértola*
Serpa-Vila Branca

premières habitations, protégées par un château et ses remparts, on trouve aujourd'hui un petit quartier aux maisons basses et aux rues étroites et sinueuses. Indifférente aux constructions laïques qui l'entourent se dresse l'église principale Santa Maria, que l'on suppose être une ancienne mosquée christianisée.
D'un autre côté, l'enceinte fortifiée érigée par le roi Dinis constitua le pôle agglutinant et régulateur du maillage urbain à partir des XIVe-XVe siècles.
Il est certain que les villes reflètent des formes complexes d'organisation sociale et c'est un lieu commun de parler des traits aristocratiques de la ville de Serpa. Avec des ensembles architecturaux qui ont un air érudit, avec ses maisons nobles qui affichent orgueilleusement leur blason familial, Serpa est également riche par la grandeur plastique de la modulation des façades de maisons du "pauvre" peuple. C'est la blancheur de la chaux qui rend cette ville si lumineuse.

M. J. V.

V.4.b Murailles

On peut accéder aux remparts en partant de l'Office de tourisme et monter les petits escaliers de l'église Santa Maria, ou entrer par la Porta Nova en traversant le Bairro do Castelo Velho — le quartier du vieux château.
Horaires: de 9:00 à 12:30 et de 14:00 à 17:30.

Serpa, située à 5 km des eaux du fleuve Guadiana, était, à la veille de la "Reconquête", une importante bourgade fortifiée dominant de fertiles terres cultivées. Le vieux rempart, planté au sommet d'une petite élévation fort stratégique, délimitait une aire de 21 000 mètres carrés.
Vers la fin du XIIIe siècle, le roi Dinis de Portugal, dans un effort de réorganisation

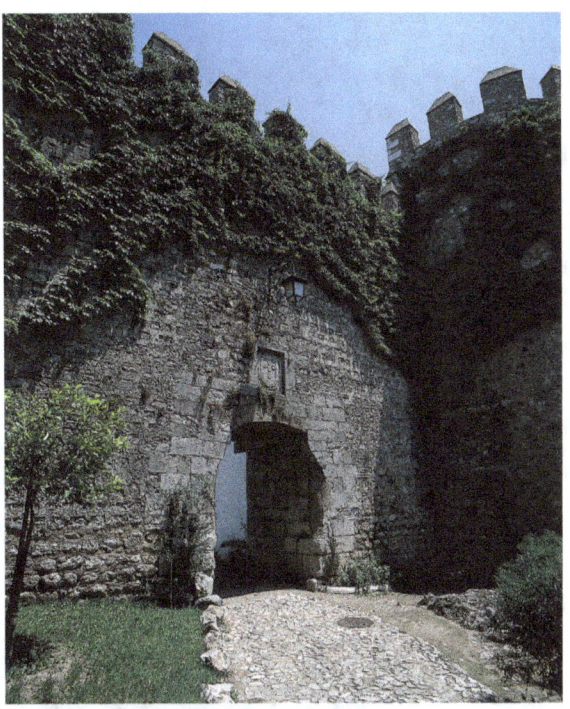

Château, Serpa.

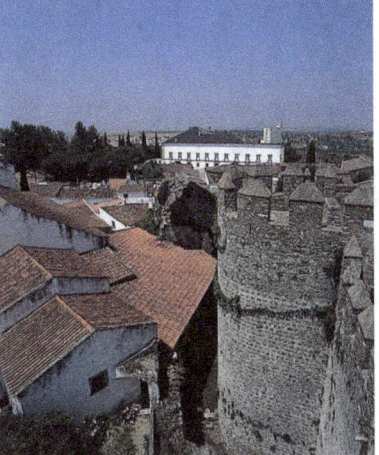

Remparts, Serpa.

CIRCUIT V   *Un royaume de Taïfa: Mértola*
Serpa-Vila Branca

chrétienne de l'Alentejo, attribua à la ville sa deuxième charte, celle de Évora/Avila et, dans ce pays frontalier où les occasions de conflit étaient fréquentes, il fit construire d'imposants remparts autour d'une superficie de 68 000 mètres carrés. La *Crónica* de Rui de Pina rapporte que le monarque "refit presque à neuf toutes les villes au-dessus de la rivière Odiana, à savoir: Serpa, Moura, Olivença, Campo Maior, Ouguela, dont il fit construire les citadelles à grands frais". Le chroniqueur, qui écrivit au tournant du XVe-XVIe siècle, mais en se basant sur des documents antérieurs, ne rejette pas la ville musulmane que le roi Dinis refonde et où, depuis la base, il fait construire la citadelle.
Quelques signes du passé islamique sont encore visibles au travers de certains segments de muraille en pisé et de deux tours – celles de Horta (potager) et du Relógio (horloge) – qui furent partiellement réutilisées dans la construction du château chrétien.
Il est bien possible que le clocher de l'église Santa Maria – qui enveloppe, à l'intérieur, une structure cylindrique – soit le témoignage vivant du minaret de l'ancienne mosquée.

M. J. V.

V.4.c Musée archéologique de Serpa

Citadelle du château, tél.: 284 54 01 00.
Horaires: de 9:00 à 12:30 et de 14:00 à 17:30.

Les années quatre-vingt du XXe siècle furent, au Portugal, particulièrement riches en ce qui concerne la création et la rénovation de musées municipaux ou locaux. Le Musée municipal d'archéologie de Serpa, fruit de cette dynamique, fut organisé en 1982.
Le musée, situé dans la citadelle du Castelo Velho (vieux château), dans l'ancienne maison du gouverneur ultérieurement transformée en prison, réunit une petite collection de matériaux islamiques. Ils proviennent pour la plupart de la Cidade das Rosas, importante *villa* romaine qui continua d'être habitée à l'époque islamique. Ces vestiges (des fragments de céramique et des produits manufacturés en métal) furent trouvés, en majorité, dans une poche de cendre et de terre brûlée qui se trouvait au-dessus de fours à chaux wisigothiques, lesquels étaient eux-mêmes une réutilisation d'un ensemble thermal romain.
Parmi les objets exposés, on remarque un bol d'époque califale et un couteau à manche en os que l'on suppose appartenir à la même époque. Le joyau de l'exposi-

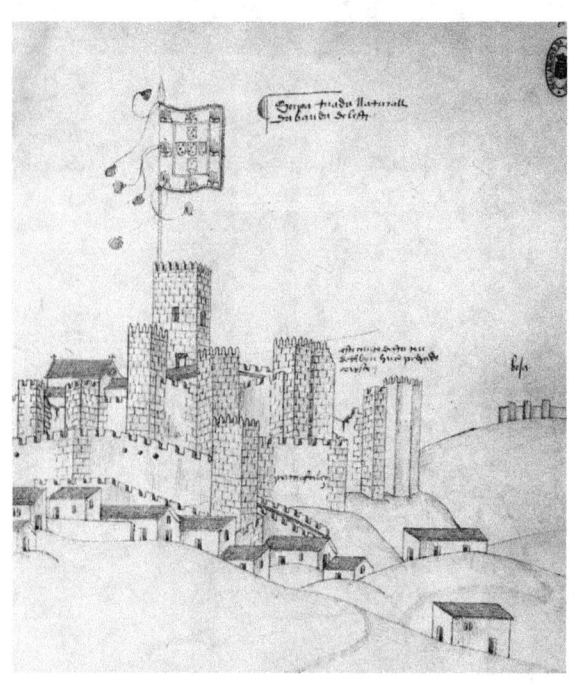

Château de Serpa, dessin du XVIe siècle, in Duarte d'Armas, "Livro das Fortalezas".

tion est cependant une petite plaque en ardoise portant sur une face une inscription coufique, reproduction d'un verset du Coran, et quatre croissants de différentes tailles sur l'autre face. Il s'agit d'un moule utilisé dans la fabrication d'amulettes en métal fondu, à usage individuel. Il fut trouvé dans les environs de la *villa* romaine du Zambujeiro, près de Pias.

M. J. V.

Continuer en direction de l'Espagne et tourner à droite au croisement pour Mértola. Suivre la route n° 265 sur environ 50 km.

V.5 MÉRTOLA

Renseignements: Largo Vasco da Gama, tél.: 286 61 25 73.

"Et Mértola gît sur la rivière d'Odiana et est un très ancien château et on y trouve des édifices anciens." Ce que les textes nous disent sur la Mértola islamique se résume, à quelques exceptions près, à cette citation de al-Razi. Nous savons pourtant que l'importance de la ville allait bien au-delà de ces informations si restreintes.

Avec sa position exceptionnelle sur un éperon rocheux séparant les eaux du Guadiana de celles d'un de ses affluents, l'ancienne ville de Mértola était déjà célèbre auprès des géographes de l'Antiquité pour ses imposantes fortifications. Mértola devait couvrir une surface d'environ 60 000 mètres carrés, sa population ne devait pas dépasser les 2 000 âmes. Pendant ses périodes d'apogée, ses habitants devaient certainement être plus nombreux car elle avait au moins deux faubourgs: l'un dans le Além-Rio (de l'autre côté du fleuve), l'autre à l'entrée de la Porta de Beja, près d'une ancienne chapelle paléo-chrétienne

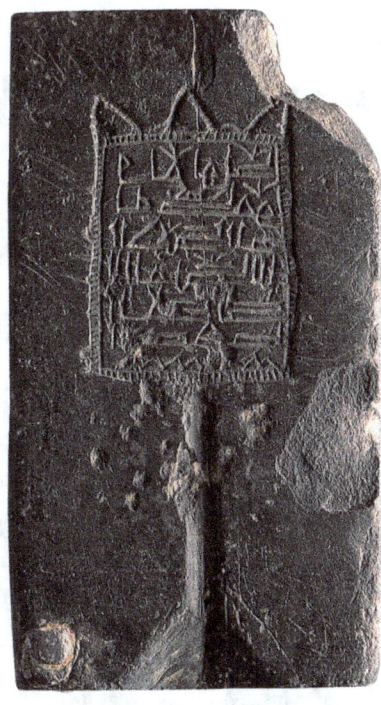

Moule d'amulette en schiste, VIe / XIIe - VIIe / XIIIe siècles, Musée archéologique de Serpa.

qui, plus tard, sera dédiée à Santo António dos Pescadores.

Ses rues actuelles, parallèles au fleuve et communiquant entre elles par d'étroits passages, se superposent certainement à l'ancien tracé viager de l'époque islamique. Cependant, les murailles, constamment réparées au cours des siècles, bien que respectant le tracé médiéval, ne peuvent être attribuées à la période islamique que sporadiquement.

Attribuable à l'époque almohade, nous avons uniquement la courtine nord avec ses massives tours quadrangulaires.

Au milieu de l'exubérance des vestiges romains et de l'époque chrétienne surgissent aujourd'hui, après deux décennies de travaux archéologiques, des éléments significatifs de la période islamique qui

CIRCUIT V *Un royaume de Taïfa: Mértola*

Mértola

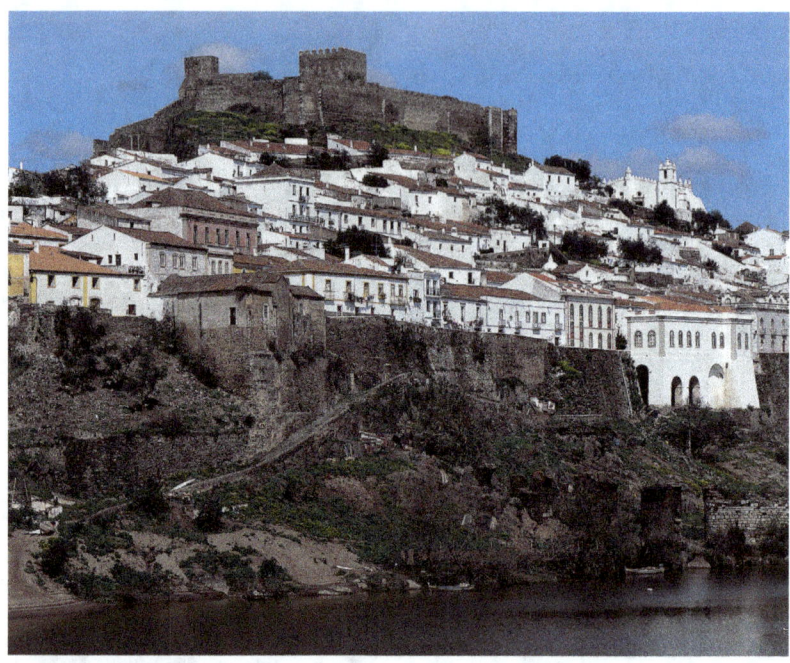

Vue générale, Mértola.

suffisent à justifier l'importance de la ville jusqu'à sa conquête par les chevaliers de l'Ordem de Santiago (ordre de Saint-Jacques) en 635/1238.

Outre les murailles, dont le tracé n'a pas été modifié depuis la période romaine et qui conservent de courts tronçons de l'époque islamique, les éléments les plus importants sont les vestiges de l'ancienne mosquée locale, ainsi que les fouilles dans une grande zone d'habitations édifiée au XIIe siècle et qui concentre une bonne partie des travaux archéologiques.

S. M.

V.5.a Musée de Mértola

Largo da Misericórdia. Ouverture prévue en 2001. Entrée payante. Horaires: de 9:00 à 12:30 et de 14:00 à 17:30.

Deux décennies de travaux archéologiques ont permis de constituer la plus importante collection de matériaux de la période islamique existant au Portugal; grâce à ces investigations, on est aussi en mesure aujourd'hui d'apporter les premières réponses à quantité de questions sur la culture matérielle des populations pendant cette période.

Plus que tout, c'est la vie quotidienne de la Mértola islamique qui se dévoile au travers de la plupart des pièces de la collection exposée dans le musée. L'ensemble interroge inéluctablement sur leurs fonctions, sur ceux qui s'en servaient, sur les modes et les circonstances de leur utilisation. Des recherches conduites par des archéologues, des anthropologues et des céramologues ont permis d'isoler un

CIRCUIT V · *Un royaume de Taïfa: Mértola*

Mértola

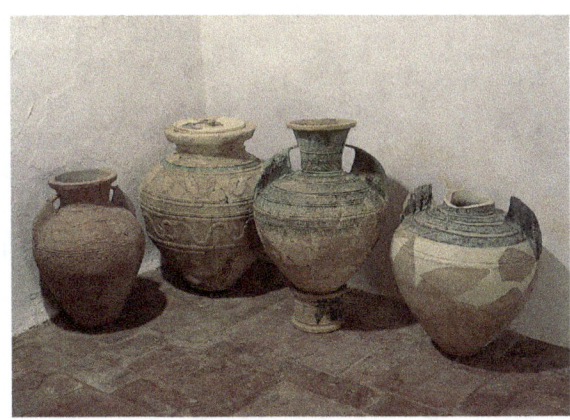

Ensemble de jarres, Musée de Mértola.

ensemble de groupes fonctionnels pour l'usage de la céramique. Là où autrefois on ne voyait que des produits manufacturés indifférenciés (ou, plus prosaïquement, des tessons de céramique), on peut maintenant reconnaître des ustensiles de cuisine, des récipients, de luxueuses pièces de vaisselle ou des jarres sophistiquées ainsi que d'autres contenants pour l'eau. Le carrefour de chemins et le brassage de populations qui fut jadis la marque de Mértola est bien mis en évidence grâce à la diversité des pièces réunies. On y exhibe côte à côte de luxueuses vaisselles importées d'Ifriqiya (et probablement fabriquées à Tunis ou à Kairouan) et d'autres produites par des ateliers de Séville ou d'Almeria, ou même par de modestes artisans de la région sud du Gharb.

S'il est vrai que la partie la plus éloquente de cette collection est constituée par des pièces de céramique (celles qui se conservent le plus durablement, tout en résistant à des conditions défavorables), elle est complétée par des pièces de joaillerie, de verrerie, et d'autres produits manufacturés que l'on n'arrive pas encore très bien à intégrer dans le détail de la vie quotidienne. À l'intérieur d'un bol, une belle pièce rare du musée de Mértola, est représentée, selon la technique du *vert et manganèse*, une scène de chasse figurant un lévrier et un faucon attaquant une gazelle. Habilement dessiné et coloré, ce bol appartient à une série – présentant les mêmes forme, technique et style décoratif – dispersée en plusieurs points de la Méditerranée occidentale (Denia, Majorque, Pise et Kairouan). Malgré certaines attributions à des origines ifriqiyennes, des recherches plus récentes n'excluent pas une production dans la péninsule Ibérique.

S. M.

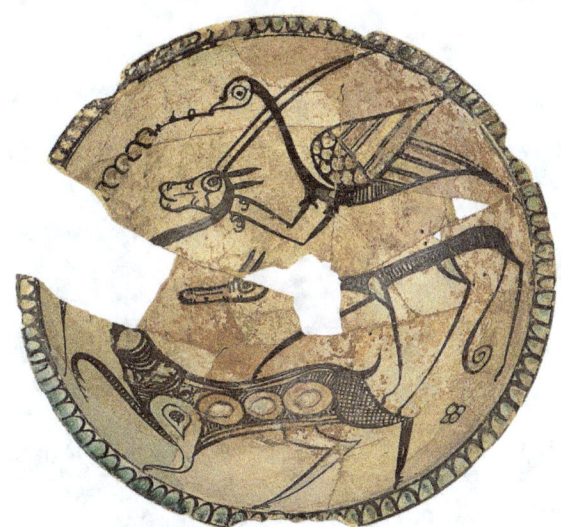

V.5.b **Quartier islamique**

On y accède par la Rua do Cemitério. Horaires: du lundi au vendredi de 9:00 à 12:30 et de 14:00 à 17:30; le quartier est fermé pendant le week-end, mais on peut profiter des visites guidées qu'il faut réserver à l'Office de tourisme, tél.: 286 61 25 73.

Bol décoré d'une scène de chasse, V^e/XIe siècle, Musée de Mértola.

Mértola

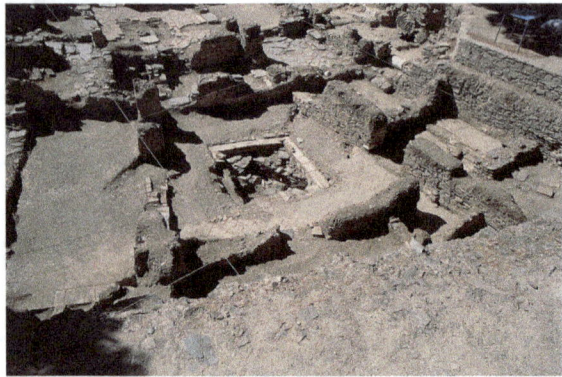

Quartier islamique, fouilles, Mértola.

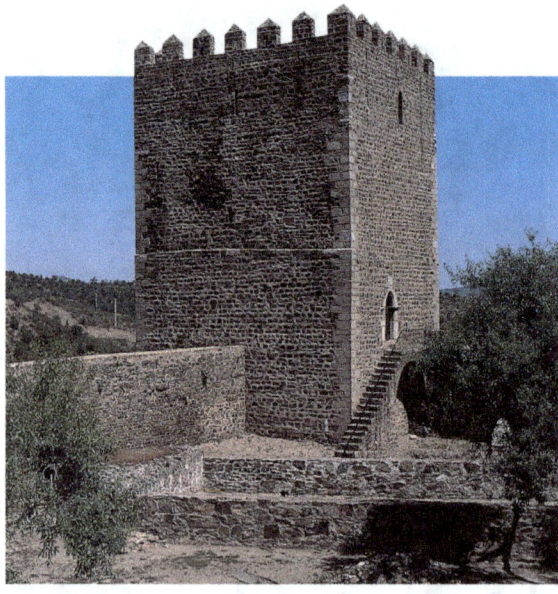

Château, donjon, Mértola.

Sur les restes de la zone palatine romaine abandonnée fut édifié, vers le milieu du VIe/XIIe siècle, un ensemble d'habitations qui n'allait connaître qu'une très brève existence. Abandonné à son tour après la conquête chrétienne de Mértola, ce quartier islamique ne devait pas revoir le jour avant la campagne de fouilles qu'on y effectue actuellement. Une quinzaine de maisons ont pu être identifiées, et l'on pense pouvoir en trouver encore autant. Ces habitations présentent, avec de légères variantes, les solutions architecturales qui furent accumulées par la civilisation gréco-romaine et qui furent diffusées dans tout le monde urbain méditerranéen. Autour d'un patio central découvert s'organisait un ensemble de pièces (des salles, des chambres, des cuisines et des lieux d'aisance) dont chaque fonction était bien définie.

Des restes de murs en pierre de taille et en pisé, des fragments de chaux, des revêtements de sols en brique polie ou avec du mortier, les tuiles rondes trouvées dans les fouilles définissent parfaitement le contexte culturel méditerranéen dont relèvent ces maisons.

À travers la complexe superposition de structures qui est toujours le résultat des interventions archéologiques urbaines, il est encore possible de déceler clairement des restes de rues et de systèmes d'égouts qui sont le témoignage de la dernière occupation de la citadelle islamique.

S. M.

V.5.c Château

La fortification que les chevaliers de l'ordre de Santiago firent construire vers la fin du XIIIe siècle se superpose à des constructions précédentes qui remontent à l'âge du fer et aux périodes romaine et islamique.

Sur les lieux où se trouvent maintenant le donjon et les murailles de l'époque chrétienne passèrent, au cours des millénaires, des soldats romains, des figures comme Ibn Qasi (seigneur de Mértola vers le milieu du VIe/m.XIIe siècle), des commerçants, des artisans et des guerriers.

Du fait des restaurations successives, ainsi que de plusieurs réédifications, peu d'éléments d'époque califale sont facilement reconnaissables. Néanmoins, une analyse plus attentive permet d'identifier la base d'un arc en fer à cheval sur la porte d'entrée et la présence d'une citerne d'origine islamique au centre du châtelet. À proximité de celle-ci, de récentes fouilles archéologiques ont mis au jour une partie d'un ensemble d'habitations abandonné à la fin du Ve/d.VIe-p.m.XIIe siècle.

S. M.

V.5.d Église principale Nossa Senhora da Anunciação
(ancienne mosquée)

Largo da Igreja.
Des visites guidées doivent être réservées à l'Office de tourisme, tél.: 286 61 25 73.

Horaires: de 10:00 à 12:00 et de 14:15 à 17:00.

La mosquée de Mértola fut construite vers le milieu du VIe/m.XIIe siècle sur un emplacement antérieurement occupé par un autre édifice religieux.

La structure de la grande mosquée de Mértola se maintint sans grandes modifications jusqu'au début du XVIe siècle, époque où Duarte d'Armas en réalisa un dessin avec la légende suivante: "église qui fut mosquée". Sur ce précieux document iconographique, on voit représenté un temple avec cinq nefs (chacune avec un toit à deux pentes), et on reconnaît encore le minaret, que les seigneurs chrétiens avaient adapté pour en faire une tour-clocher. La réalisation de travaux d'envergure, pendant la première moitié du XVIe siècle, parut nécessaire devant la dégra-

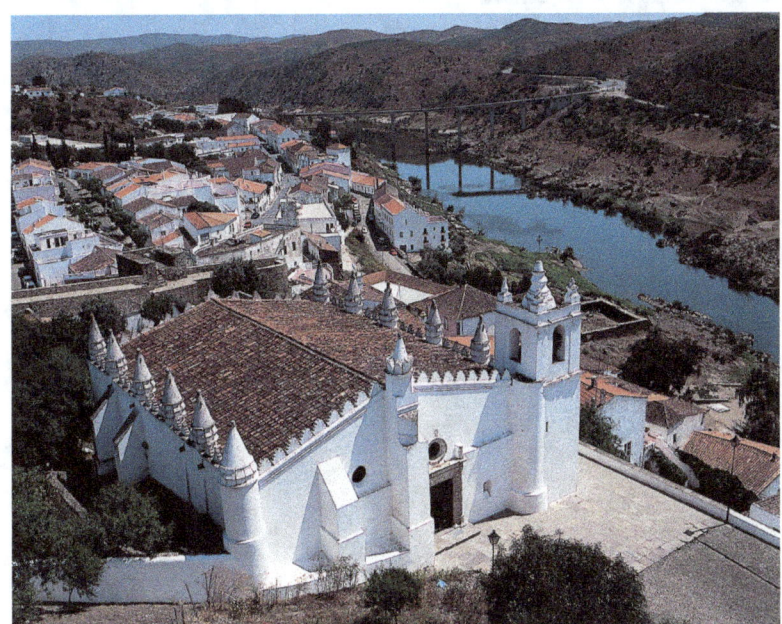

Église principale Nossa Senhora da Anunciação (ancienne mosquée), Mértola.

CIRCUIT V   Un royaume de Taïfa: Mértola

Mértola

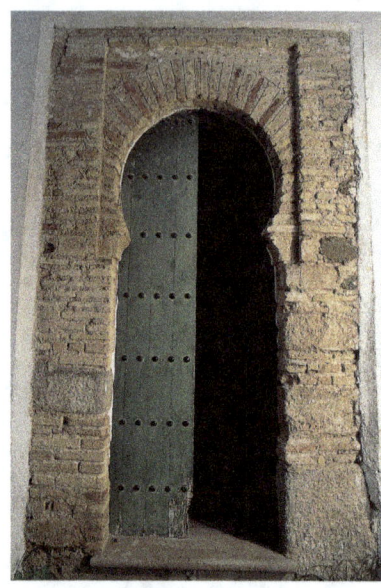

Mosquée, porte, Mértola.

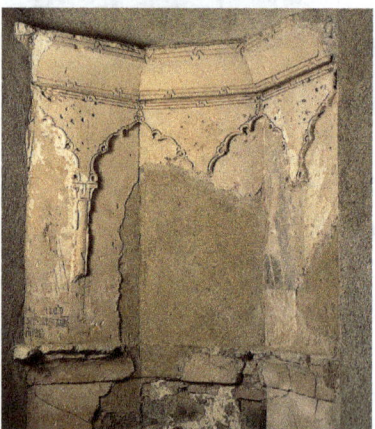

Mosquée, mihrab, Mértola.

voûtement qui rendit obligatoire le rehaussement des murs et la construction de puissants contreforts extérieurs.
À la suite des multiples travaux et restaurations de la mosquée de Mértola ne nous sont parvenus que les murs extérieurs et quatre petites portes (trois d'entre elles ouvertes vers l'ancienne cour, l'autre vers l'extérieur) dont l'arc en fer à cheval légèrement maniéré est entouré d'un *alfiz*. À l'intérieur, on peut encore identifier le *mirhab* à plan polygonal et qui est encore paré d'une décoration en stuc, actuellement dépourvue de sa polychromie, avec trois arcs aveugles polylobés surmontés d'une corniche encadrée par les deux cordons de l'infini, thème qui se répète en haut de l'ensemble.
Même si l'exotisme de l'intérieur peut induire en erreur, le reste de l'édifice provient des travaux du XVIe siècle ou de ceux qui furent accomplis après cette époque. L'actuelle église principale de Mértola est classée Monument national depuis 1910.

S. M.

dation progressive que l'édifice avait subie. Ceux-ci, effectués vers 1530 et payés par D. João de Mascarenhas, modifièrent considérablement la volumétrie de l'édifice. Il faut signaler, en particulier, le

Parc naturel de la vallée du Guadiana
Avec une surface de 70 000 hectares, ce parc naturel s'étend le long du Guadiana, des communes de Mértola et de Serpa, depuis la rivière de Limas jusqu'à la rivière de Vascão qui marque la limite méridionale de l'Alentejo. Au milieu de vastes étendues plantées de chênes-lièges, où surgissent fréquemment de grands oiseaux des steppes comme l'outarde, de longues et sauvages vallées encaissées gardent un boisement méditerranéen dense et vigoureux, où s'abrite une faune variée. À l'intérieur du parc, le fleuve Guadiana coule dans des couloirs rocheux escarpés, qui, parfois, transforment le fleuve en turbulentes cascades.

C. T.

TISSAGE

Santiago Macías

Horaires: du lundi au vendredi, de 9:00 à 12:30 et de 14:00 à 18:00. Bien qu'il soit fermé pendant le week-end, on peut réserver des visites guidées auprès de l'Office de tourisme, tél.: 286 61 25 73.

Pendant des millénaires, les femmes de cette région ont tissé chez elles les couvertures qui protégeaient leurs familles du froid pendant les nuits d'hiver. Tondre la laine, laver, carder, filer, tisser – voilà un cycle repris à l'infini et qui se répéta jusqu'à la fin du XXe siècle, dernier écho d'un mode de vie agricole et pastoral de l'Alentejo méridional.

En danger d'extinction il y a quelques années, cette activité est en train d'être sauvée grâce à un lent travail de restauration qui passe par l'étude et l'identification des patrons, par la concrétisation d'actions de formation professionnelle et qui aboutit à la reprise d'un art que l'on croyait définitivement condamné. La coopérative de tissage de Mértola est, depuis plusieurs années, le dépositaire de tous ces savoirs, qu'elle se charge de diffuser à travers l'exposition et la commercialisation de ses produits.

S. M.

Il est recommandé d'enchaîner avec l'Exposition Musée Sans Frontière espagnole **L'ART MUDÉJAR. L'esthétique islamique dans l'art chrétien** *et d'effectuer la visite du circuit X,* Mécénat nobiliaire et monastique, *qui comprend les villes de Guadalupe, Llerena, Zafra et Calera de León.*

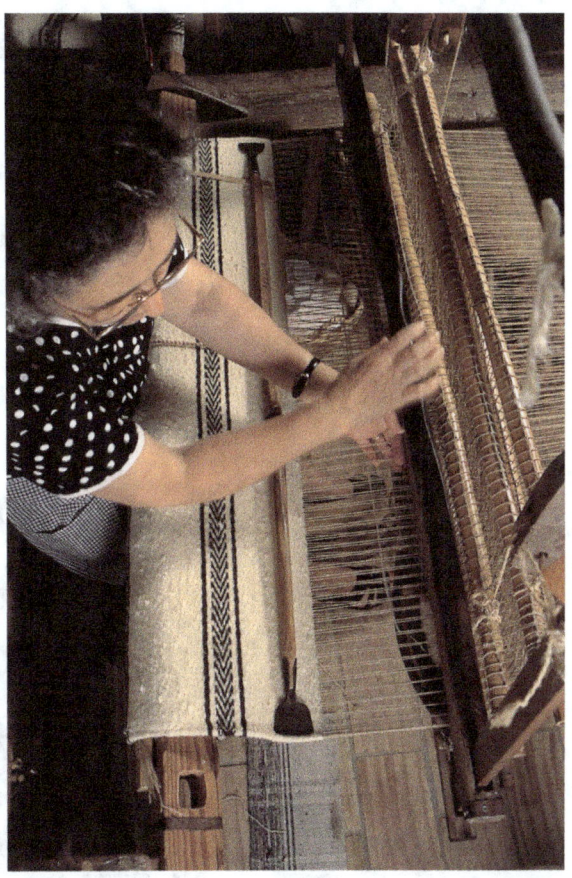

Femme au travail dans l'atelier de tissage, Mértola.

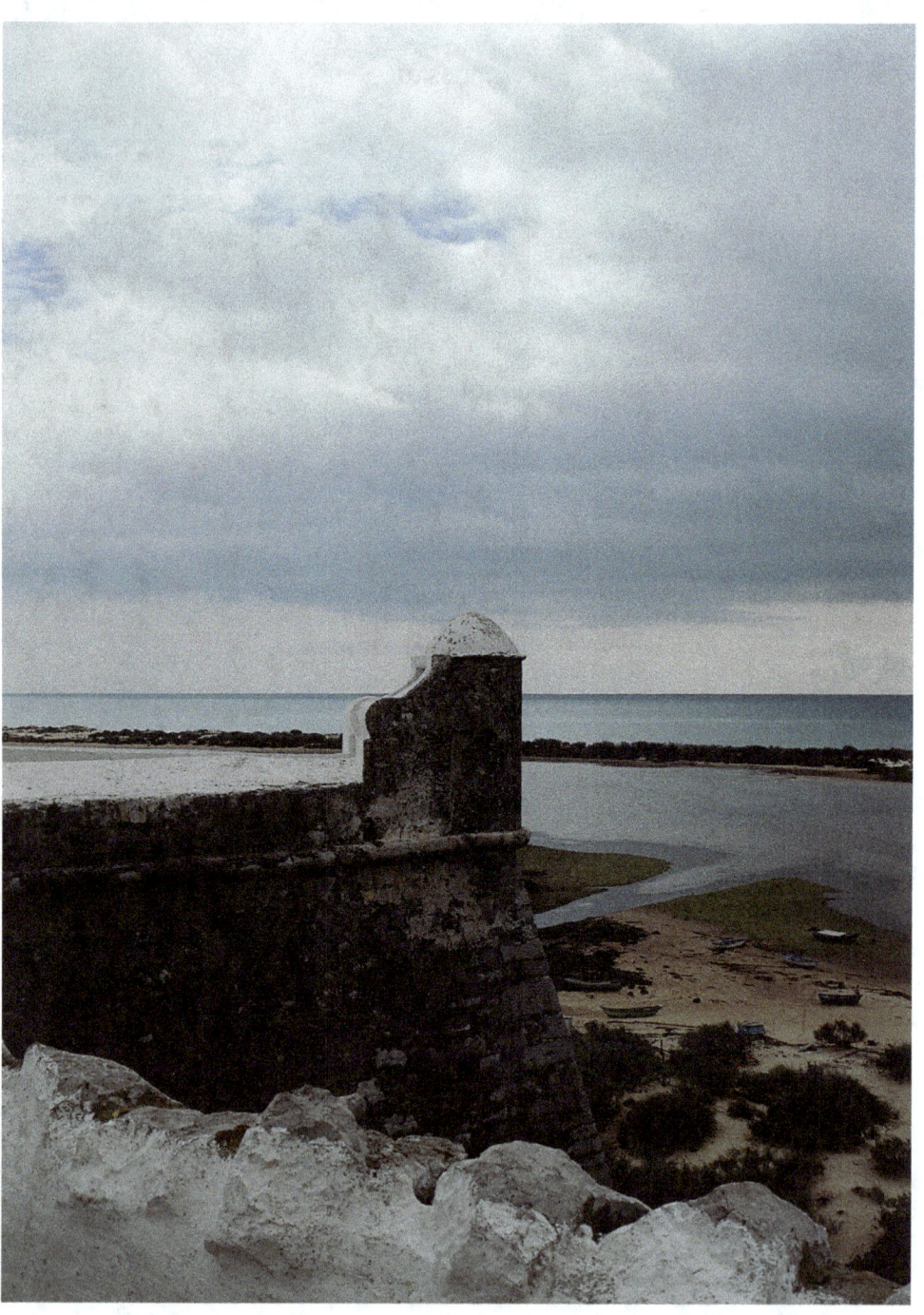

CIRCUIT VI

Le Guadiana: le grand fleuve du Sud

Santiago Macias, Cláudio Torres, Cristina Garcia, Paula Noronha

VI.1 **ALCOUTIM**
        VI.1.a Castelo Velho

VI.2 **CASTRO MARIM** (option)
        VI.2.a Château

VI.3 **CACELA VELHA** (option)
        VI.3.a Ensemble urbain

VI.4 **TAVIRA**
        VI.4.a Ruines de la citadelle du château
        VI.4.b Vase de Tavira

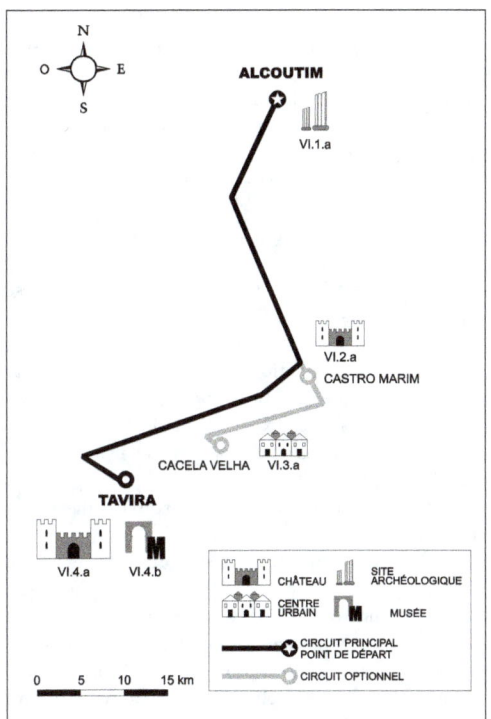

Castro Marim.

Pour les hommes de la Méditerranée qui cherchaient l'Occident, le passage entre les colonnes d'Hercule (le détroit de Gibraltar de nos manuels de géographie) représentait le début d'un ultime parcours. Au-delà du détroit, il y avait encore quelques ports qui valaient le voyage: Cadix, Faro, Silves et, pour ceux qui s'aventuraient dans la remontée du fleuve, Mértola.

De l'embouchure du Guadiana jusqu'aux falaises de Sagres s'étendait une côte tranquille, visitée depuis l'époque pré-romaine par des marchands et des marins, à un rythme qui se maintint sous la domination de Rome et pendant la période islamique. Les terres de la côte sous le vent de l'Algarve ne sont pas, du point de vue monumental, parmi celles que l'on remarque le plus dans le Gharb al-Andalus. Et, d'un point de vue historique, ce sont également des territoires mentionnés d'une manière presque accidentelle, dans une région où les villes de Faro et de Silves exerçaient une attraction forte et permanente.

Cette zone du levant de l'Algarve était, et reste, marquée par de profonds contrastes entre des montagnes, où un peuplement archaïque a persisté presque jusqu'à nos jours, et une côte plus ouverte aux influences cosmopolites. Dans la Serra do Caldeirão (la chaîne montagneuse du Chaudron) sont encore visibles quelques habitations à plan cylindrique, base en pierre de taille et couverture conique en paille ou en genêts. Elles sont aujourd'hui utilisées comme des greniers à foin ou comme des remises et apparaissent dans toute la zone montagneuse de l'Algarve, et même jusque dans les communes actuelles de Mértola et de Almodôvar.

Dans les territoires reculés de l'intérieur sont conduites depuis quelques années plusieurs campagnes archéologiques.

Parmi tout un ensemble de fouilles opérées dans de petites agglomérations, il faut signaler, pour leur taille et leur importance, le Cerro das Relíquias (colline des reliques), près de la rivière de Vascão, et le Castelo Velho (vieux château) de Alcoutim, sur le Guadiana. Pour des raisons d'accessibilité, nous ne conseillons que la visite de ce dernier site. Vers le sud de Alcoutim, le fleuve Guadiana baigne des lieux tels que Montinho das Laranjeiras (colline des orangers) et Odeleite. Quelques-unes de ces localités sont situées sur l'emplacement de stations archéologiques romaines qui vécurent, sans grands soubresauts, jusqu'au Ve/XIe siècle. Sur ces petites plates-formes d'alluvions, les *villae* ont traversé tout le haut Moyen Âge, tout en s'islamisant peu à peu, sans jamais perdre le contact avec les routes commerciales méditerranéennes, ainsi que nous le prouvent les fouilles. Outre toute cette série de *villae* romaines reliées aux grandes routes du commerce méditerranéen, on remarque, le long du fleuve, quelques petites bourgades fortifiées, à l'occupation pré-romaine, et qui étaient encore actives pendant la période islamique.

Au milieu des marécages du Guadiana se détachait la petite colline escarpée où se dresse le château de Castro Marim, dont les occupations punique, romaine et islamique sont bien documentées. Les environs de cette localité ne devaient certainement pas être caractérisés par une grande prospérité. La pauvreté des vestiges de la période islamique, trouvés dans des endroits comme Vale do Boto (vallée du Bot), incline à penser que cette région de terrains souvent inondés était habitée par une population de pêcheurs et de saliniers, certainement sans grandes ressources.

Tavira, en tant que centre urbain, et Cacela, sa sentinelle à l'embouchure du fleuve,

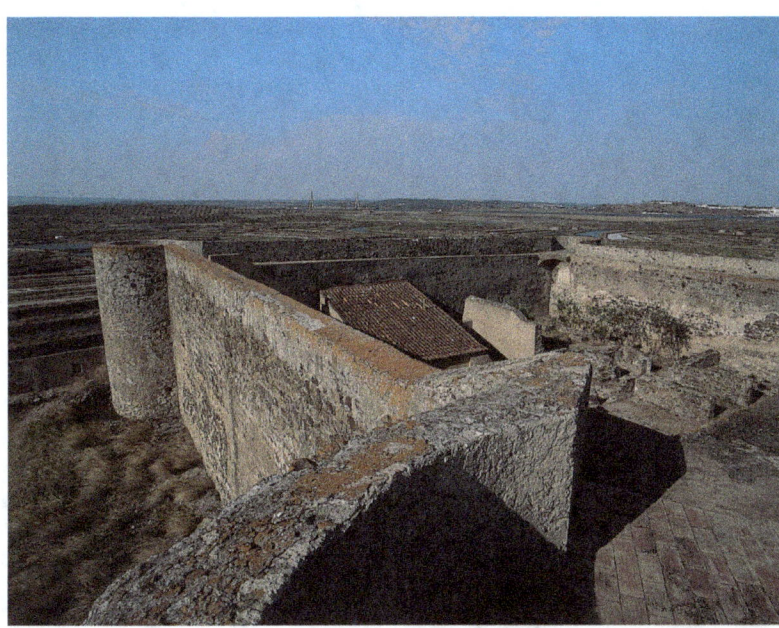

Château, Castro Marim.

étaient les agglomérations les plus importantes de ce territoire, mais ne jouèrent jamais un rôle de premier plan, même au regard de la seule région de l'Algarve. Si la première paraît avoir atteint, d'après la surface occupée et d'après certaines sources écrites, une position importante vers la fin de l'époque islamique, pour Cacela, on attend que les travaux archéologiques en cours fournissent des éléments permettant d'évaluer son importance réelle à cette même époque. Curieusement, ce qui fut déjà prélevé sur le site de cette dernière petite ville (et qui est conservé au Musée national d'archéologie à Lisbonne) souligne plutôt l'importance de Cacela à des périodes plus reculées.

Les zones de peuplement plus important étaient celles qui entouraient la ville de Tavira, là où les potagers, aujourd'hui étouffés par l'urbanisation, nécessitaient des systèmes d'irrigation perfectionnés. Même en tenant compte de la tradition de piraterie qui entoure la Tavira islamique, on peut certainement appliquer à cette côte poissonneuse le témoignage du géographe al-Idrisi (VIe/XIIe siècle) qui, parlant de Ceuta, rapporte: "On y compte plus de cent espèces [de poisson] différentes, mais les habitants se consacrent particulièrement à la pêche du grand poisson que l'on nomme thon et qui se multiplie dans ces parages. On le pêche avec des harpons munis, à leur extrémité, d'hameçons très saillants qui pénètrent dans le corps du poisson et n'en ressortent plus. Le bois du harpon est protégé par de longues ficelles en chanvre. Ces pêcheurs sont si expérimentés et si habiles dans leur travail qu'ils n'ont pas de rivaux en ce monde."

S. M.

Alcoutim · Castro Marim

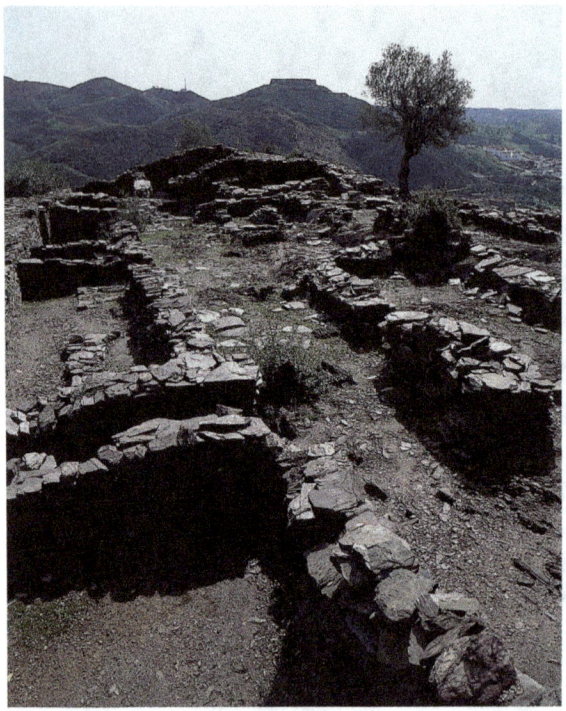

Vieux château, Alcoutim.

VI.1 ALCOUTIM

VI.1.a Castelo Velho

Le château se trouve à 1,5 km de la ville, sur le Cerro de Santa Bárbara.
Renseignements: Praça da República, tél.: 281 54 61 79.

Situé à environ un kilomètre au nord de la ville d'Alcoutim, le vieux château occupe une position stratégique au sommet d'une colline surplombant le fleuve Guadiana. Dans les environs se trouve un important ensemble de petites bourgades rurales et minières de l'époque islamique, qui devaient dépendre du château.

La fortification dut être édifiée au IIIe/IXe siècle, puisque c'est de ce siècle que datent, d'après certaines données archéologiques, les murailles (qui entourent une aire d'un peu plus de 700 mètres carrés), la citerne et les édifices de la première phase de l'occupation. Ayant été habité jusqu'à l'époque des Taïfas, vers le milieu du Ve/m.XIe siècle, le vieux château d'Alcoutim dut être abandonné vers la fin de ce même siècle, et rien ne prouve qu'il ait été habité pendant les périodes almoravide et almohade.

S. M.

En sortant d'Alcoutim, prendre la route 122-1. Environ 6 km après, tourner à gauche et prendre la route 122 en direction de Castro Marim/Vila Real de Santo António.

VI.2 CASTRO MARIM (option)

VI.2.a Château

Renseignements: Praça 1° de Maio, 2, tél.: 281 53 12 32.
Horaires: du lundi au vendredi, de 9:00 à 17:30.

Non loin de l'embouchure du Guadiana, et face à la ville espagnole fortifiée d'Ayamonte, Castro Marim dut être, à l'époque islamique, une petite agglomération fortifiée faisant office d'entrepôt maritime et commercial.
La localité fut très longtemps confondue par erreur avec la "Marsa Hasine" des sources écrites arabes; mais les vestiges de l'époque pré-romaine nous obligent à lui reconnaître une certaine importance au début de l'islamisation. Parmi les ruines de fortifications de différentes époques, il est possible que ce qu'on appelle "Castelo

CIRCUIT VI — *La Guadiana: le grand fleuve du Sud*

Cacela Celha

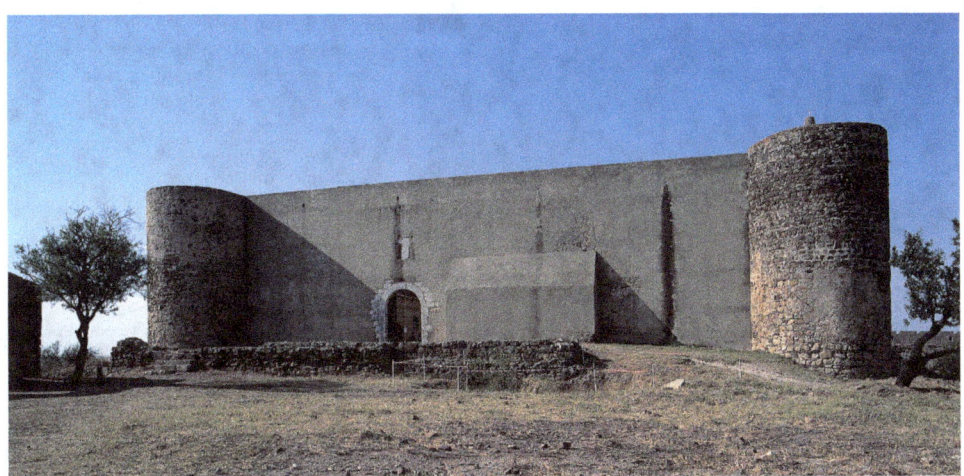

Château, Castro Marim.

Velho" (vieux château) – une enceinte au plan quadrangulaire, renforcée aux quatre coins par des tours semi-cylindriques – corresponde ou se superpose à un château dont la tradition architecturale pourrait être associée aux traditions militaires byzantines et de la période des émirs.

C. T.

Après avoir parcouru 6 km en direction de Faro, tourner à droite et suivre la route 125, dans la même direction. À la hauteur du km 12, tourner à gauche, en direction de Cacela Velha (environ 13 km).
Pour Tavira, continuer sur la route 125 jusqu'au carrefour correspondant.

VI.3 CACELA VELHA (opción)

VI.3.a Ensemble urbain

Pour ceux qui visitent actuellement Cacela Velha, la face visible de son passé historique est constituée par l'église et, surtout, par la silhouette des remparts de la fortification du XVIIe siècle. De la période islamique, seul un petit segment en pisé est conservé dans la partie qui regarde le sud-est. Pourtant, aussi bien cette petite localité que la région qui l'entoure ont joué un rôle important à l'époque en question. Ceci est prouvé par les matériaux archéologiques découverts dans les alentours, ainsi que par le fait d'avoir été le berceau du poète Ibn Darrag al-Qastalli, figure majeure des lettres d'al-Andalus.

Fortification, Cacela Velha.

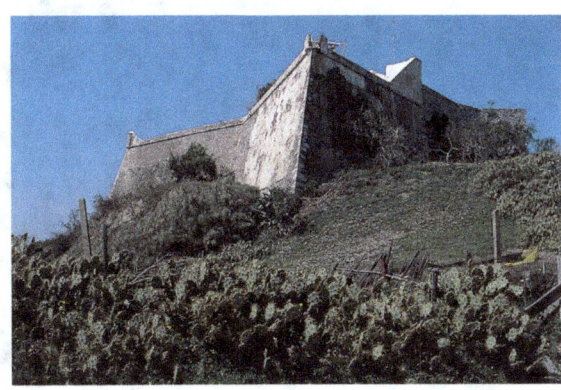

Tavira

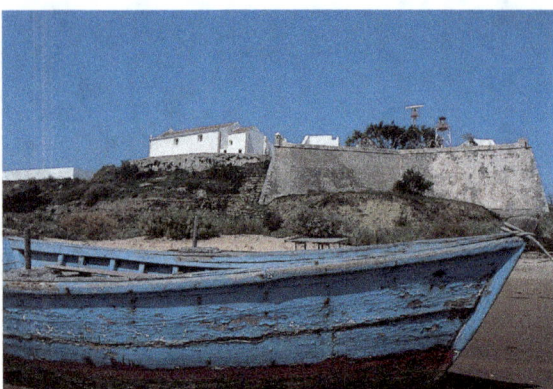

Cacela Velha.

mozarabe Julião (m. 349/961), sont également très connus deux récipients (160 litres) en bronze – l'un appartient à la collection du Musée national d'archéologie, l'autre a disparu –, ainsi qu'une vasque à ablutions qui fait actuellement partie des collections dudit musée.

Indépendamment des résultats qui nous seront certainement fournis, dans un futur proche, par les travaux archéologiques actuellement en cours, l'intérêt de Cacela est attesté, non seulement par la richesse de son passé islamique, mais aussi par la beauté extraordinaire du site où elle se trouve.

S. M.

Pendant la période islamique, comme elle contrôlait l'embouchure du Gilão, Cacela entretint une relation évidente avec Tavira. Mais, pour les rapports entre les deux villes, plus importants encore étaient les terrains fertiles qui s'étendaient entre les deux agglomérations, et dont la richesse est avérée par l'énorme quantité d'objets qu'on y trouva. Outre la stèle de l'évêque

Pour Tavira, il faut reprendre la route 125 en direction de Faro / Tavira (environ 7,5 km).

VI.4 **TAVIRA**

Renseignements: Rua da Galeria, 9, tél.: 281 32 25 11.

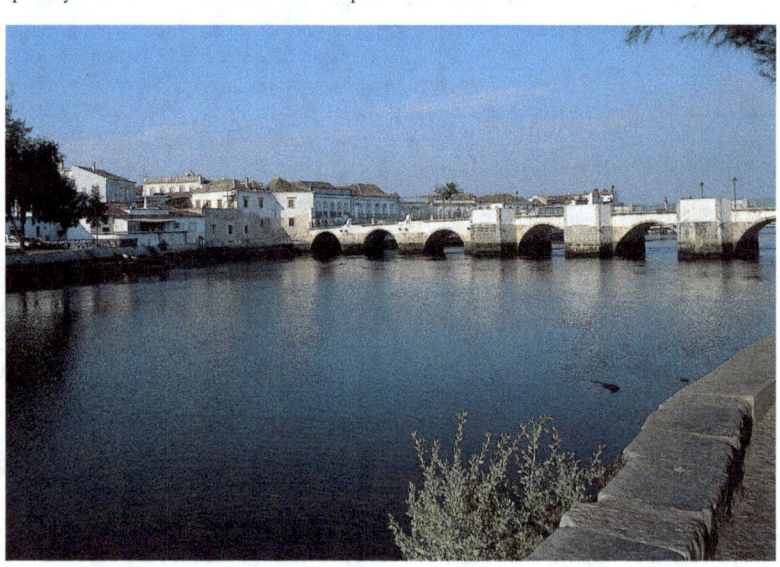

Pont sur le Gilão, Tavira

Tavira

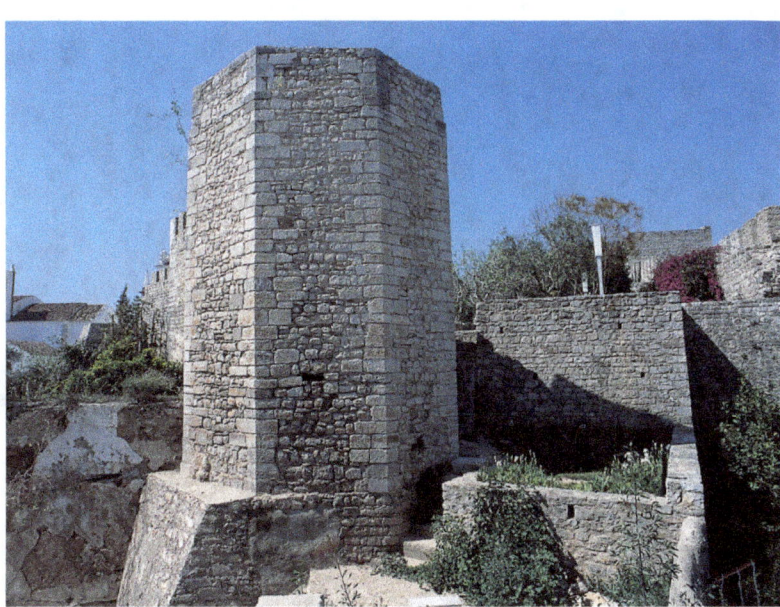

Tour octogonale, Tavira.

Tavira, encore aujourd'hui un des plus beaux ensembles urbains de l'Algarve, se serrait, pendant l'époque islamique, contre la colline qui borde la rive droite du Gilão. Des remparts de cette période nous sont parvenus quelques tourelles et un ou deux fragments de courtine, qu'il n'est pas toujours facile d'identifier.

Dans une ville qui choisit comme symbole de son patrimoine son pont et ses toits en forme de ciseaux, quelques éléments provenant de la période islamique sont cependant à signaler. D'un point de vue topographique, il paraît clair que le bourg mentionné par al-Idrisi et Yaqut comme étant un village ne devait pas être beaucoup plus grand que cela. La surface de cinq hectares reconstruite après l'arrivée des chrétiens indique une santé économique que les récents travaux archéologiques ont prouvée dernièrement.

Aujourd'hui, la Tavira islamique est difficilement reconnaissable, en particulier dans la partie haute de la ville, après les modifications que le temps et les hommes y ont apportées. À l'emplacement d'une probable petite citadelle fut installé un jardin, et l'ancienne mosquée fut remplacée par l'église Santa Maria do Castelo.

Près du fleuve, à côté de l'endroit où se trouve aujourd'hui la Câmara Municipal (mairie), devait se trouver la zone du port, avec ses faubourgs de pêcheurs et de commerçants, sans doute installés à l'aval du pont, près des plages où s'amarraient les embarcations.

S. M.

VI.4.a Ruines de la citadelle du château

Horaires: le lundi, de 9:00 à 17:30; du mardi au vendredi, de 8:30 à 17:30; samedis,

CIRCUIT VI *La Guadiana: le grand fleuve du Sud*

Tavira

Pan de muraille, Tavira.

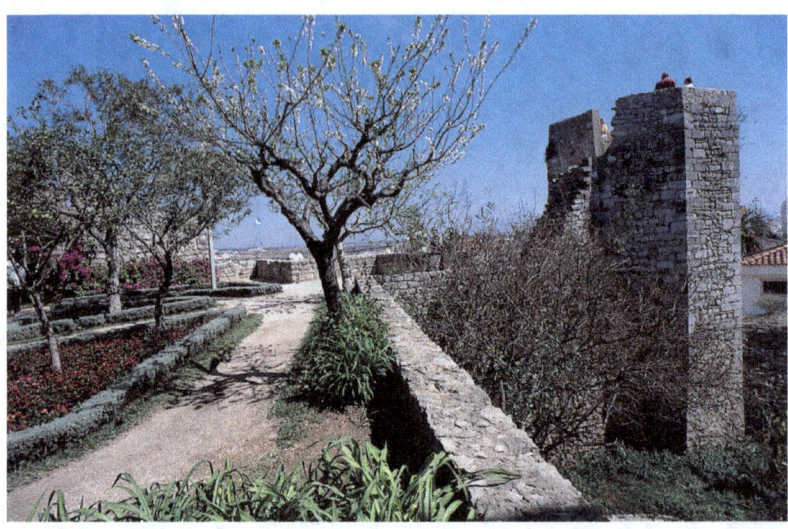

dimanches et jours fériés, de 10:00 à 19:30 (en été) et de 9:00 à 17:30 (en hiver).

Le remplacement de l'ancienne citadelle abandonnée par des jardins ou par des cimetières fut une pratique courante pendant des décennies. Tavira n'échappa point à la règle. À côté de l'église Sainte-Marie du Château (très probablement l'ancienne mosquée) demeurent quelques pans de muraille, que l'on peut difficilement situer en termes chronologiques et qui servent de décor à un petit jardin. La mémoire de la fortification médiévale est encore présente dans une tour octogonale, refaite à plusieurs reprises, et qui fut sans doute édifiée sur la base d'une construction de la période almohade.

S. M.

permis la mise au jour d'un ensemble de matériaux que l'on peut dater du Ve/XIe siècle. On trouve dans cette collection quelques remarquables pièces en terre cuite rouge peinte avec un engobe clair. Parmi celles-ci, il faut signaler un vase (de la forme d'un pot de fleurs) en terre cuite, surmonté d'un extraordinaire ensemble de figures humaines et d'animaux, modelés au goût populaire. Quelques-unes des figures zoomorphes pouvaient sans doute jeter de l'eau, ou un autre liquide, vers l'intérieur du récipient. Trois chevaliers, deux hommes, une femme et une série d'animaux suggèrent la ritualisation d'un enlèvement nuptial.

C. T., S. M.

VI.4.b **Vase de Tavira**

De récentes fouilles archéologiques, conduites par Manuel et Maria Maia, ont

Cette pièce sera exposée fin 2001. Pour plus de renseignements, s'adresser à l'Office de tourisme, Rua da Galeria, 9, tél.: 281 32 25 11.

CIRCUIT VI *La Guadiana: le grand fleuve du Sud*
Tavira

Golfe de Formosa
Cinq îles et deux péninsules de sable protègent de la violence de l'océan une lagune tranquille, avec des canaux entre des marécages, des marais salants et des îlots baignés par les cycles des marées – tout cela caractérise, en Algarve, le Parc naturel du golfe de Formosa. Ayant été reconnu par la Convention de Ramsar, le golfe de Formosa accueille les oiseaux migrateurs du nord et du centre de l'Europe, quelques-uns pendant leur passage vers le continent africain. Ainsi, entre octobre et mars, des milliers d'oiseaux nidifient et se nourrissent sur les dunes, sur les salines, et dans la zone des marécages. On peut y observer des espèces comme l'Hirondelle naine de la mer, le Héron blanc, le Flamand, le "Pilrito", l'"Alfaiate", l'Alcyon à collier, le "Perna longa" (échassier) et la Poule sultane, symbole du Parc naturel.
La discrète tache des marécages, avec leur étrange végétation submergée ou découverte par le flux et le reflux des marées, ainsi que l'extrême mobilité du cordon de dunes, qui présente lui aussi des espèces d'un grand intérêt botanique, constituent un des systèmes les plus productifs et les plus vulnérables connus. Une intense activité économique attache les populations humaines au golfe: il y a la pêche, le ramassage de fruits de mer, la culture des mollusques, la production de sel et la pisciculture; il y a aussi le travail de constitution de réserves et les soins attachés à la reproduction d'espèces telles que la Dorade, le Bar ou le Sargue.
Quand on visite le Parc naturel de la Ria Formosa, il ne faut pas manquer les itinéraires accompagnés par un guide du Centre d'éducation à l'environnement de Marim, ni les promenades en bateau, ni la dégustation des spécialités gastronomiques de la Ria.

C. G., P. N.

Renseignements: Centre d'éducation à l'environnement de Marim, 8700 Olhão, tél.: 289 70 41 34/5.

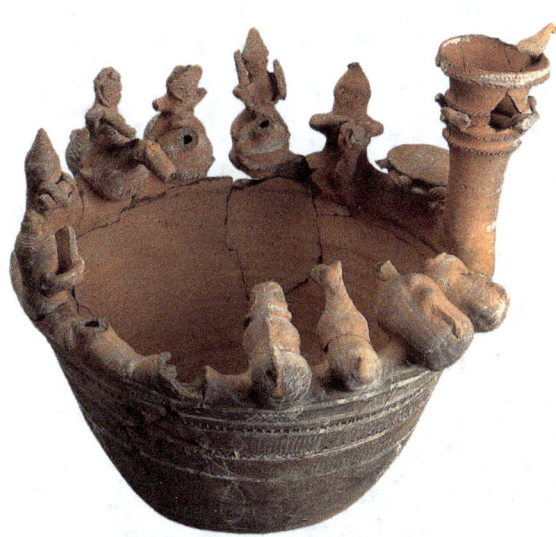

Vase de Tavira,
V^e/XIe siècle.

Niebla
Quand on traverse le Guadiana, à la hauteur de Ayamonte, il suffit de rouler une dizaine de kilomètres pour arriver au bord du fleuve Tinto, là où se trouve l'ancienne ville de Niebla, plusieurs fois capitale d'un vaste royaume qui, pendant la dernière phase de son existence, s'étendit tellement qu'il annexa quelques régions de l'Algarve. Toute la surface de la ville (environ dix hectares) est entièrement entourée par des remparts, qui comptent parmi les plus beaux de ceux qui nous restent en al-Andalus. Leur unique matériau est le pisé et il n'y a que les angles des tours et les portes qui soient construits avec de la pierre de taille (en marbre ou en granit).
À l'intérieur de la ville, il faut aller visiter la vieille église Santa Maria, où les principales structures d'une mosquée almohade viennent d'être mises au jour. Le minaret, encore intact, joue toujours le rôle de clocher.

C. T.

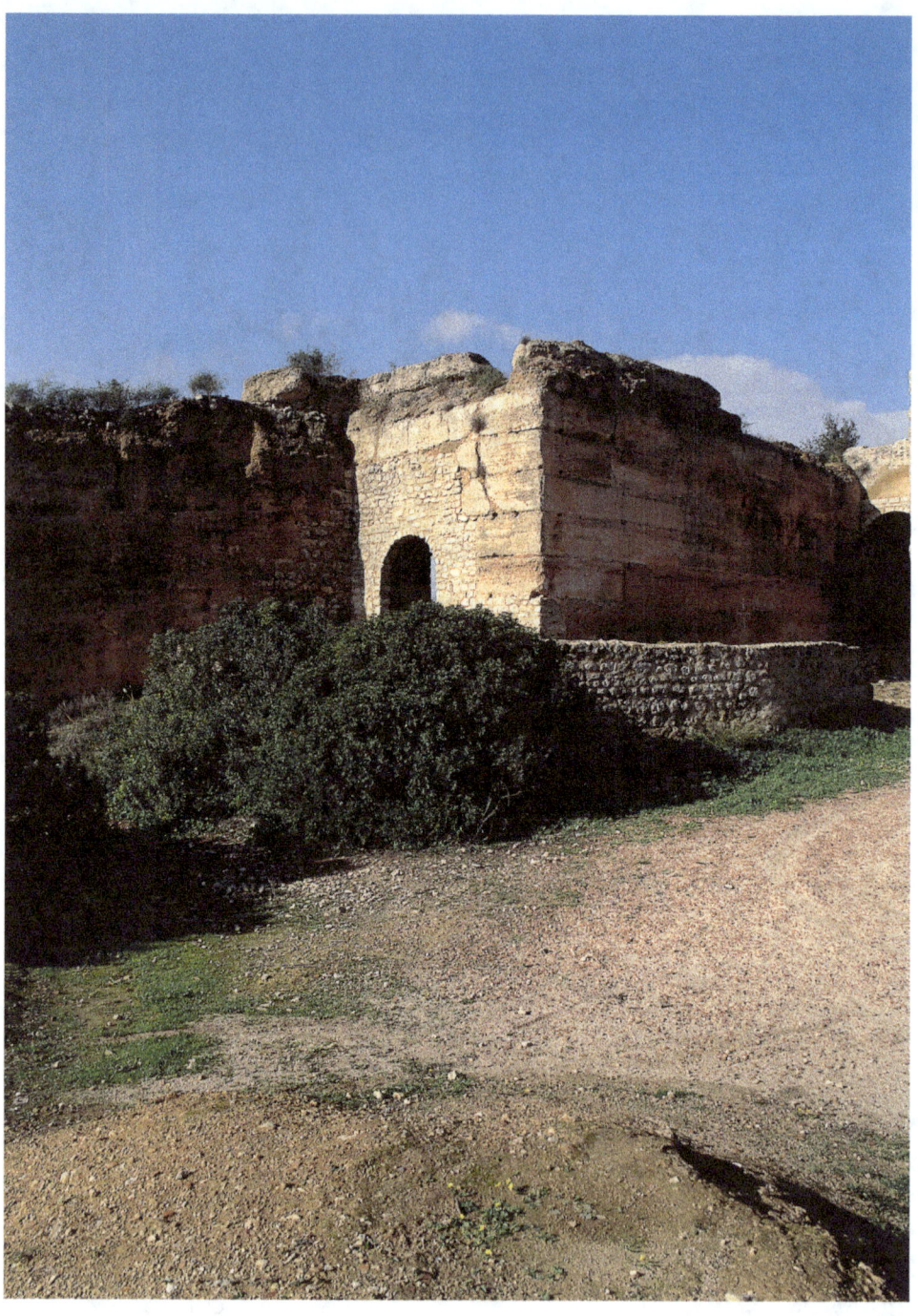

CIRCUIT VII

Entre l'Algarve et la montagne

Santiago Macias

VII.1 FARO
    VII.1.a Musée archéologique et lapidaire Infante D. Henrique
    VII.1.b Porta da Vila
    VII.1.c Arco do Repouso

VII.2 LOULÉ
    VII.2.a Loulé islamique
    VII.2.b Musée de Loulé

VII.3 VILAMOURA
    VII.3.a Ruines du Cerro da Vila

VII.4 SALIR
    VII.4.a Bourgade fortifiée

VII.5 CASTRO DA COLA (option)
    VII.5.a Fouilles du castro

VII.6 PADERNE
    VII.6.a Château

VII.7 ALBUFEIRA
    VII.7.a Musée municipal d'archéologie d'Albufeira

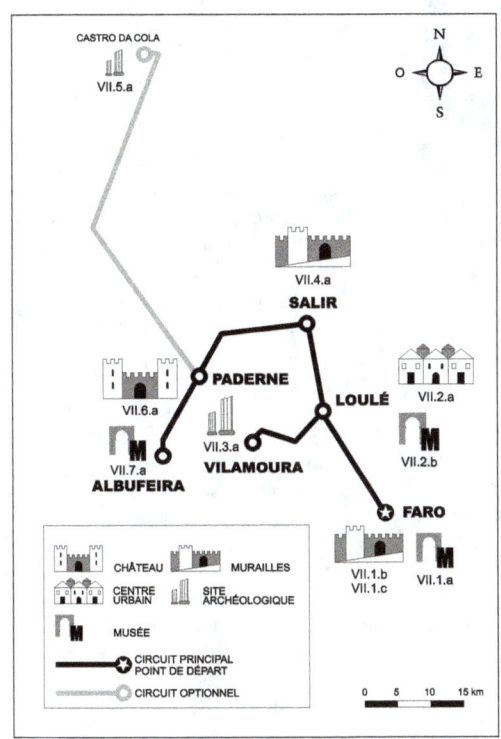

Château, Paderne.

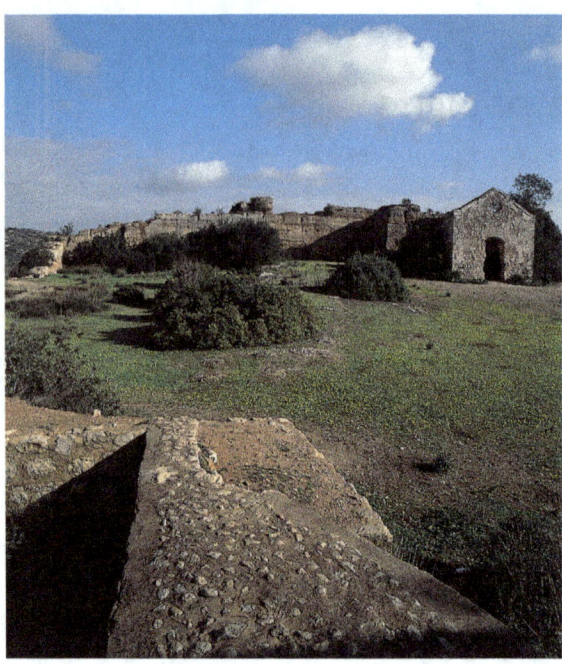

Château, Paderne.

L'histoire de la région de Faro fut marquée, pendant la période islamique, par deux circonstances: la richesse extraordinaire de son territoire et l'importance de la communauté chrétienne mozarabe, qui se maintint, sans jamais faiblir, tout au long de l'islamisation.

En ce qui concerne le premier facteur, nous avons de nombreux témoignages des géographes de la période en question. Al-Razi, al-Himyari et al-Idrisi sont bien clairs à ce sujet. Le premier écrit, vers le milieu du IVe/Xe siècle: "[...] Ossonoba [...] est placée au milieu d'une terre très bonne et très plate, avec de très bons arbres et de bonnes semailles. Dans son territoire il y a de très bonnes montagnes où l'on pourrait élever beaucoup de bétail. Et c'est une terre avec beaucoup d'eaux vives. Et c'est une très bonne terre pour la chasse, aussi bien celle des montagnes que celle des rivières. Et elle est voisine de la mer; elle possède de très bonnes anses où peuvent s'abriter les bateaux. Et on y trouve de beaux potagers bien arrosés et de très bons fruits. Il y a de très beaux pins dans toute la région. Toutes ces richesses en font un des meilleurs lieux au monde. Et dans la rivière d'Ossonoba il y a du très bon ambre."

D'après un autre auteur, al-Bakri, on y exploitait un étain qui n'avait aucun rival au monde tellement il ressemblait à de l'argent.

Par ailleurs, la fertilité des potagers et des jardins en faisait une des régions les plus peuplées du Gharb al-Andalus. Des *villae* romaines, comme celles de Milreu ou de Cerro de Vila (Vilamoura), non seulement ne furent pas abandonnées, mais continuèrent d'approvisionner les marchés urbains. Elles furent habitées jusqu'au Ve/XIe siècle.

L'histoire du territoire et la permanence de la communauté mozarabe sont des facteurs supplémentaires qui avalisent la thèse de la continuité civilisationnelle. Malgré la dépendance de Séville, c'est une famille locale, les Banu Bakr, qui, au IIIe/IXe siècle, détient le contrôle de la région. Le silence des historiens de l'époque au sujet de l'Algarve jusqu'à la première *fitna* et la manière régulière dont se succédaient les gouverneurs obéissant à Cordoue ne peuvent être synonymes que d'une ambiance de paix dans un territoire où la vie se déroulait sans grands soubresauts.

Ce n'est que vers la fin du IIIe/IXe siècle que l'on entend de nouveau parler de la région de Faro, mais dans le cadre de l'autonomie de l'Algarve. Ce fut vers cette époque que Bakr Ibn Yahya Ibn Bakr, un *muwallad* (membre d'une famille indigène convertie à l'islam), prit possession de la ville de Faro, fonda une dynastie et s'empara d'un territoire qui comprenait la ville de Silves et la côte occidentale. Le chroniqueur Ibn Idhari affirmait à son sujet: "Il s'établit à Santa Maria, fit beaucoup bâtir, et transforma la ville en château fort qu'il dota de portes en fer. Il avait toute une administration, des armes, de bons soldats et d'abondantes provisions [...]. On pouvait voyager sur son territoire en toute sécurité."

Converties ou pas à la foi de l'islam, des familles traditionnelles de la région semblent avoir maintenu intact leur pouvoir et paraissent avoir continué à conduire les destinées politico-économiques du territoire.

Pendant les Taïfas du Ve/XIe siècle, son importance redevient évidente: entre 416/1026 et 444/1053, ce furent les Banu Harun, une famille elle aussi *muwallad*, qui contrôlèrent le territoire. Au cours de ce siècle, la ville substitua le nom de Santa Maria au vieux toponyme Ossonoba. Elle avait une église magnifique, avec des colonnes d'argent, comme le racontait la légende. Le nouveau nom mozarabe de la ville fut, dès lors, de plus en plus utilisé, bien que ce soit le mot *harun* (qui venait certainement d'un ancien phare qui s'y trouvait) qui ait fini par être à l'origine du nom actuel de la ville – Faro.

Le littoral de l'Algarve subit, surtout depuis les trois dernières décennies, de profondes transformations qui occultent de plus en plus la face du passé islamique dans les villes, et qui détruisent également les vieux systèmes d'irrigation. Les structures sociales et productives méridionales qui traversèrent, presque inchangées, le Moyen Âge et l'Âge moderne en sont modifiées d'une manière irréversible.

Toutefois, il est encore possible d'identifier, sur le territoire de Faro, tout un ensemble non négligeable de lieux intéressants pour la définition de son passé islamique. Outre la ville principale, où des constructions récentes cachent pratiquement le noyau médiéval, il faut signaler Loulé, avec son enceinte de cinq hectares entourée de remparts, et qui était la seconde agglomération de la région. Dans la zone des ravines, il y a Paderne (Albufeira) et Salir (Loulé), deux fortifications en pisé de l'époque almohade. Sur la côte, le Cerro da Vila (Vilamoura), une station romaine, où les travaux archéologiques s'intéressent aussi au passé islamique du site, est en cours de réhabilitation.

Outre ces lieux, inclus dans ce circuit, beaucoup d'autres sont retenus pour leur toponymie, ou tout simplement parce que, d'après la tradition, il s'agit d'endroits ayant revêtu une certaine importance pendant la période islamique. Le cas le plus significatif est la lagune touristique d'Albufeira, dont le nom laisse supposer qu'il s'y trouvait un port abrité, protégé

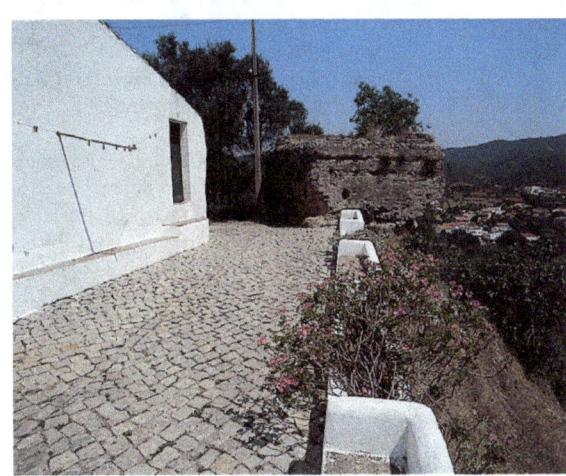

Remparts, Salir.

CIRCUIT VII *Entre l'Algarve et la montagne*

Faro

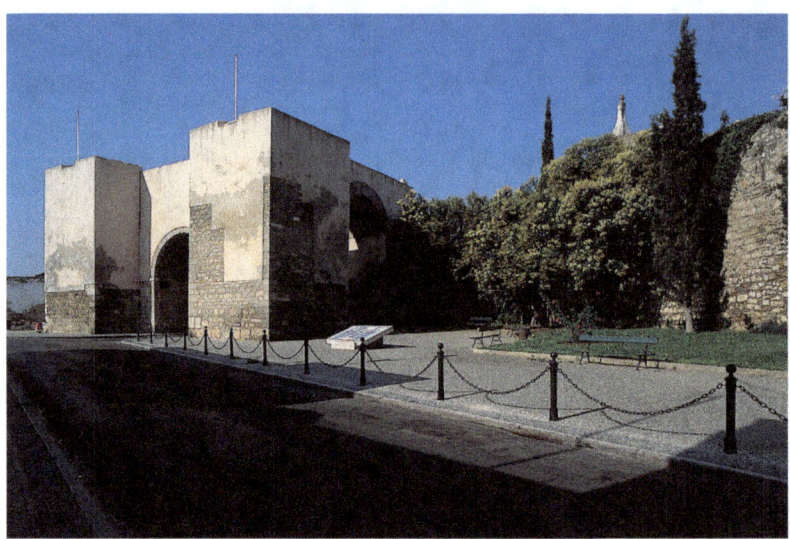

Arco do Repouso, Faro.

de la mer par une péninsule. Il est assez difficile de retrouver aujourd'hui, au milieu des urbanisations modernes, la topographie de la ville médiévale d'Albufeira. La petite crique qui a donné son nom à la ville est aujourd'hui ensablée et couverte de constructions, et l'ensemble de la ville intra-muros, complètement dénaturé, occulte l'emplacement où était implanté le noyau le plus ancien de l'agglomération.

Castro da Cola (la Marachique des textes médiévaux) est située en dehors de cette région. Tout en faisant partie du territoire de Beja, il est inclus dans ce chapitre, pour des raisons de transhumance estivale. Celui qui se dirige vers les plages du Sud passe à une courte distance de cette belle fortification, et peut, sans perdre beaucoup de temps, connaître une parcelle supplémentaire du passé islamique.

S. M.

VII.1 FARO

Renseignements: Rua da Misericórdia, tél.: 289 80 36 04.

"Santa Maria do Garbe est édifiée sur le bord de l'océan et ses remparts sont baignés par les eaux à marée haute. C'est une ville de taille moyenne et très belle. Elle possède une mosquée-cathédrale, une autre mosquée plus petite et une chapelle. Il y a beaucoup de navires qui partent de son port et qui y arrivent. La région produit beaucoup de figues et de raisins secs." Cette description due au Sicilien al-Idrisi à la fin du Ve-d.VIe/d.XIIe siècle paraît évoquer une certaine décadence de Faro vers la fin de l'islamisation, surtout si on compare cette même description avec celle, très détaillée, qu'il fit de la ville de Silves. Avec près de sept hectares de surface intra-muros, Faro était une des plus grandes villes du Gharb al-Andalus. La ville occupait alors une péninsule qui dominait la lagune, ses murs étaient baignés par la mer sur une grande extension. Son port était situé à l'emplacement de l'actuelle place qui se trouve devant la Porte de la Ville, et, vers l'est, les eaux de la mer couvraient les lieux où nous pouvons voir maintenant la place São Francisco.

Les vestiges bien identifiables de la Faro islamique ne sont pas très nombreux. L'usure du temps et les reconstructions successives ne permettent que des lectures topographiques. Mais on peut aussi signaler de rares éléments portant les traces de l'islamisation, et, en particulier la Porta da Vila, qui est exceptionnelle. On connaît également la localisation de l'ancienne citadelle (aujourd'hui recouverte par une usine moderne), ainsi que celle de la mosquée (remplacée par la cathédrale, après la "Reconquête"). On admet généralement que, outre le tracé des remparts, le réseau des voies doit respecter la trame de la période médiévale. On espère que les résultats des fouilles archéologiques qui sont en cours permettront d'ajouter quelques données significatives à ce que l'on sait déjà de l'histoire de Santa Maria du Gharb.

S. M.

VII.1.a Musée archéologique et lapidaire Infante D. Henrique

Praça D. Afonso III, tél.: 289 89 74 00. Entrée payante. Ouvert du lundi au samedi de 10:00 à 18:30.

Installé dans l'ancien Convento da Assunção (couvent de l'Assomption), le Musée archéologique et lapidaire Infante D. Henrique fut fondé en 1894 par le cha-

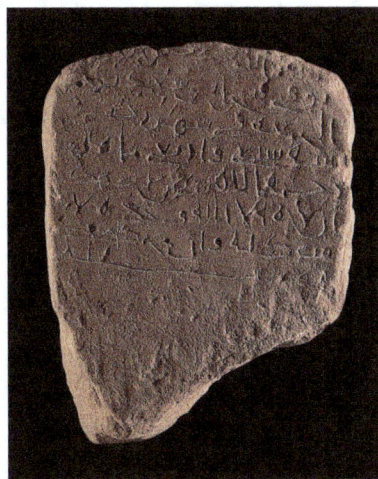

Stèle funéraire en grès, 407/1017, Musée archéologique et lapidaire Infante D. Henrique, Faro.

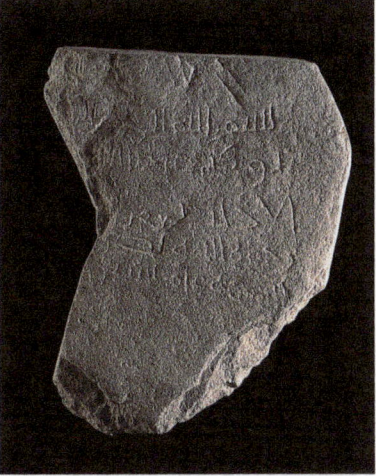

Stèle funéraire en schiste, V^e/XIe siècle, Musée archéologique et lapidaire Infante D. Henrique, Faro.

noine Joaquim Pereira Botto, qui nous a également laissé un intéressant catalogue sur les pièces qui s'y trouvaient alors. Les matériaux romains y sont prédominants, mais les collections incluent des éléments de toutes les périodes.

Faro

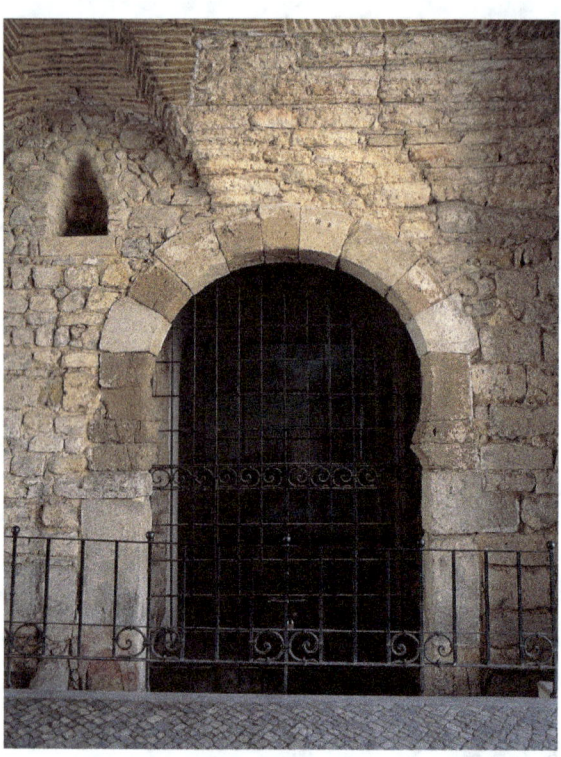

Porta da Vila, Faro.

Le musée conserve dans ses réserves un ensemble de pièces de céramique almohades, qui fut trouvé à proximité de la Sé (cathédrale) dans les années trente. Cependant, c'est sa collection, petite mais significative, de documents épigraphiques qui évoque le mieux le passé islamique de la région.

La collection de cinq stèles gravées du musée de Faro provient de différents points de l'Algarve. Parmi ces stèles, la plus importante est celle qui célèbre la construction d'une tour dans la ville de Silves, en 624/1227, peu avant la reconquête de la ville. Les autres stèles sont funéraires. L'une d'entre elles provient de la zone d'Odeleite, l'autre du Sitio das Pontes (lieu des ponts) – Salir. L'inscription trouvée à Silves vers la fin du XIXe siècle, alors qu'on creusait une tranchée, signale la construction d'une tour. Son texte est le suivant: "Au nom de Dieu, le Clément, le Miséricordieux. Que Dieu bénisse Muhammad et sa famille. La construction de cette tour fut commandée par l'émir [...] fils de [...] Abou Youssouf, fils du calife, émir des croyants, Abou Ya'qoub, fils du calife, émir des croyants, Abou Muhammad Abd al-Mou'min Ibn Ali – que Dieu accepte ses bonnes œuvres et qu'Il lui pardonne les mauvaises ! Et ceci, pendant le mois du Ramadan de l'année 624."

La stèle funéraire de l'année 407/1017, trouvée près de Salir il y a environ trente ans et rendue publique par Martim Velho, présente le texte suivant: "Au nom de Dieu, le Clément, le Miséricordieux, Mourut [...] Ibn Saïd, le vendredi du mois de *rajab* de l'année 407. Que Dieu ait compassion de lui. Il témoignait qu'il n'y a pas d'autre Dieu que Dieu, l'Unique, qui est sans égal, et que Muhammad est son serviteur et son envoyé."

Le Convento de Nossa Senhora da Assunção est classé Monument national depuis 1948.

S. M.

VII.1.b Porta da Vila

Située à l'intérieur de l'arc qui donne accès à la zone intra-muros de la ville.

Construit entre la fin du IIIe/f.IXe siècle et le milieu du Ve/m.XIe, ce monumental arc outrepassé, qui fait aujourd'hui partie du corps (du XVIIIe siècle) de la Porta da Vila est une des plus anciennes et des plus imposantes constructions de la période islamique qui existent au Portugal. Les voussures qui

composent cet arc, avec une alternance de différentes gammes chromatiques, le rapprochent des modèles classiques andalousiens et suivent le principe mis en pratique dans la Grande Mosquée de Cordoue.
La Porta da Vila est classée Monument national depuis 1910.

S. M.

VII.1.c **Arco do Repouso**

Situé entre les places São Francisco et D. Marcelino Franco.

L'Arco do Repouso, une porte monumentale ouverte vers l'est, fut entièrement remanié au XVIIIe siècle, ce qui nous empêche de savoir si son tracé était axial ou coudé. Deux anciennes tours d'enceinte, probablement de l'époque almohade, complètent cette structure hors du commun, qui fit l'objet d'une restauration récente. Un peu plus au sud, le pan de remparts, jadis abordé par les marées, présente encore quelques tours à base semi-cylindrique et aux caractéristiques de tradition byzantine qui datent certainement du Ve/XIe siècle, même si elles ont été remaniées ultérieurement.

S. M.

Pour Loulé, suivre la route 125 en direction de Portimão/Loulé jusqu'au croisement avec l'IP1. Continuer par la route 125-4 (environ 17 km).

VII.2 **LOULÉ**

VII.2.a **Loulé islamique**

Renseignements: Édifice du château, tél.: 289 46 39 00.

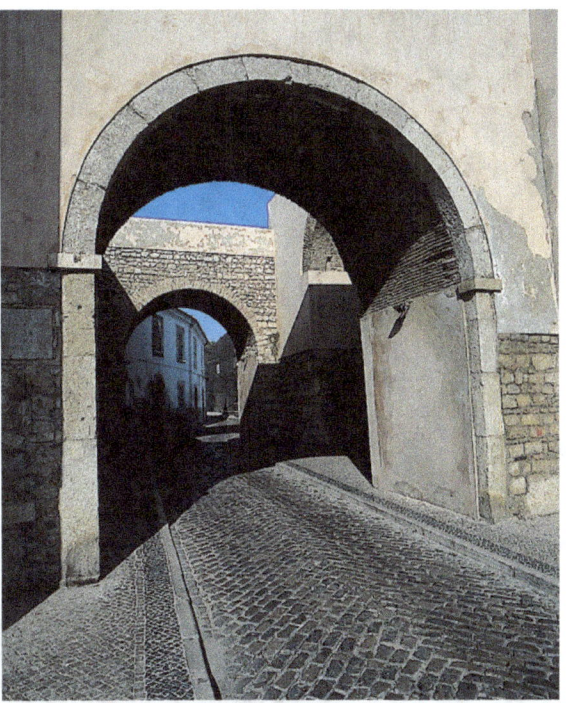

Arco do Repouso, Faro.

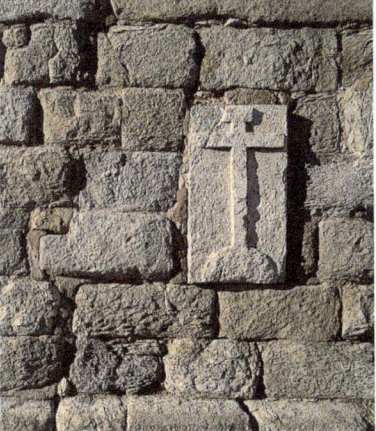

Église São Clemente, détail, Loulé.

143

CIRCUIT VII   *Entre l'Algarve et la montagne*

Loulé

Église São Clemente, Loulé.

Bol en "vert et manganèse" et vase en "cuerda seca" partielle provenant de Vilamoura, IVe / Xe siècle, Musée de Loulé.

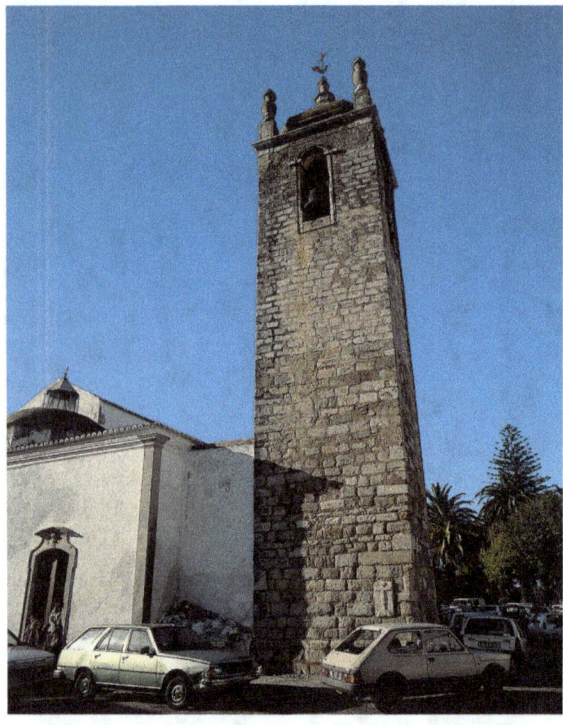

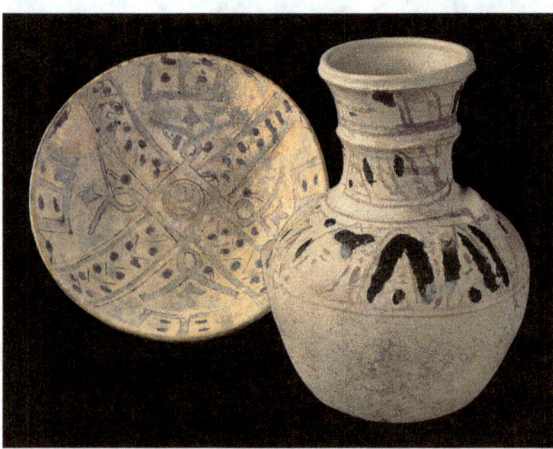

De la Loulé islamique, nous avons décidé de retenir essentiellement le nom (*al-Ulya*: la colline), le tracé des remparts et l'emplacement de la mosquée. Mais par-delà ces rares indices, environ cinq hectares d'enceinte entourée de remparts témoignent d'une grandeur qui n'a pas d'écho dans les sources écrites de l'époque.

Quelques éléments d'architecture attestent l'importance de l'islamisation à Loulé, et il faut y ajouter des traces dans la mémoire collective, qui sont bien visibles dans l'actuel marché municipal, de style néo-arabe. Il faut signaler tout d'abord les grosses tours en pisé, que l'on peut voir dans la partie méridionale de l'ancienne fortification. On remarquera ensuite la présence de la tour-phare de la mosquée de la ville, sur laquelle fut construit le clocher de l'église São Clemente. Malgré les références iconographiques au minaret de la mosquée de Mértola, et bien que nous ayons connaissance de la stèle fondatrice de celle de Moura, nous pouvons presque affirmer que Loulé peut s'enorgueillir de l'unique tour-phare dont la base soit parvenue jusqu'à nous. Ceci paraît avéré par la disposition des pierres de taille (qui obéit à une ancienne technique de construction), par la localisation de la tour par rapport à l'église et même par l'orientation du temple qui échappe aux canons établis.

S. M.

VII.2.b Musée de Loulé

Rue D. Paio Peres Correia, juste à côté des murailles du château.
Horaires: du lundi au vendredi, de 9:00 à 17:30; le samedi, de 10:00 à 17:30; fermé le dimanche.

Le Musée archéologique de Loulé est installé dans la Mairie, un édifice récemment restauré et qui abrite également les

CIRCUIT VII   *Entre l'Algarve et la montagne*
Loulé

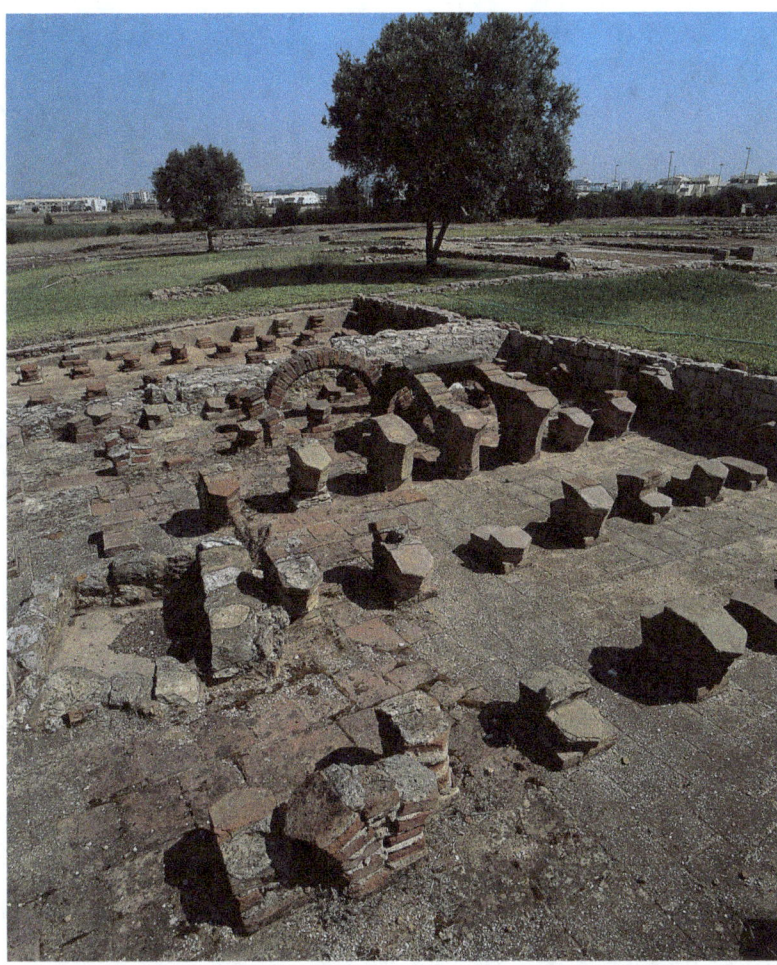

Ruines du Cerro da Vila, Vilamoura.

Archives historiques municipales. Les objets exposés, répartis dans deux salles, sont disposés selon la traditionnelle séquence chronologique, qui commence avec des matériaux préhistoriques et qui se termine à l'époque moderne.

La période islamique est représentée par des matériaux provenant de deux sites archéologiques de la région: le château de Salir (au nord de Loulé) et le Cerro da Vila (colline de la ville), dans la station balnéaire bien connue de Vilamoura. Les objets en céramique dominent, mais on peut également y regarder un ensemble de tours de quenouilles, utilisées pour filer.

S. M.

Ruines du Cerro da Vila, Vilamoura.

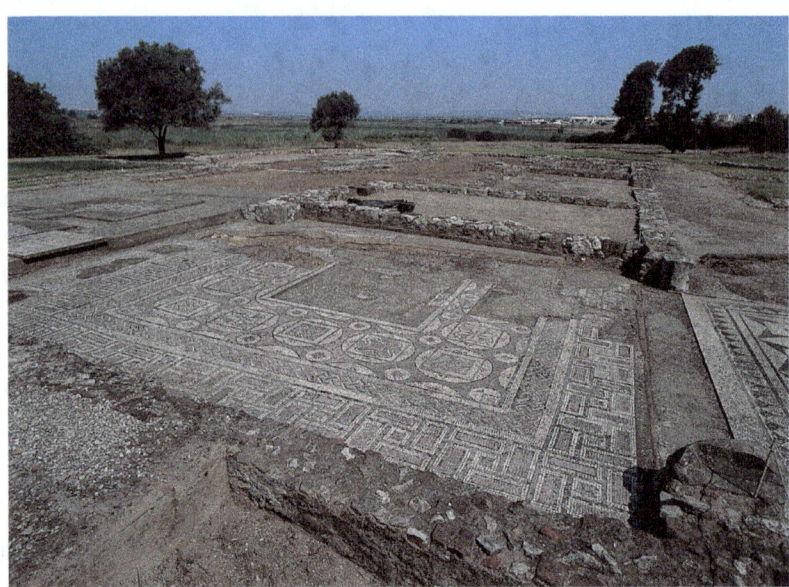

Pour aller au Cerro da Vila, à Vilamoura, suivre la route 396 en direction de Quarteira. Tourner à droite au croisement pour Vilamoura et continuer jusqu'au Cerro da Vila (environ 13 km).

VII.3 **VILAMOURA**

VII.3.a **Ruines du Cerro da Vila**

Avenida Praia da Falésia, Vilamoura, tél.: 289 31 21 53.
Entrée payante. Horaires: de 9:30 à 12:30 et de 14:00 à 18:00.

Cette station archéologique est connue depuis le XIXe siècle, mais les fouilles systématiques n'ont commencé qu'il y a une trentaine d'années avec le lancement du grand complexe touristique de Vilamoura. Depuis lors, on a sorti de terre une grande partie d'une *villa* romaine qui fut habitée continuellement jusqu'à l'époque califale (IVe/X[e]-V[e]/XIe siècles).

Les mosaïques et les vestiges d'une imposante structure balnéaire, voilà ce qui s'impose au premier abord de cette station archéologique bien tenue. Mais l'islamisation est aussi présente dans des produits manufacturés, recueillis dans plusieurs silos et fosses, et qui sont actuellement exposés au Musée archéologique de Loulé et dans le Centre archéologique de Vilamoura. Le Cerro da Vila est aussi un lieu emblématique pour l'archéologie islamique au Portugal. C'est là que l'on prêta attention, pour la première fois, à l'occupation médiévale d'un site romain, et c'est là que, pour la première fois, on s'attacha à l'étude systématique d'une collection de céramiques islamiques, où l'on remarque, à côté de luxueuses pièces en *vert et manganèse* et en *cuerda seca*, des objets d'origine populaire et de fabrication locale. Parmi ces derniers prédominent les produits manufacturés de tradition archaïque, décorés avec un réseau géométrique serré tracé avec un engobe blanc ou rouge. Il faut signaler tout particulièrement des bols vitrifiés, que l'on peut dater du IVe/X^e et du Ve/XIe siècle, et qui constituent la partie la plus significative de cette collection.

Les ruines du Cerro da Vila sont classées Édifice d'intérêt public depuis 1977.

S. M.

Revenir sur la route 396, prendre la direction de Loulé, continuer jusqu'au croisement avec la route 124 à Barranco Velho; là, tourner à gauche pour Salir.

VII.4 SALIR

VII.4.a Bourgade fortifiée

Renseignements: Édifice du château à Loulé, tél.: 289 46 39 00.

Non loin de Loulé, en allant vers le nord, on trouve l'agglomération de Salir. Sur une petite colline fortifiée, dominant une vallée fertile, au milieu d'un ensemble de ravines, en Algarve, on peut encore y identifier quelques vestiges du passé islamique. Outre un ensemble de structures de maisons, où l'on a entrepris des fouilles, on peut voir à Salir, datant de cette période, cinq grosses tours en pisé militaire vraisemblablement de l'époque almohade.

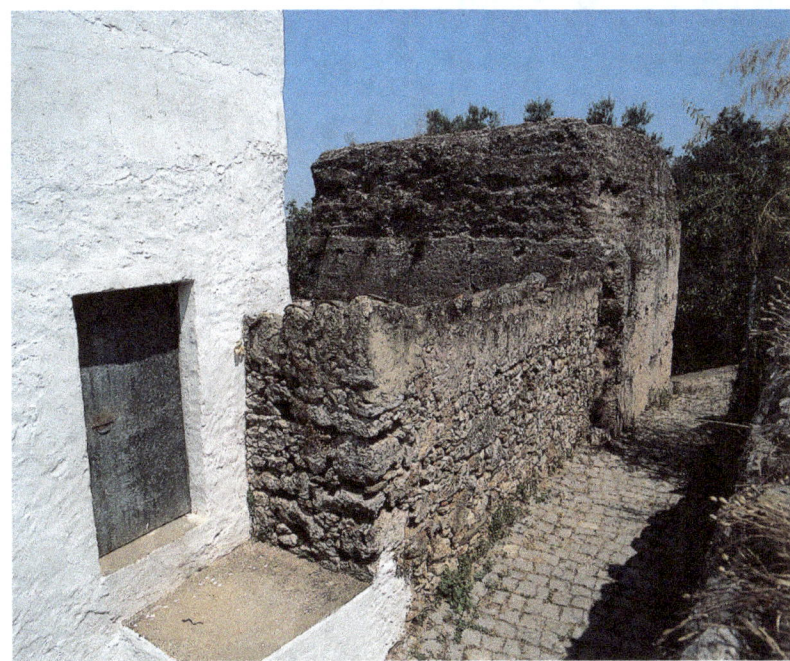

Remparts, Salir.

Castro da Cola

Leur typologie tend à le confirmer; de plus, les murs extérieurs présentent des peintures typiques à la chaux, imitant des pierres de taille de grandes dimensions.

L'absence de citadelle et la modeste surface de l'espace intra-muros incitent à penser que Salir dut être une petite bourgade communautaire servant d'abri ou de refuge aux paysans qui, pendant la journée, travaillaient dans les champs alentour. Près de Salir fut trouvée une stèle funéraire de la période islamique qui peut être admirée au Musée archéologique et lapidaire Infante D. Henrique à Faro.

S. M.

Pour Paderne, revenir sur la route 124 et prendre la direction de Benafim/Alte. En arrivant à Portela de Messines, tourner à gauche, comme pour aller à Albufeira, et suivre cette route jusqu'à Paderne. À l'entrée de la ville, il faut tourner à droite, dans le sens de la "Fonte" (fontaine), et, à partir de là, suivre un chemin en terre battue qui se trouve sur la droite.

Pour Castro da Cola, suivre la route 12 jusqu'aux abords de São Bartolomeu de Messines, continuer par l'IP1 en direction de Lisbonne et en sortir, un peu avant Ourique, à Castro da Cola.

VII.5 **CASTRO DA COLA** (option)

VII.5.a **Fouilles du castro**

Renseignement: Mairie de Ourique, tél.: 286 51 00 30.

Le Castro (ruines pré-romaines) da Cola, classé Monument national depuis 1910, se trouve à quelques kilomètres au sud de Ourique; la route d'accès pour s'y rendre est

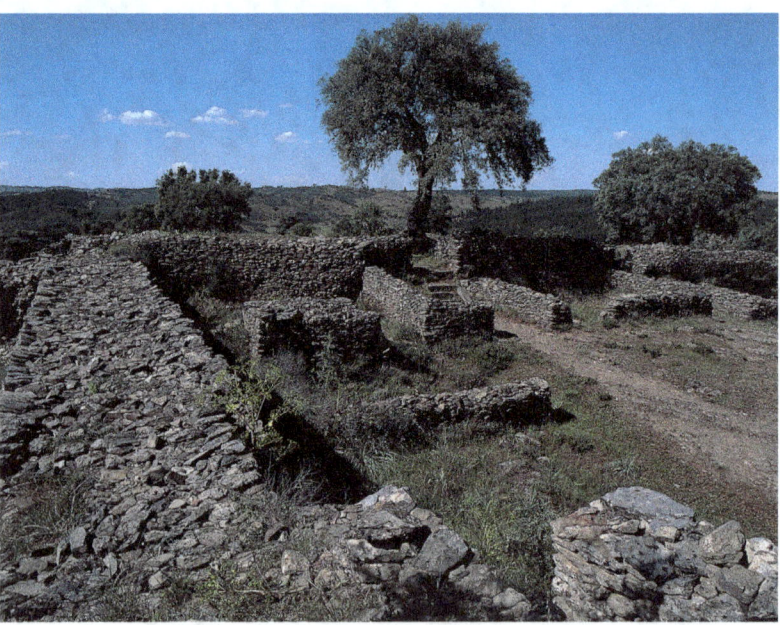

Castro da Cola.

CIRCUIT VII   *Entre l'Algarve et la montagne*
Castro da Cola

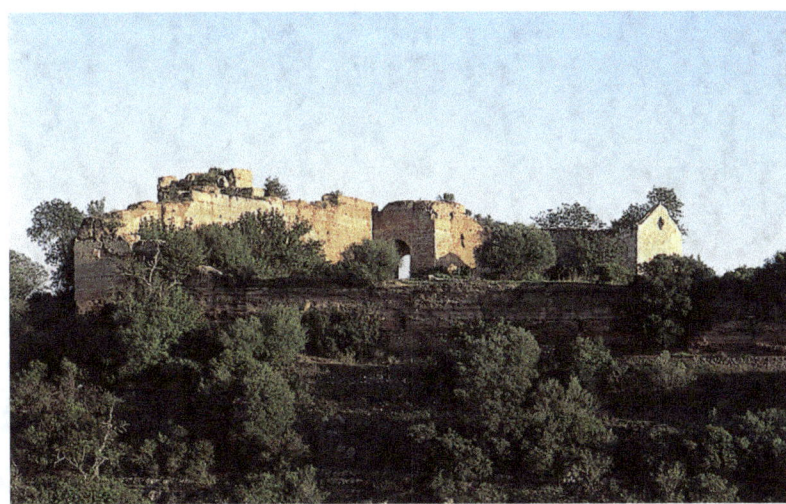

Château, vue générale, Paderne.

signalée à partir de l'IP1. Il fait partie du Circuit archéologique de la Cola, un ensemble de sites archéologiques de plusieurs époques, et ce *castro* est le plus important d'entre eux. Cité par différents lettrés depuis la fin du XVIe siècle, le Castro da Cola ("Marachique", dans les documents médiévaux) attira l'attention d'André de Resende, de D. Frei Manuel do Cenáculo et de José Leite de Vasconcelos. Mais ce fut l'archéologue Abel Viana qui effectua, à partir de 1958, des fouilles systématiques, qui furent interrompues par son décès survenu en 1964.

À la période islamique, nous pouvons sans doute attribuer l'enceinte entourée de remparts (pourtant très remaniée), les habitations mises au jour par Abel Viana et la citerne qui assurait l'approvisionnement en eau de la population. Vraisemblablement, la Cola était une petite agglomération de type communautaire, sans citadelle, et dont la structure ressemble à celles de Salir, de Moura et de Portel. Dans la nécropole — qui devait se trouver à l'emplacement de l'actuelle Ermida da Senhora da Cola (petite chapelle de Notre-Dame de la Cola) — furent trouvées plusieurs stèles funéraires, écrites en arabe, dont une est conservée au musée du Carmo à Lisbonne.

Les matériaux prélevés pendant les fouilles — et qui sont actuellement conservés dans le Musée régional de Beja — couvrent toute une période qui s'étend depuis l'émirat (IIIe/IXe-IVe/Xe siècles) jusqu'à l'époque almohade, bien qu'on sache que ce *castro* fut occupé depuis le néolithique. Certains éléments architecturaux, comme l'arc d'entrée du château (partiellement détruit), prouvent également l'occupation du Castro da Cola après la "Reconquête". Le Castro da Cola est toujours particulièrement animé pendant une fête religieuse et populaire qui s'y déroule tous les ans en septembre.

S. M.

Revenir à l'IP1 et continuer en direction d'Albufeira. Prendre la route 124 jusqu'à Portela de Messines et continuer par la route 395 jusqu'au croisement de la route de Paderne.

CIRCUIT VII *Entre l'Algarve et la montagne*
Paderne

Château, Paderne.

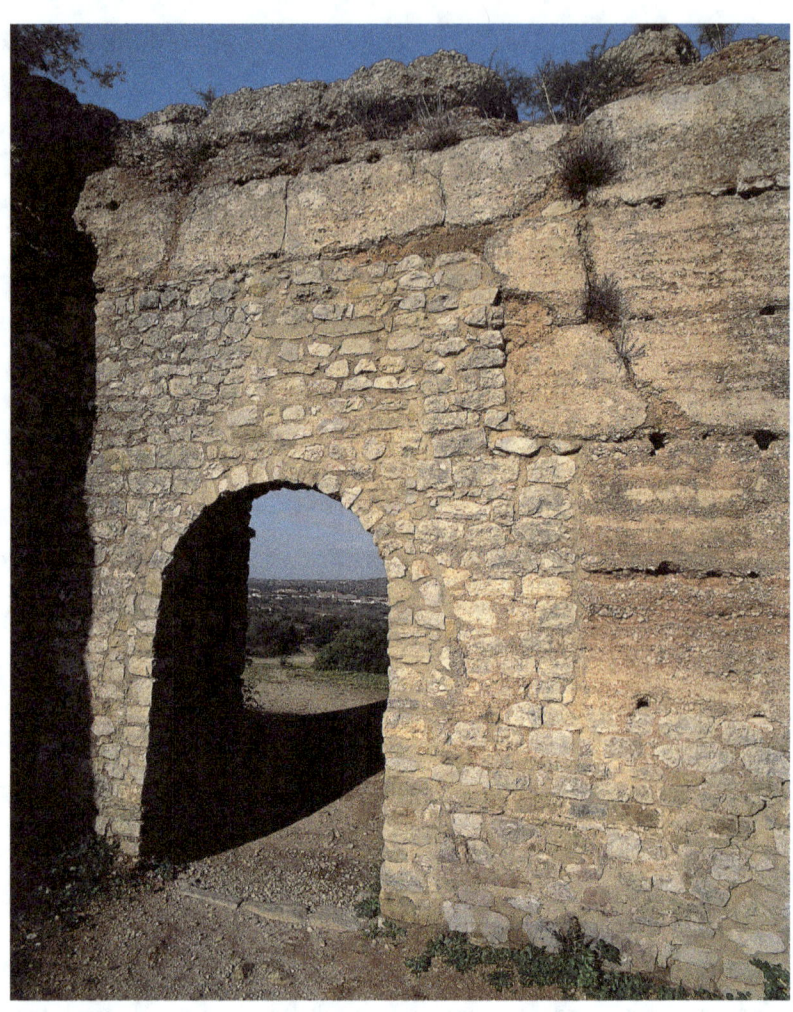

VII.6 **PADERNE**

VII.6.a **Château**

Le château se trouve à deux kilomètres au sud de la ville de Paderne.

Renseignements: Rua 5 de Outubro à Albufeira, tél.: 289 58 52 79.

Le château de Paderne, une imposante fortification en pisé militaire de l'époque almohade, est situé en plein milieu de la zone de ravines de l'Algarve, à un peu plus d'une dizaine de kilomètres d'Albufeira quand on se dirige vers le nord. Sa situation, sur une élévation de terrain très escarpée, et le fait qu'il soit entouré sur une grande partie de son pourtour par la rivière de Quarteira rendaient Paderna presque imprenable.

L'enceinte, avec un peu plus de 1 000 mètres carrés, conserve encore une bonne partie de ses remparts en terre rouge; il faut aussi signaler, sur le côté nord-est, la porte en forme de coude et une tour à plan quadrangulaire reliée au pan de muraille par une passerelle. À l'intérieur de la fortification, on identifie facilement les ruines du XVIe siècle de la Capela de Nossa Senhora do Castelo, dont la construction d'origine doit dater du XIVe siècle. Il y a aussi l'entrée d'une citerne, à côté de la muraille sud.

Les précisions fournies par la *Crónica da Conquista do Algarve* – "[...] cette ville de Paderna s'est déplacée jusqu'au lieu appelé aujourd'hui Albufeira, cependant l'ancienne ville est encore entourée de remparts et elle a toujours son château, ainsi qu'une très bonne citerne à l'intérieur" – laissent supposer que, après la Reconquête, la ville est entrée dans une décadence prolongée. Nous trouvons une référence à cette décadence de Paderne dans un texte d'Henrique Sarrão (f.XVIe siècle): le château était alors déjà "dépeuplé et sans habitants".

Cet état d'isolement, qui se prolongea pendant de nombreuses années, fut interrompu il y a quelques années par la construction de la Via do Infante (autoroute qui traverse une grande partie de l'Algarve dans le sens est-ouest) qui, entre les kilomètres 260 et 261, passe non loin du château.

Le château de Paderne est classé Édifice d'intérêt public depuis 1971.

S. M.

Suivre la route 395 jusqu'à Albufeira.

VII.7 ALBUFEIRA

VII.7.a Musée municipal d'archéologie d'Albufeira

Praça da Republica, 1.
Entrée payante. Horaires: de 9:00 à 12:30 et de 14:00 à 17:30; fermé le lundi.

Du temps des Maures enchantées, il ne reste à Albufeira que le nom de la ville, un toponyme qui nous renvoie à l'existence d'une crique que les urbanistes modernes se chargèrent de faire disparaître.

Ce lieu fut certainement, bien des siècles avant l'islamisation, et grâce à sa position stratégique, un important centre maritime où devaient arriver des marchands venus de toute la Méditerranée.

Dans l'espace intra-muros, malgré son ancienne importance, l'Histoire a dû faire place aux urbanisations modernes. La mémoire des temps reculés est actuellement conservée dans le musée local.

S. M.

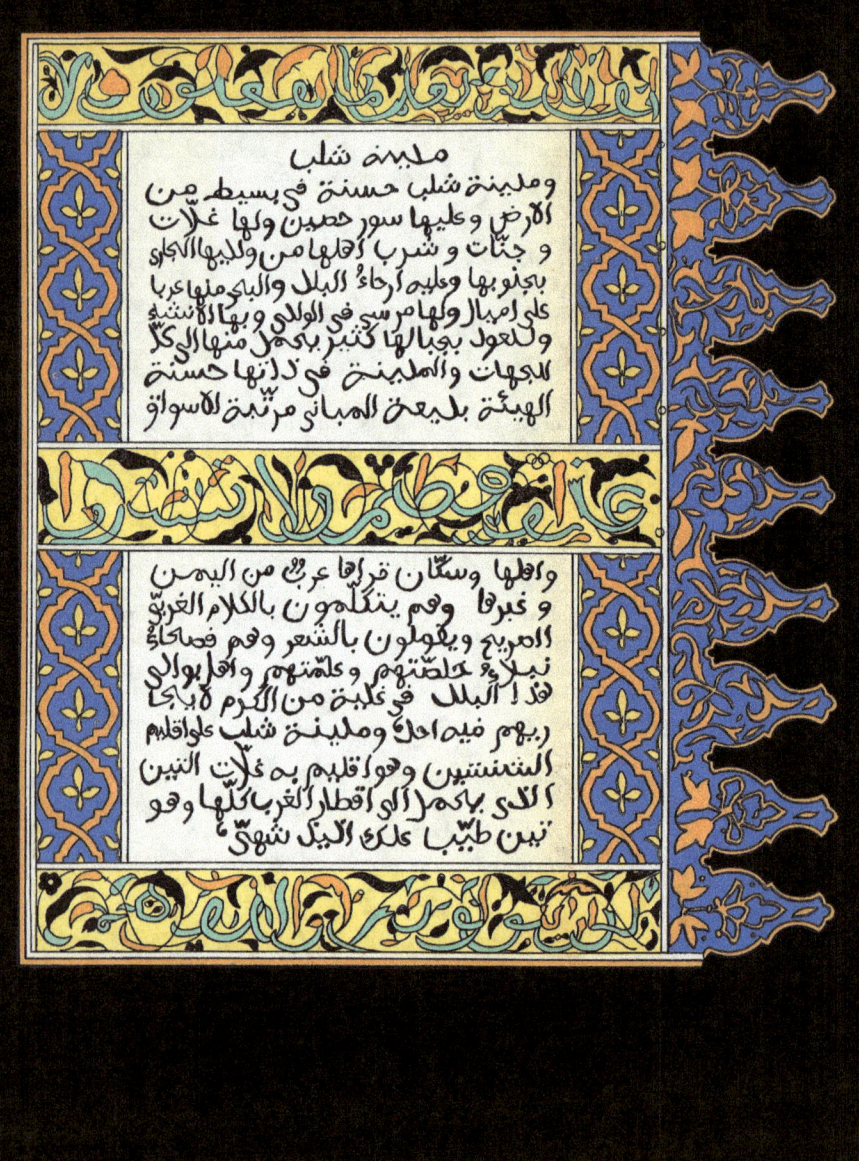

CIRCUIT VIII

Silves: capitale de l'art almohade

Santiago Macias, Cláudio Torres

VIII.1 SILVES
    VIII.1.a   Château et remparts
    VIII.1.b   Musée municipal d'archéologie de Silves

VIII.2 MONCHIQUE
    VIII.2.a   Serra de Monchique

VIII.3 PORCHES (option)
    VIII.3.a   Chapelle Nossa Senhora da Rocha

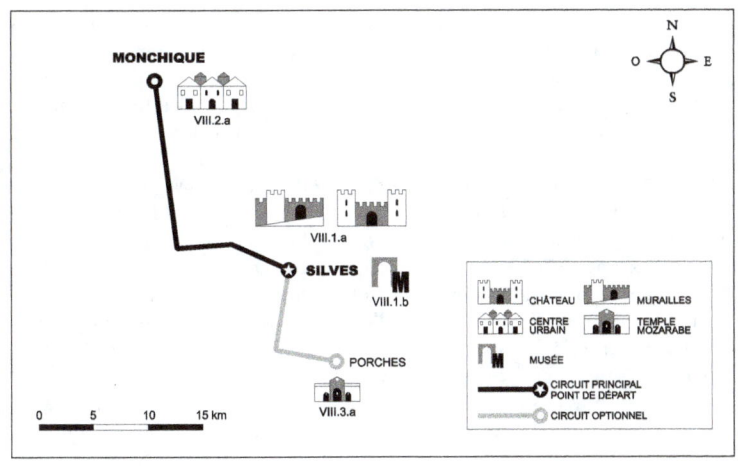

Description de Silves, en arabe, par al-Idrisi, in G. Domingues, "Historia Luso-Árabe", Lisbonne, 1945.

CIRCUIT VIII   *Silves: capitale de l'art almohade*

Les références au territoire de Silves sont très peu nombreuses jusqu'au IVe/Xe siècle. Ensuite, elles deviennent plus fréquentes, ce qui prouve l'importance croissante de la ville de l'Arade, qui exerça rapidement une suprématie indéniable sur toute la région. D'après la description de al-Himyari, "son territoire comprend de vastes étendues de plaines et de terres basses et une grande chaîne montagneuse aux sommets élevés où abondent les pâturages et les eaux vives. Les arbres qui y poussent en plus grande quantité sont les pommiers, qui produisent des fruits remarquables au parfum semblable à celui des pois de senteur [...]. Les gens qui habitent la campagne, autour de Silves, sont très généreux, et personne ne les surpasse à ce niveau-là." Al-Idrisi, quant à lui, signalait une autre ressource locale, qui allait se révéler très importante dans cette région à vocation maritime: "Les montagnes autour [de Silves] produisent une considérable quantité de bois qui est exporté vers des contrées lointaines."

La Silves islamique était située sur un point crucial d'un axe de communication, qui, partant de Séville et de Niebla (en Espagne), parcourait toute la côte de l'Algarve, en passant par Cacela, Tavira et Santa Maria du Gharb, et qui allait jusqu'à l'extrême pointe occidentale, où était situé le célèbre et ancien centre de pèlerinage de Igreja do Corvo (église du corbeau).

La ville de Silves jouit d'une première période de grande renommée, quand elle devint le refuge des chefs militaires battus lors des révoltes de 157/774. Pendant le IIIe/IXe siècle, à l'époque de la première *fitna*, Silves ne fut pas remarquée, et dut rester sous le contrôle des Banu Bakr, de Ossonoba. C'est d'ailleurs cette dernière ville qui abritait les représentants du pouvoir des émirs. Vers le milieu du Ve/m.XIe siècle, les références à la Taïfa de Silves sont bien connues, et il y eut ensuite le consulat du célèbre gouverneur et poète Ibn Ammar. Mais c'est au VIe/XIIe siècle que cette région connaît son tournant historique. Le lieu d'importance secondaire qu'était Silves devint une ville considérable, et même, très rapidement, la vraie capitale du sud du Gharb. Son apogée, sous les Abbadides, a perduré aux siècles suivants, comme le montrent abondamment les travaux archéologiques en cours dans le château de la ville.

Entre la période de domination abbadide et la fin de l'islamisation du Gharb, vers le milieu du VIIe/m.XIIIe siècle, la région subit des révoltes et une agitation presque permanente. Seuls les Almohades ont réussi à contrôler effectivement la région, entre 548/1154 et 610/1214. Les principaux mouvements furent conduits par Ibn Qasi. Originaire d'une famille *muwallad* (*muladi*) du territoire de Silves, il dut passer une grande partie de sa jeunesse à étudier les théologiens musulmans et à prêcher une vie ascétique. Il fit même construire, dans les environs de Silves, une sorte de monastère, où il se retira avec son groupe de disciples, connus sous le nom de *muridin* (les novices).

L'ambiance agitée qui était alors celle du Gharb fut propice à l'implantation des ambitions d'Ibn Qasi, qui, à partir de 539/1145, entreprit des actions marquantes dans toute la région. La carrière politique et religieuse d'Ibn Qasi prit fin en 546/1152, année où il fut assassiné par la population de Silves.

Cette ville joua un rôle important dans l'extrême sud du Gharb, et cette importance s'amplifia de plus en plus. Ayant été attaquée et conquise par le roi Sancho Ier de Portugal, en 585/1189, Ibn Mahfuch s'en empara, en 627/1230, en faisant de

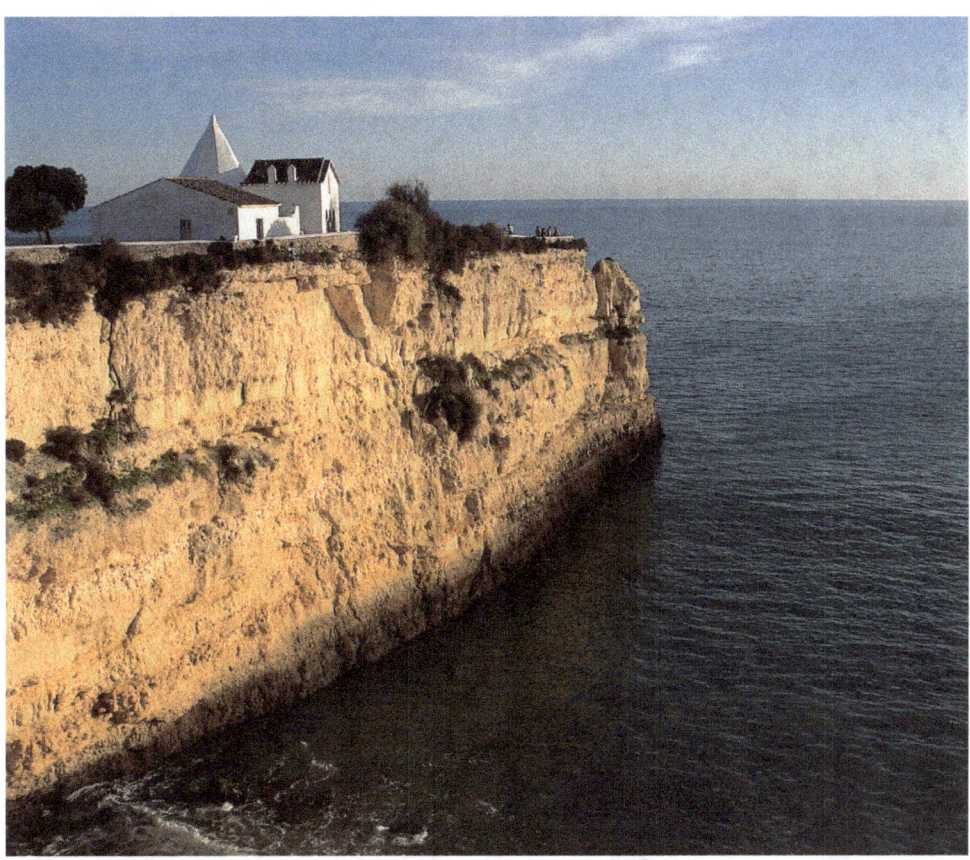

Chapelle Nossa Senhora da Rocha, Porches.

la région le dernier bastion islamisé du Gharb al-Andalus.
L'Algarve fut conquis en deux étapes différentes: d'abord la partie orientale, puis, quelques années plus tard, la partie occidentale. Plus que le talent d'un chef militaire ou d'un autre, ce qui rendit efficace la résistance de cette partie occidentale, ce fut sans doute la richesse et la densité de la population de Silves, ce qui obligea les conquérants à de nombreuses négociations et à de nombreux compromis.

Les campagnes militaires des chevaliers de Santiago (chevaliers de Saint-Jacques) sont décrites dans un texte magnifique des *Tombos Velhos da Cidade de Tavira* (vieil inventaire de la ville de Tavira), et on y raconte les escarmouches, les avancées et les reculs qu'il y eut alors.

À l'époque, Silves était bien appuyée par tout un ensemble d'autres bourgades, pour lesquelles nous ne disposons pas encore d'informations suffisantes en ce qui concerne la période islamique. Monchique,

CIRCUIT VIII   *Silves: capitale de l'art almohade*

Silves

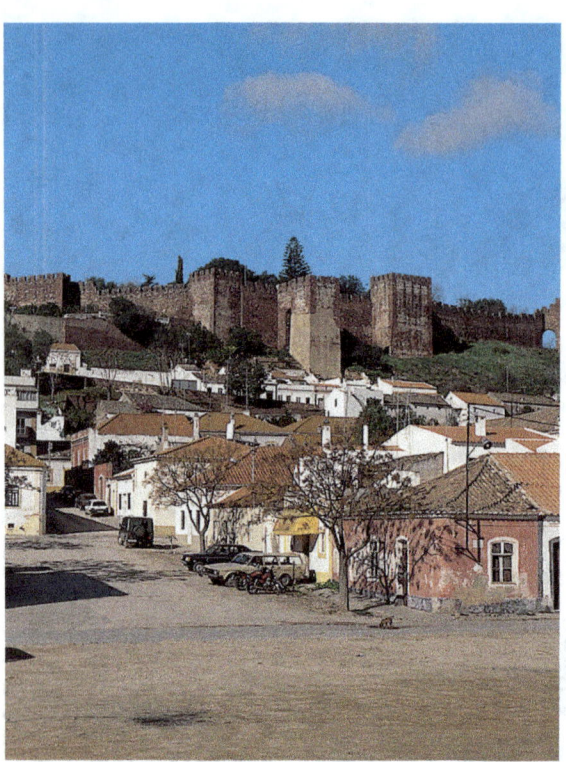

Château et ensemble urbain, Silves.

Alferce (qui était peut-être le château Monteagudo des sources arabes?), Algoz ou Alcantarilha font partie d'un ensemble de lieux où les fouilles archéologiques, ou tout simplement le toponyme, nous font déduire la valeur de leur rôle à l'époque. Pour d'autres cas, les récits de leur conquête ou même la présence de remparts prouvent leur importance. C'est le cas de fortifications comme celles d'Aljezur (Circuit IX), Alvor ou Castelo Belinho (où il reste quelques murs en pisé). Des tours qui se dressaient jadis à Estombar (la tour d'Aben Abece ou Abasse) et à Porches, il ne reste plus que la toponymie. Les ressources de la région de Silves – les célèbres potagers et vergers, avec des amandiers, des figuiers et de la vigne, les eaux vives, les forêts de Monchique, les pâturages de Foia et de Picota – firent de cette région une sorte de jardin des délices, qui faisait contraste avec la mer violente que l'on apercevait au-delà du cap de l'Algarve, baptisé plus tard "Cabo de São Vicente" (cap Saint-Vincent).

Le contexte historique et culturel de toute cette zone s'est perpétué, du moins en partie, jusqu'à nos jours. Les quelques bois de châtaigniers et de chênes qui sont encore debout vers Monchique sont ce qui reste d'une forêt qui, pendant des siècles, alimenta les chantiers navals de l'Algarve. La ville de Silves, après un développement ponctuel pendant lequel elle dut rendre plus intenses ses contacts avec les ports de la Méditerranée occidentale (Gênes, Amalfi, Tunis ou Séville), connut plusieurs périodes de splendeur et de décadence, mais ne perdit jamais sa renommée ni son prestige de centre intellectuel, qui marqua d'une manière indélébile la vie culturelle du Gharb al-Andalus.

S. M.

VIII.1 SILVES

Renseignements: Rua 25 de Abril, 26-28, tél.: 282 44 22 55.

"Cette ville est située au sud de Beja. [...] Silves est entourée de remparts solides et ses environs sont couverts de potagers et d'autres plantations. Ses habitants reçoivent leur eau potable du fleuve, qui baigne la ville au sud et qui fait tourner ses moulins. La mer se trouve à trois milles de Silves, vers l'ouest. Elle possède un mouillage sur le fleuve et un chantier de constructions navales.

CIRCUIT VIII   *Silves: capitale de l'art almohade*

Silves

"La ville a elle-même un bel aspect, sa construction est élégante et ses bazars sont bien fournis en marchandises. Ses habitants, ainsi que ceux des agglomérations des alentours, sont des Arabes originaires du Yémen et d'autres régions d'Arabie. Ils parlent un arabe très pur; ils s'expriment avec éloquence et citent des vers par cœur. Tous, aussi bien les gens du peuple que les bourgeois, sont remarquablement doués."

Ce panégyrique adressé à la ville de Silves par al-Himyari traduit bien l'importance acquise par la ville vers la fin de la période islamique. Auparavant, les mentions de la ville dans les sources écrites se résumaient à la bataille navale, qui eut lieu dans ses environs, entre les "drakkars" normands et une flotte venue de Séville. Il n'y a pas grand-chose d'autre. Pourtant, la ville de l'Arade avait acquis, à partir du Ve/XIe siècle, et à mesure que Faro passait sur un plan secondaire, de plus en plus d'importance, jusqu'à devenir la principale ville de l'Algarve.

De cette Silves islamique, on ne connaissait, jusqu'à il y a très peu de temps, que le périmètre des remparts et quelques autres données archéologiques éparses — ainsi que de brèves références aux noms d'Ibn Ammar, Ibn Qasi et al-Mutamid. C'est à cela que se résumait la mémoire de l'islamisation.

S. M.

de l'époque islamique au Portugal. L'état de conservation, assez bon, des murs en pisé militaire, les tours d'enceinte quadrangulaires et les pierres de taille rouges de la citadelle confèrent à cette fortification un caractère unique.

À cette énorme structure appartint également la stèle, actuellement conservée à Faro, qui signale la construction d'une tour (*burdj*) dans la ville en 624/1227. Probablement, cette tour était une tour d'enceinte destinée à renforcer les défenses de la ville, à un moment où cela s'avérait particulièrement nécessaire.

Comme pour Mértola, c'est l'archéologie qui mit au jour une grande partie du passé islamique de Silves. Aussi bien dans

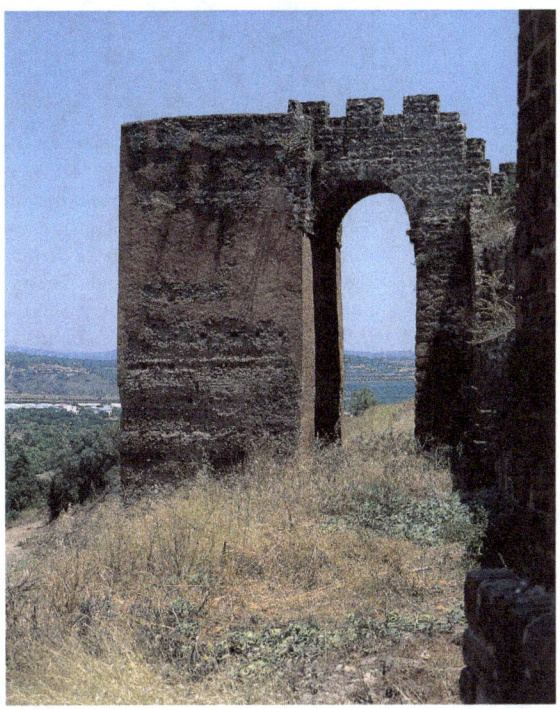

Château, Silves.

VIII.1.a **Château et remparts**

Entrée payante. Horaires: de 9:00 à 17:00 d'octobre à janvier; de 9:00 à 18:00 de février à mars; de 9:00 à 20:00 de juin à septembre.

Les remparts de Silves entourent une superficie de sept hectares et sont certainement le plus beau monument militaire

CIRCUIT VIII   *Silves: capitale de l'art almohade*

Silves

Puits-citerne, VIe/XIe-VIIe/XIIIe siècles, Musée municipal d'archéologie de Silves.

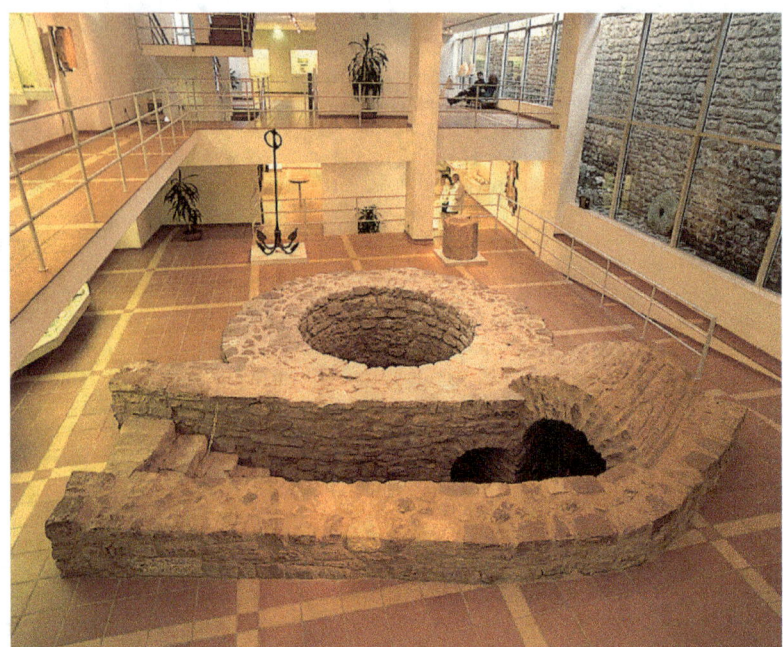

la citadelle qu'en d'autres points du centre historique (surtout dans la zone d'Arrochela) furent découvertes dernièrement de grandes structures d'habitations de la période almohade. Par ailleurs, le réservoir d'eau qui approvisionnait la ville et qui fut utilisé jusqu'à l'époque actuelle est maintenant hors service et peut être visité par le public. Connu sous le nom populaire de Citerne de la Maure, il dut être construit vers le milieu du Ve/XIe siècle, malgré quelques modifications postérieures que l'on ne peut pas exclure. Un autre équipement d'approvisionnement d'eau — le puits-citerne du musée de Silves — fut fouillé et réhabilité dans les années 1980 et peut désormais être visité.

S. M.

VIII.1.b **Musée municipal d'archéologie de Silves**

Rua da Porta de Loulé, 14, tél.: 282 44 48 32. Entrée payante. Horaires: de 10:00 à 18:00 d'octobre à avril; de 10:00 à 19:00 de mai à septembre; fermé le lundi, le 25 décembre et le 1er janvier.

Le Musée municipal d'archéologie de Silves fut inauguré en 1989. Construit autour d'un puits-citerne de l'époque almohade, il abrite une collection qui concerne l'ensemble de la région et qui est présentée chronologiquement. Le secteur le plus représentatif est sans aucun doute celui qui a trait à la période islamique, et qui est constitué par une grande variété de produits manufacturés à usage domestique, uti-

lisés dans les domaines les plus variés de la vie quotidienne. Outre deux chapiteaux de l'époque des califes, provenant de la ville et appartenant au Musée national d'archéologie, on y remarque une margelle de puits, une plaque apotropaïque (contre les maléfices) et une petite bouteille en verre, qui est une pièce unique dans le contexte archéologique islamique au Portugal. Tout ceci est le fruit de fouilles ou de donations. La pièce principale de ce musée est, évidemment, le puits-citerne qui fut son point de départ, et autour duquel fut construit l'édifice. Ce puits est une pièce rare de la période almohade, construit avec des pierres de taille et entouré, à l'extérieur, par un escalier hélicoïdal qui permettait un accès facile et direct aux nappes phréatiques. Chaque volée de marches est couverte par une petite voûte en berceau tronquée.
Le puits-citerne de Silves est classé Monument national depuis 1990.

S. M.

Pour Monchique, suivre la route 124 jusqu'à Porto de Lagos, tourner à droite au croisement et suivre la route 266 jusqu'à Monchique (environ 29 km).

Légende des amandiers en fleur
Une des légendes portugaises les plus connues nous raconte l'histoire d'une princesse du Nord qu'un roi maure fit prisonnière. Comme il en tomba amoureux, il finit par se marier avec elle. Cependant, la princesse n'arrivait pas à cacher son mal du pays. La neige qu'elle avait l'habitude de voir tous les hivers lui manquait singulièrement.
Conseillé par un vieux poète, le roi fit planter des amandiers de tous côtés. Quand ceux-ci fleurirent au printemps, ils se couvrirent de fleurs blanches qui rappelaient les flocons de neige. Dès lors, la tristesse disparut du cœur de la princesse. C'est aussi depuis cette *année-là que, au début du printemps, les amandiers fleuris autour de Silves rappellent au visiteur la neige des pays du Nord.*

S. M.

VIII.2 MONCHIQUE

VIII.2.a Serra de Monchique

Renseignements: Largo dos Chorões, tél.: 282 91 11 89.

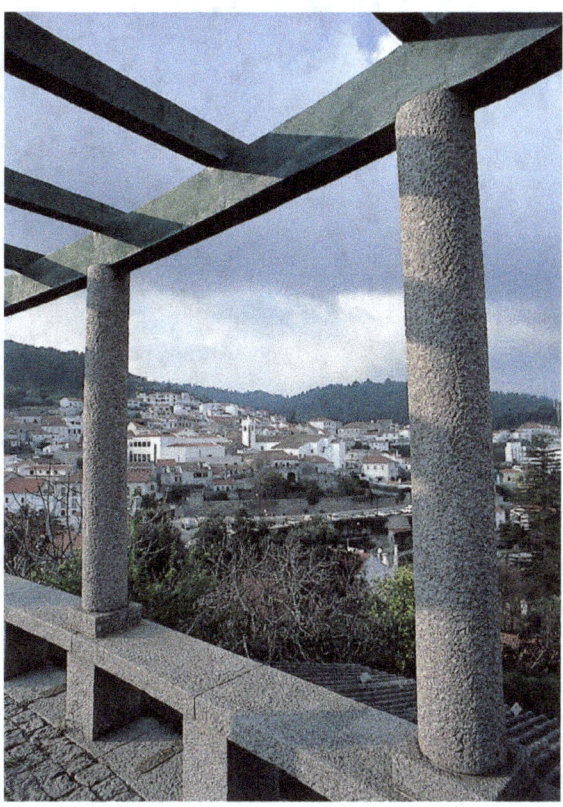

Vue panoramique, Monchique.

CIRCUIT VIII *Silves: capitale de l'art almohade*

Monchique

Chapelle Nossa Senhora da Rocha, Porches.

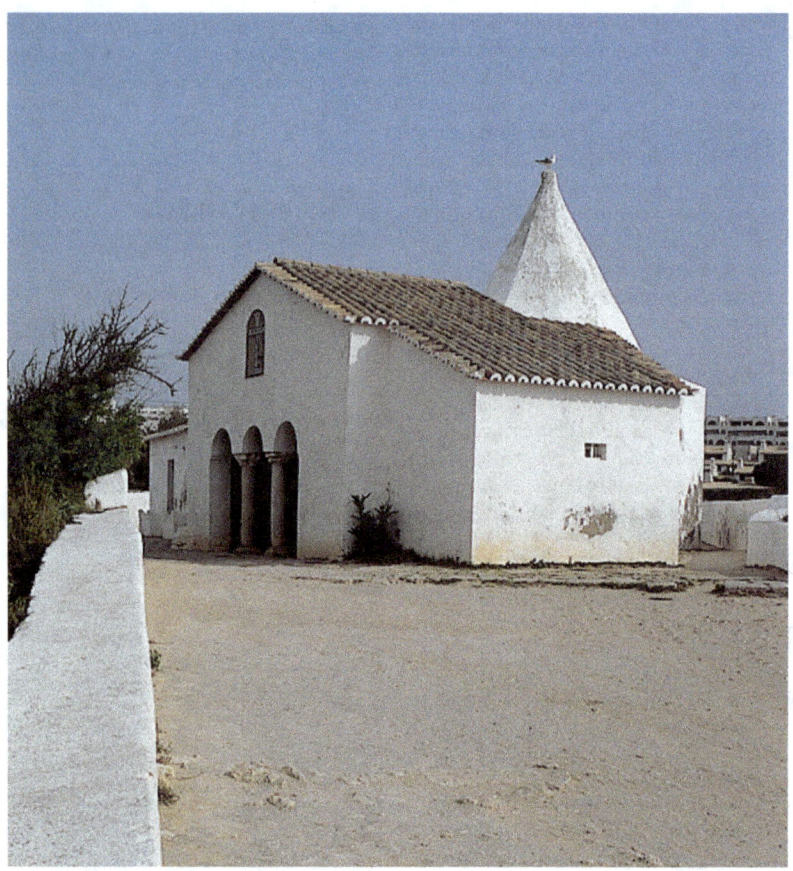

La Serra de Monchique, avec ses pâturages toujours humides grâce aux brises atlantiques, et avec ses denses forêts de chênes-lièges et de châtaigniers, peut être considérée comme une région jouissant d'un micro-climat qui constitue une richesse incalculable pour toute la partie occidentale de l'Algarve, ce qui explique peut-être l'ancienneté de son peuplement. Sur ses côtes méridionales, dans la petite ville de Termas de Monchique, jaillissent des eaux thermales recherchées depuis l'époque romaine.

Quand on traverse les sommets par une vieille route, dans un paysage très ancien agrémenté de terrasses avec des jardins s'étale aujourd'hui la ville de Monchique. Sur une autre élévation qui joue un rôle de sentinelle se trouvent les ruines de la forteresse islamique de Alferce qui contrôlait le col et qui délimitait le territoire de Silves.

C. T.

Pour Porches, prendre la route 266 jusqu'à Porto de Lagos puis suivre la route 124 jusqu'au croisement de la route de Portimão. Prendre alors la route 125 jusqu'à Porches et suivre la direction de la plage de Nossa Senhora da Rocha.

VIII.3 **PORCHES** (option)

VIII.3.a Chapelle Nossa Senhora da Rocha

Horaires: de 9:30 à 12:30 et de 14:00 à 17:00.

À l'extrémité d'un promontoire tombant à pic sur la mer apparaît, toute petite et toute blanche, la chapelle de Nossa Senhora da Rocha qui est toujours un lieu de culte et qui était déjà un centre de pèlerinage mozarabe à l'époque islamique. Le corps du temple est quadrangulaire et surmonté d'une coupole octogonale qui ne doit pas être antérieure au XVIIe siècle. La partie la plus remarquable de la chapelle est le porche extérieur où deux fûts de colonne et leurs chapiteaux tardoanciens supportent trois petits arcs en plein cintre.

La plate-forme naturelle où se trouve la chapelle dut supporter d'autres constructions et était entourée, tout le long du bord de la falaise, par une muraille de pierre de taille qui disparut peu à peu, avalée par des éboulements successifs.

C. T.

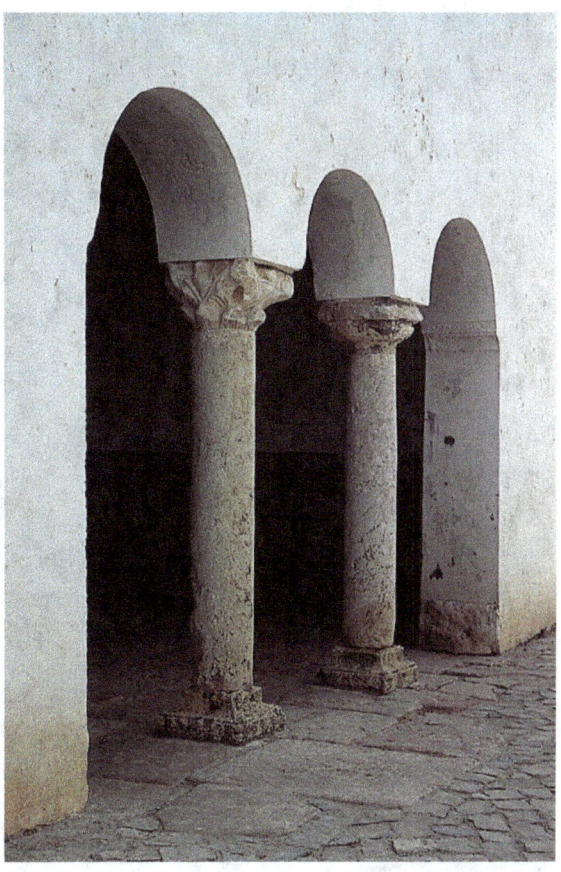

Chapelle Nossa Senhora da Rocha, portique, Porches.

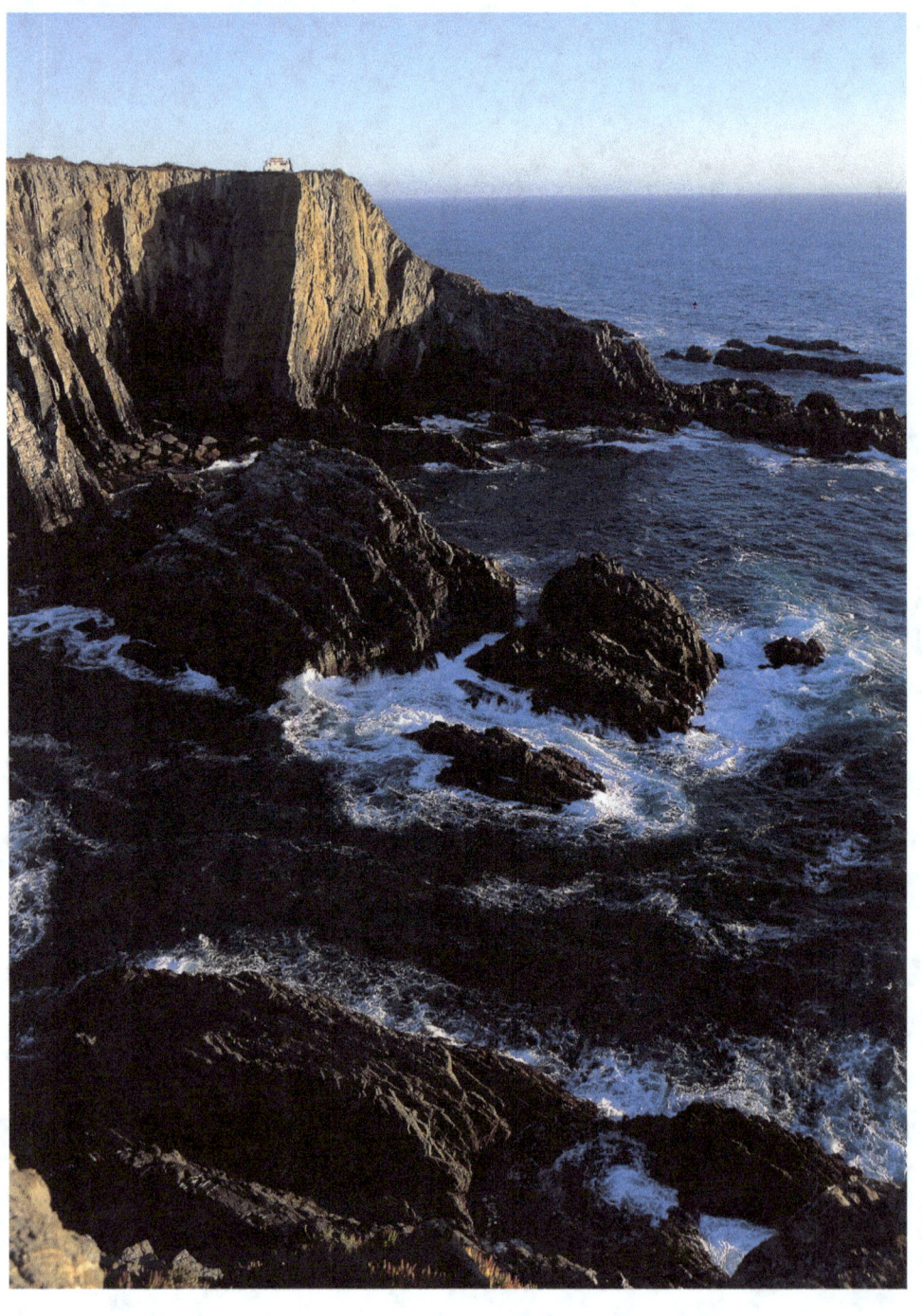

CIRCUIT IX

Le cap du bout du monde

Cláudio Torres, Cristina Garcia, Paula Noronha

IX.1 SAGRES
    IX.1.a Cap Saint-Vincent

IX.2 ALJEZUR
    IX.2.a Château

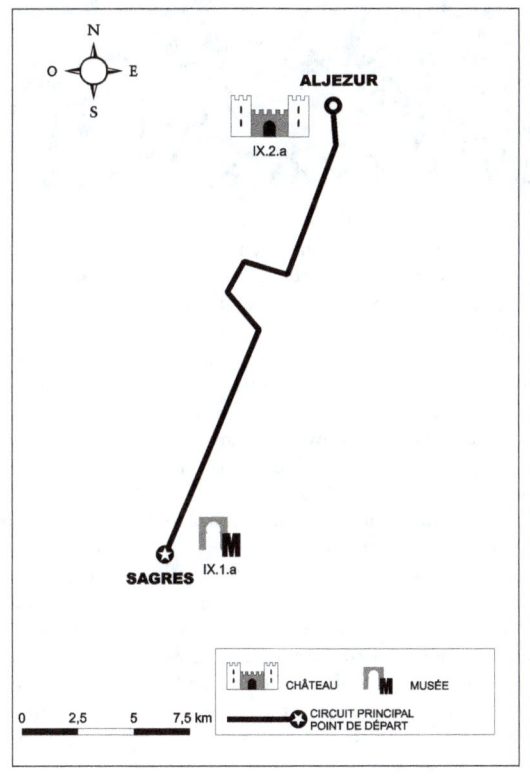

Vue panoramique de la côte du cap Saint-Vincent.

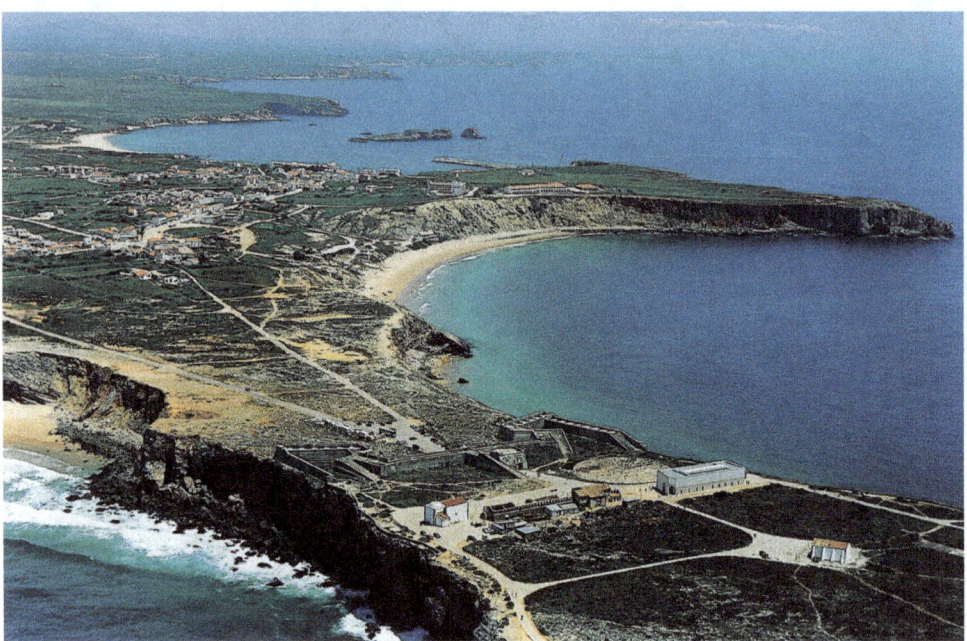

Vue générale, cap Saint-Vincent.

Cette pointe extrême du Gharb fut toujours très peuplée, aussi bien sur la bande littorale que dans les vallées abritées et généreuses de l'intérieur. Sur ces territoires du soleil couchant, les relations des communautés locales avec d'autres ports et d'autres peuples paraissent plus profondes, plus anciennes et plus durables. Étant donné la violence et l'entêtement du vent du nord sur la pointe de São Vicente (Saint-Vincent), tous les voiliers qui venaient de la Méditerranée et qui faisaient route vers les mers du Nord étaient obligés d'attendre parfois pendant de longues semaines que les vents deviennent plus favorables. Ces longues périodes de séjour, où les équipages se préparaient à affronter les fortes vagues du grand océan, créèrent dans ces zones portuaires tout un système complexe de réparation et de construction navale, ainsi qu'une organisation pour l'approvisionnement rapide en eau potable et en nourriture. Le travail et le transport des bois nécessaires au pontage et aux mâts de bateaux, l'embarquement de bétail sur pied qui venait des troupeaux des montagnes, les paniers de figues et de prunes séchées, le vin nécessaire à la satisfaction de nouvelles habitudes alimentaires et religieuses diffusées dans les pays scandinaves et baltes... toute cette circulation de richesses attire, naturellement, toutes sortes de pirates et oblige à renforcer le guet terrestre et la vigilance maritime, à consolider les forteresses et à affréter de petites flottes de guerre pour maintenir les prédateurs au large. C'est dans les ports de la côte occidentale de l'Algarve, à Lagos, à Sagres et à Ferragudo, mais surtout à Silves, que se forme la grande école maritime qui, quelques siècles plus tard, va donner naissance, précisément à partir de ces lieux-ci, à la grande expansion maritime portugaise.

Bien que les habitants de ces parages ne fussent pas tous des musulmans (car il y avait dans la zone une ancienne tradition mozarabe liée au centre de pèlerinage de la Senhora da Rocha et au monastère de São Vicente), il ne fait pas de doute que, au moment de la reddition de la région aux chrétiens vers le milieu du VIIe/XIIIe siècle, tout le monde parlait l'arabe – qui était à l'époque la langue des affaires.

Une récente analyse dialectale dans cette région a détecté une gutturalisation anormale du "a", qui peut être attribuée à une influence de la langue arabe. Ce fait linguistique ne peut être expliqué que par une permanence massive et une complète intégration des vaincus.

C. T.

IX.1 SAGRES

IX.1.a Cap Saint-Vincent

Renseignements: tél.: 282 62 48 73.

À partir de Séville et de Niebla (Espagne), outre une voie maritime de cabotage très

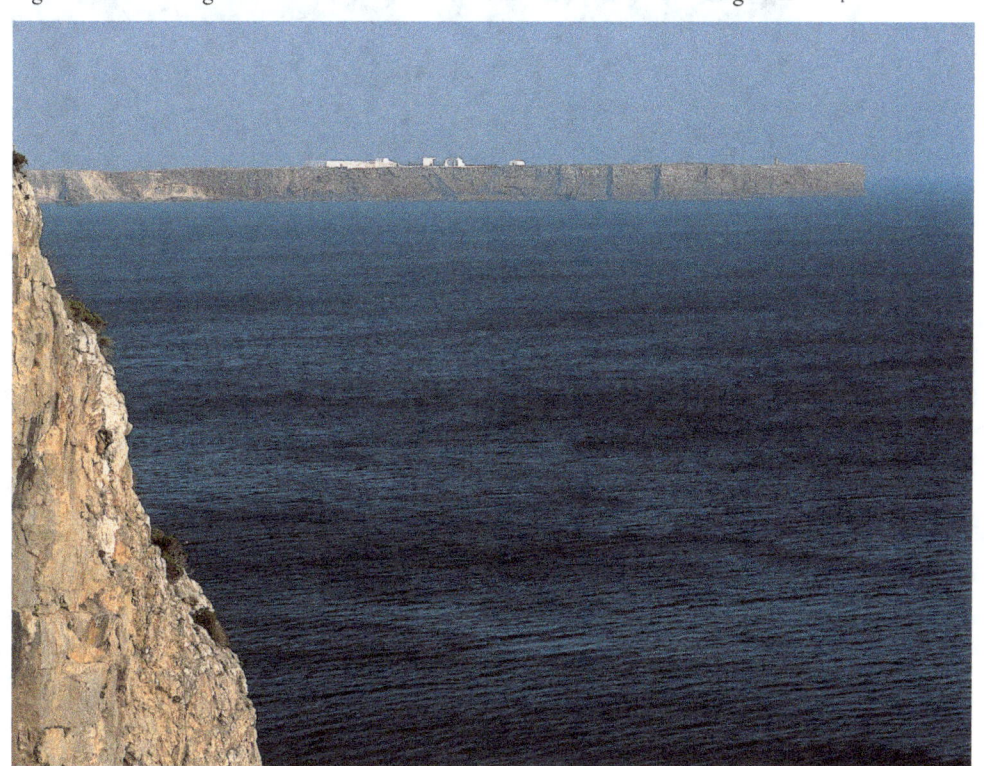

Cap Saint-Vincent.

CIRCUIT IX *Le cap du bout du monde*

Sagres

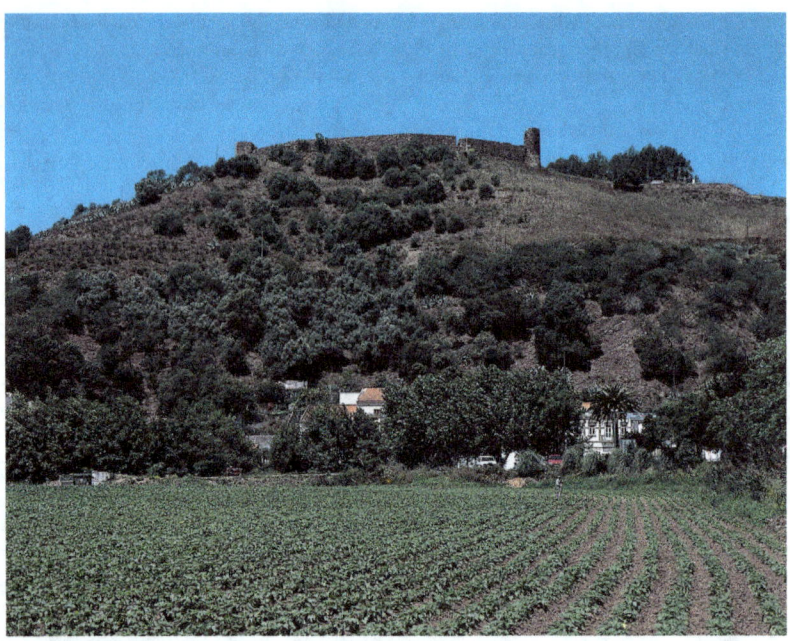

Château, vue générale, Aljezur.

fréquentée, une longue route parcourait toute la côte de l'Algarve en passant par Cacela, Tavira, Santa Maria de Faro et Silves, et aboutissait à l'extrémité occidentale où était situé le célèbre et ancien centre de pèlerinage de Igreja do Corvo. Ce sanctuaire mozarabe n'était pas situé sur les falaises sauvages du promontoire de São Vicente à l'endroit où, beaucoup plus tard, allait être construit un phare, mais plutôt à quelques kilomètres à l'intérieur des terres. Al-Idrisi, toujours rigoureux, signale avec précision que du cap São Vicente (Taraf al-Urf) à l'église du Corvo (Kanisat al-Ghurab) il y a sept milles de distances, c'est-à-dire les treize kilomètres qui le séparent aujourd'hui de la Vila do Bispo ou, surtout, de la Raposeira. C'est sans doute dans cette zone plus abritée, où poussent des fruits et des légumes, que les moines recevaient les pèlerins et gardaient leurs trésors.

C. T.

Al-Idrisi, géographe sicilien du VIe/XIIe siècle, décrit ainsi l'église du Corvo: "De Silves à Halq al-Zawiya [actuelle Lagos] qui est un port et un village il y a vingt milles. De là à Sagres, village au bord de la mer, il y a dix-huit milles. De là au cap de l'Algarve qui avance dans l'océan, il y a dix-huit milles. De là à l'église du Corvo [entre Vila do Bispo et Raposeira], il y a sept milles. Cette église ne subit aucune modification depuis l'époque de la domination chrétienne. Elle possède des terres, dont les croyants font habituellement donation, et des richesses apportées par des chrétiens qui y vont en pèlerinage. Elle est située sur un promontoire qui avance dans la mer. Sur la partie la plus haute de l'édifice, il y a toujours deux corbeaux, dont personne ne put jamais constater l'absence. Les prêtres qui servent dans cette église racontent des choses merveilleuses sur ces corbeaux, mais personne ne croirait celui qui les répéterait. Il est impossible d'y passer sans accepter le repas accueillant offert par l'église. C'est une obligation, un usage auquel on ne peut pas manquer et que tout le monde suit parce qu'il est très ancien, transmis d'âge en âge et consacré par une longue habitude.

"L'église est servie par des prêtres et par des religieux. Elle possède de grands trésors et reçoit des recettes très considérables provenant surtout des terres dont elle hérita dans les différentes parties du Gharb. Ces richesses sont utilisées pour les besoins du temple, pour ceux de ses serviteurs, pour ceux qui lui sont peu ou prou attachés et pour les besoins de ceux qui, en grand ou en petit nombre, y vont faire une visite" (Al-Idrisi, *Description de l'Afrique et de l'Espagne*).

Pour Aljezur, suivre la route 268 en direction de Vila do Bispo jusqu'au croisement de Alfambras. Continuer ensuite par la route 120 jusqu'à Aljezur (environ 45 km).

IX.2 ALJEZUR

IX.2.a Château

Renseignements: Largo do Mercado, tél.: 282 99 82 29.

À l'époque islamique, Aljezur devait être une presqu'île – comme son nom arabe l'indique – entourée par une lagune maritime certainement riche en poissons et en fruits de mer. Ses terres très fertiles et ses terres marécageuses justifiaient l'existence d'une bourgade de paysans et de pêcheurs qui possédaient une enceinte fortifiée sur le sommet de la colline. Cette enceinte, qui servait naturellement de refuge en cas d'at-

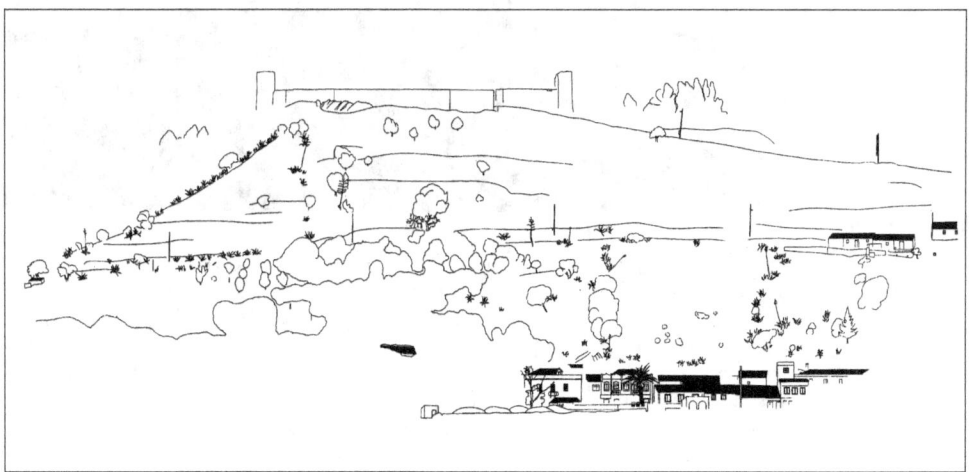

Château, élévation est, d'après un dessin de la DGEMN, Aljezur.

CIRCUIT IX   *Le cap du bout du monde*

Aljezur

Château, grosse tour, Aljezur.

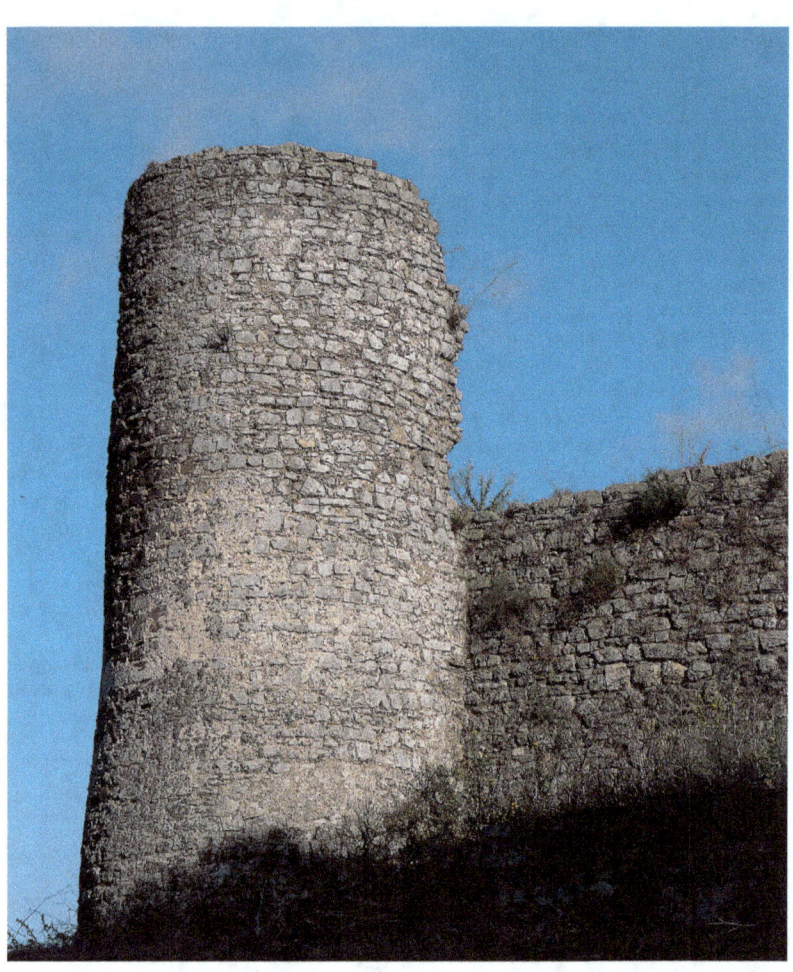

taque, devait aussi jouer le rôle de cellier et d'entrepôt collectif.
L'enceinte fortifiée couvre tout juste un hectare de surface et son espace intérieur, où se trouve une bonne citerne, est organisé le long des murs en de minuscules compartiments contigus qui ne paraissent pas avoir été utilisés comme des habitations. De toute cette enceinte, on pourra peut-être attribuer à l'époque islamique la grosse tour cylindrique tournée vers le nord et la tourelle à plan quadrangulaire de la pointe sud.

C. T.

CIRCUIT IX   *Le cap du bout du monde*
Aljezur

Parc naturel de la côte du cap Saint-Vincent
Une longue côte rocheuse fustigée par les vents et l'océan Atlantique s'étend depuis Sines jusqu'au Burgau, en passant par les promontoires mythiques de Saint-Vincent et de Sagres, "là où décline la lumière sidérale, où émerge, altier, le cap cinétique, point extrême de la riche Europe, et entre dans les eaux salées de l'océan peuplé de monstres" (Avienus, Ora Maritima, IVe siècle).

Ainsi donc, le parc naturel du sud-ouest de l'Alentejo et de la côte de Saint-Vincent présente une diversité géomorphologique de roches escarpées qui tombent brusquement dans la mer, de longues plages de sable, de dunes et d'îlots. Tout ceci sur une bande étroite qui ne dépasse pas deux kilomètres de large et qui occupe une surface de 70 000 hectares.

Des fleuves côtiers et de petites rivières creusent çà et là cette masse rocheuse et créent des décors variés dans des zones riches en estuaires où coexistent la Loutre, la Genette et la Fouine, où se reproduisent le Bar, la Daurade et la Sole, et où la présence humaine transforma le paysage en créant des rizières et en cultivant autant les terres sèches que les terres très humides. Mais ce qui confère à ce parc naturel un caractère si singulier est la valeur scientifique de certaines espèces de sa flore, quelques-unes uniques au monde, telles que Cistus palhinhae, Myrica faya *(le hêtre)* et le Sorbier; et de sa faune, comme certains oiseaux migrateurs qui nidifient sur les falaises et les îlots et dont on peut détacher le Lilan à dos lisse, la Corneille à bec rouge et le Pigeon des roches.

L'activité humaine de cette région, basée sur la pêche et sur l'agriculture, remonte au mésolithique, époque où de petites communautés exploitaient ce territoire de manière saisonnière en se nourrissant tantôt de mollusques et de poissons, tantôt des produits de la chasse et de la cueillette dans les zones plus intérieures, comme en témoignent les innombrables amoncellements de coquilles trouvés tout le long de la côte.

Si vous rendez visite au Parc naturel du sud-ouest de l'Alentejo et de la côte de Saint-Vincent, il faut aller voir les fortifications côtières de Porto Covo, de Beliche et d'Aljezur, les nids insolites des cigognes blanches perchés sur des rochers isolés au milieu de la mer, les intrépides ramasseurs d'anatifes, et l'île du Pessegueiro.

C. G., P. N.

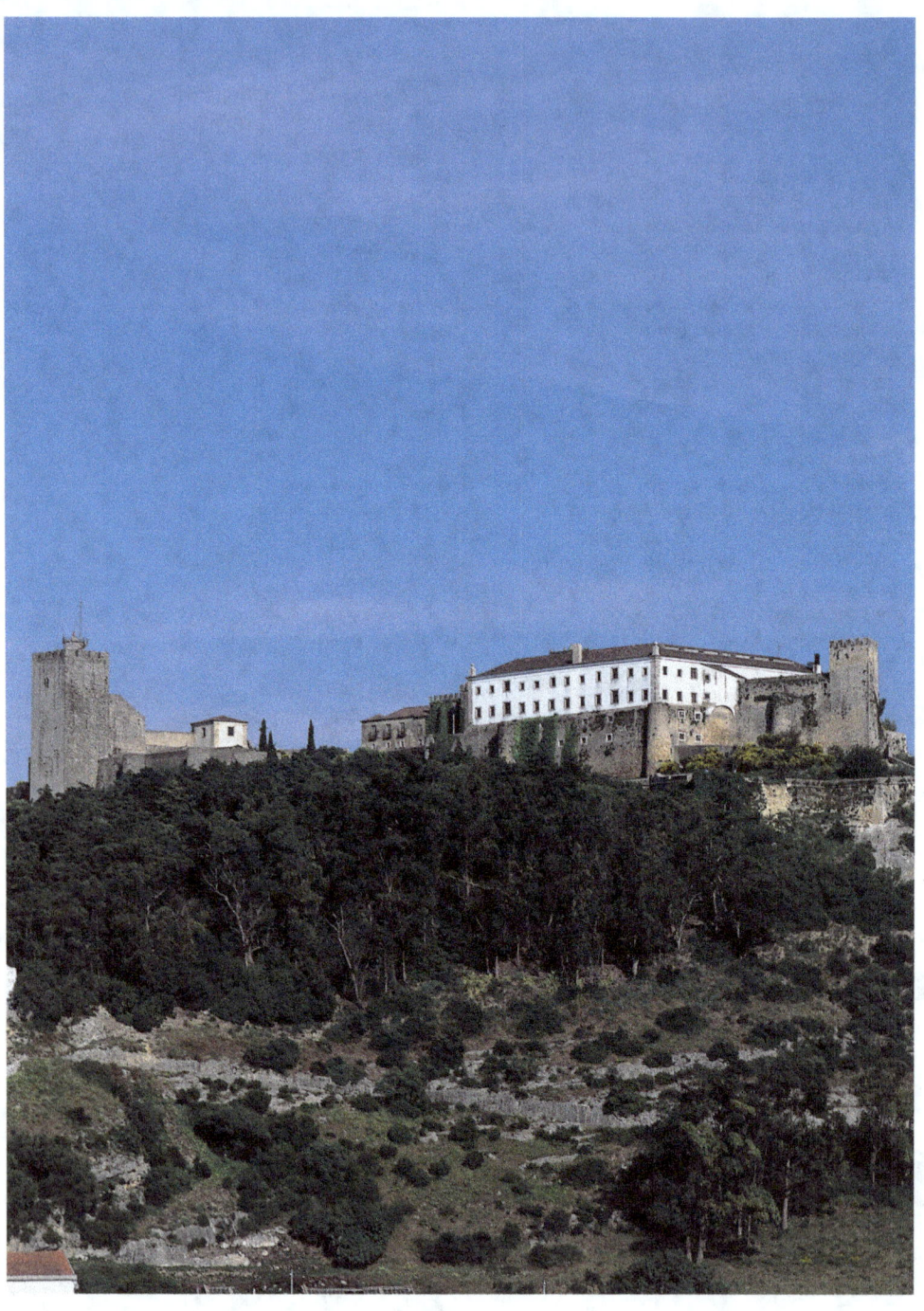

CIRCUIT X

Châteaux du Sado

Cláudio Torres, Isabel Cristina F. Fernandes, Cristina Garcia, Paula Noronha

X.1 ALCÁCER DO SAL
    X.1.a Château et fonds muséologique

X.2 PALMELA
    X.2.a Château
    X.2.b Musée municipal

X.3 SESIMBRA
    X.3.a Château

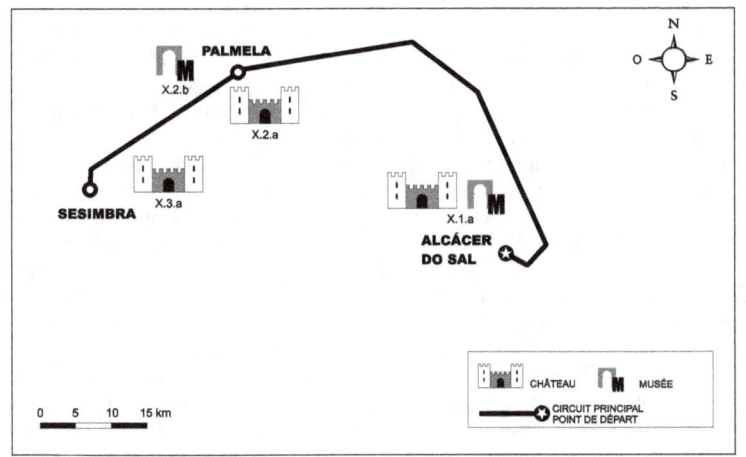

Château, Palmela.

Alcácer do Sal.

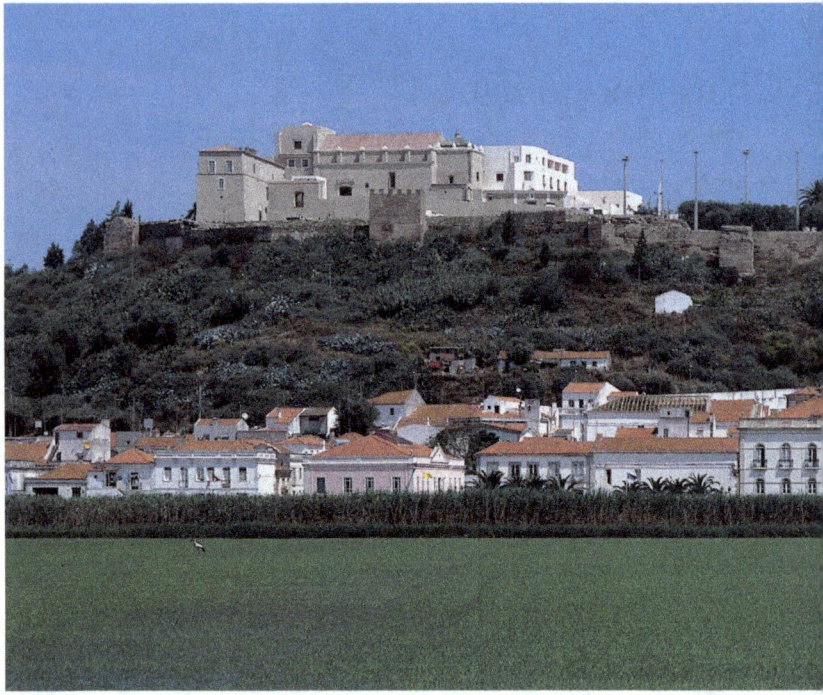

Au temps jadis, les estuaires des fleuves Sado et Tage auraient communiqué entre eux, transformant en île l'actuelle péninsule de Setúbal. Selon la tradition grecque qui nous est parvenue à travers les textes d'Avienus (IVe siècle), il y aurait eu à cette époque en face de l'embouchure du Sado, outre l'île de Achale (ou Acale), qu'on appelle aujourd'hui la péninsule de Troia (Troie), une autre île appelée Petânion. Il est plausible de situer cette île dans les terrains actuellement compris entre le promontoire d'Almada, le cap Espichel et les montagnes de Arrábida et de Palmela, étant donné que, à l'époque islamique, il était encore possible de naviguer entre le Tage et le Sado en empruntant des bras d'eau douce et des canaux qui reliaient Alcochete à la Marateca.

L'histoire de cette île, ou presqu'île, est étroitement liée à toute cette région; non pas pour sa production agricole, comme c'était le cas pour les proches terrains périodiquement inondés de Balata, mais principalement pour sa richesse minière. L'exploitation des pépites d'or, que l'on trouvait dans les anciens lits du Tage, est attestée par les toponymes de Almada et de Adiça, mots qui en arabe signifient "la mine". Pendant des siècles, le mercure fut extrait à Coina; il était utilisé dans les opérations de traitement de l'or.
Outre l'exploitation de ces mines – et sûrement bien plus importante d'un point de vue économique –, l'activité de la pêche, intense et jamais interrompue, fut la raison de l'implantation des principales agglomé-

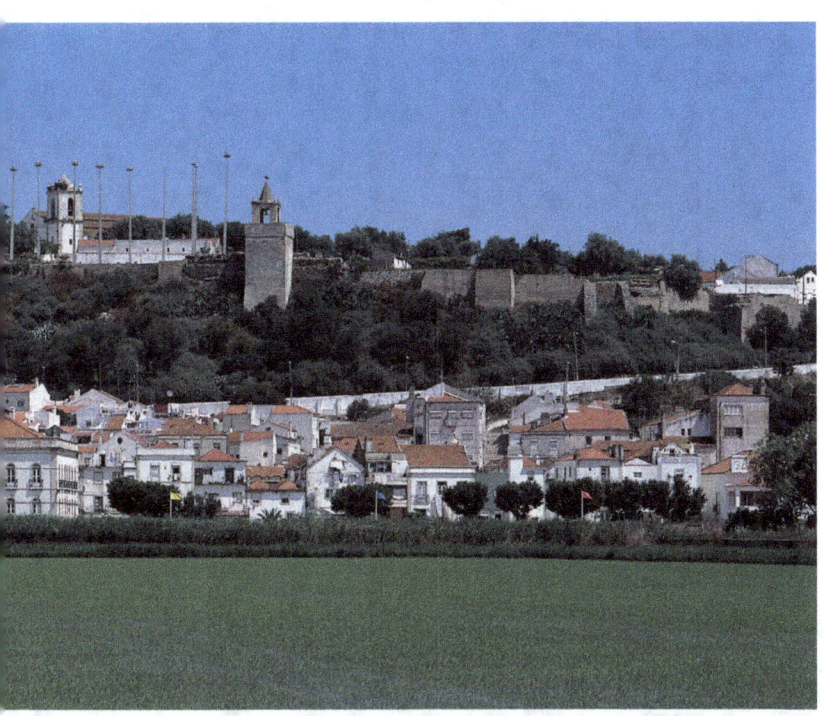

rations et d'un certain nombre de forteresses dans ces zones portuaires. En effet, la pêche au cachalot, pour en extraire l'ambre, est constamment citée; mais il faut dire également que les ports de la mer de Paille, comme Almada, Lisbonne ou Coina Velha, ainsi que les villes portuaires du Sado, telles que Sesimbra, Palmela et Abudanis, étaient les principaux fournisseurs de toutes sortes de poissons. Tout le produit de cette pêche, une fois salé ou traité, s'en allait, complément alimentaire indispensable, vers l'intérieur du pays.

Grâce aux brumes atlantiques et aux bonnes terres alluviales, toute cette région de la presqu'île de Setúbal, des environs d'Alcácer et de Lisbonne, était couverte, à l'époque islamique, par des forêts de pins parasols, dont le bois était indispensable à la construction navale. Transportés depuis l'intérieur par le fleuve Sado et par la rivière Sorraia, de grands troncs de chênes-lièges étaient utilisés, du fait de leur excellente courbure, pour la charpente des coques. Beaucoup plus loin, dans les bois des rives du Zêzere, on coupait des chênes, bien solides, et des châtaigniers, bien flexibles, pour mâter les embarcations. Lisbonne, Almada, Palmela et Abudanis étaient les ports qui possédaient les principaux chantiers navals de tout al-Andalus. Les châteaux du Sado constituaient un système portuaire fortifié, unique dans toute la péninsule Ibérique, aussi extraordinaire que la complexité de l'estuaire qui en fut la raison et qui lui donna vie.   C. T.

CIRCUIT X   *Châteaux du Sado*

Alcácer do Sal

X.1 **ALCÁCER DO SAL**

X.1.a **Château et fonds muséologique**

Renseignements: Praça Pedro Nunes, tél.: 265 61 00 40.
Entrée payante. Horaires d'ouverture du musée: de 9:00 à 12:00 et de 14:00 à 17:00; fermé le lundi.

Dominant l'extrémité du parcours navigable du Sado, la majestueuse fortification de Alcácer-do-Sal (Qasr Abou Danis) surplombait toute une région aux fertiles terrains alluviaux qui fut célèbre dans le monde islamique occidental aussi bien par les forêts qui l'entouraient que par ses actifs "tercenas" (chantiers de construction navale).

Grâce au fleuve, sillonné par de nombreuses embarcations, on faisait le commerce entre les terres à pins du haut Sado et les autres ports maritimes de la région de Lisbonne – et la côte de l'actuel Alentejo.

L'agglomération devait être constituée, à l'époque islamique, par deux noyaux autonomes séparés par une côte escarpée. Tout près du Sado que al-Himyari appelait "grand fleuve" se trouvait le quartier plus particulièrement dévolu aux fonctions marchandes et portuaires. Dans la partie la plus élevée, et stratégiquement la plus facile à défendre, était la citadelle, qui fut pas mal modifiée après la reconquête chrétienne.

Château, pan de muraille en pisé, Alcácer do Sal.

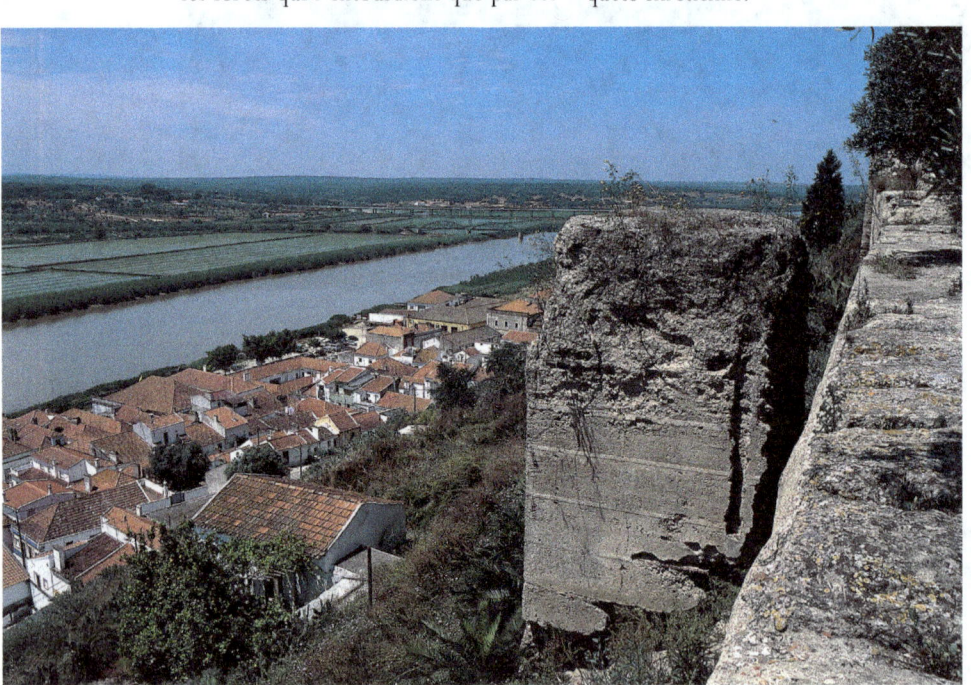

CIRCUIT X   *Châteaux du Sado*
Palmela

De la phase finale de la période islamique, seules quelques grosses tours sur les côtés sud et nord de la fortification sont parvenues jusqu'à nous. Construites en pisé militaire, elles présentent, dans la partie tournée vers le nord, des restes d'anciennes peintures à la chaux qui imitaient des grosses pierres de taille.

Bien que l'on ignore avec précision le lieu de l'implantation de la nécropole, le Musée municipal conserve dans ses réserves deux stèles funéraires du Ve/XIe siècle qui furent trouvées tout près du château et qui sont connues depuis le XIXe siècle.

Deux chapiteaux que l'on peut dater, selon Manuel Real et Ferreira de Almeida, de la fin de la période des émirs ou du début de la période des califes font partie de la même collection. On peut penser qu'ils proviennent d'un palais ou d'un édifice à caractère religieux.

C. T.

Pour Palmela, prendre l'autoroute A2 en direction de Setúbal/Lisbonne et sortir à Palmela.

X.2 PALMELA

X.2.a Château

Renseignements: tél.: 212 33 21 22.
Horaires: d'octobre à mai, de 10:00 à 12:30 et de 14:00 à 17:30; de juin à septembre de 10:00 à 12:30 et de 14:00 à 20:00.

La situation stratégique du château de Palmela, construit sur l'élévation la plus haute entre la Serra de Arrábida et les collines de la rive droite du Tage, influença depuis toujours sa vocation et définit son importance. En tant que bâtisse à caractère militaire, le château joua son rôle de poste de relais et de sentinelle, de base d'appui en temps de guerre, de contrôle des carrefours qui reliaient Lisbonne aux terres du Sud et l'estuaire du Tage à celui du Sado. Aussi bien à l'époque islamique que pendant les assauts chrétiens des VIe/XIIe et VIIe/XIIIe siècles, cette domination visuelle du château sur l'autre rive, sur les vastes plaines du Riba Tejo (rives du Tage), sur la ligne montagneuse des lieux fortifiés de Coina et de Sesimbra et sur les bords du Sado était sans doute à l'origine de son pouvoir politico-militaire.

Les rares références des auteurs musulmans à Balmâla (Palmela) sont complétées par des sources chrétiennes, notamment par la lettre d'un croisé anglais qui

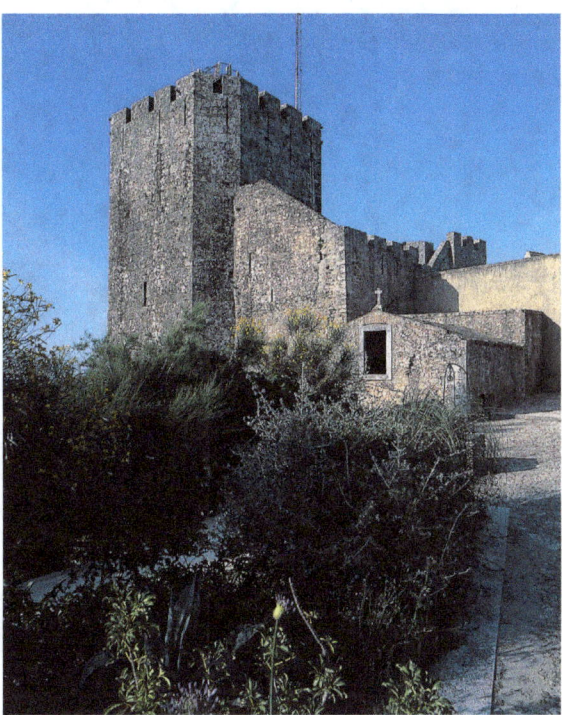

Château, Palmela.

CIRCUIT X *Châteaux du Sado*

Palmela

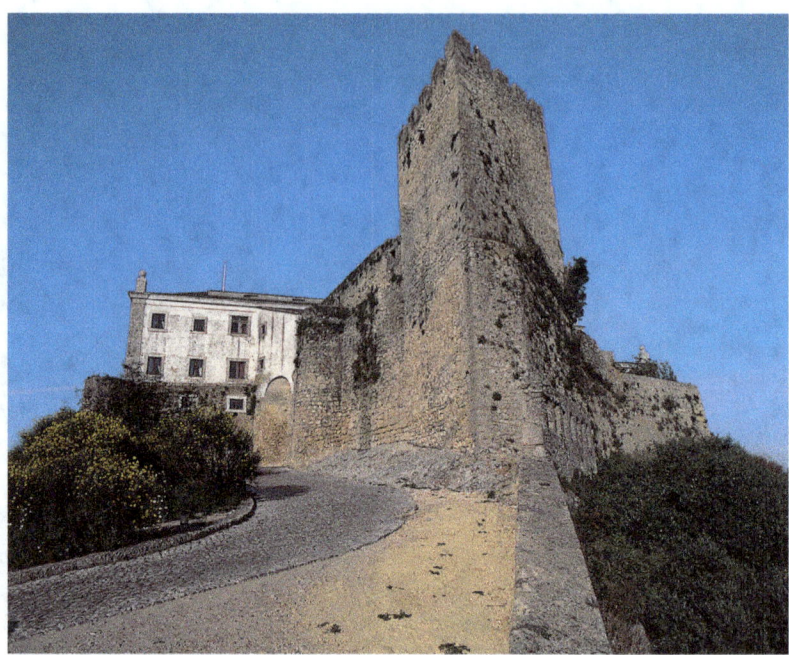

Château, Palmela.

participa à la conquête de Lisbonne. Il rapporte que de nobles musulmans de Palmela sont réfugiés dans la ville et fait allusion à une demande d'aide de la part des assiégés, ainsi qu'à l'abandon de la garnison du château quand Lisbonne tomba aux mains des chrétiens. Cependant, une partie de la population dut rester sur place, ce qui justifia l'octroi d'une lettre d'affranchissement aux Maures de Palmela par le roi Alphonse Ier en 1170.

Ce que les textes n'ont pas réussi à éclaircir commence à se faire jour grâce aux recherches archéologiques. Les fouilles réalisées dans la citadelle permirent d'identifier des pans de la muraille primitive et un ensemble de structures d'habitation avec des traces d'occupation successives, de réutilisations, de reconstructions et de réadaptations depuis la phase de l'émirat jusqu'à la phase almoravide (du IIe/VIIIe-IIIe/IXe au VIe/XIIe siècle). Des murs, des cours, des couloirs, des portes, des canaux pour l'écoulement des eaux, des fosses, des silos, des restes de stuc, de revêtement de sol en mortier et en argile, des restes alimentaires, d'innombrables fragments et pièces de céramique, tout ceci illustre la réalité quotidienne de plus de quatre siècles de présence islamique au château de Palmela.

De petites communautés rurales tributaires du pouvoir politique du château étaient éparpillées sur les terres alentour, qui étaient bonnes pour l'agriculture grâce à l'abondance de l'eau et aux conditions de pâturage favorables. La bourgade musulmane de l'Alto da Queimada, sur la chaîne montagneuse du Louro, où l'on fit quelques études archéologiques, ainsi que

CIRCUIT X   *Châteaux du Sado*
Palmela

d'autres noyaux de population situés le long des cimes qui bordent les vallées fertiles des rivières de Corva et de Alcuba sont des exemples de ce peuplement paysan.

I. C. F. F.

X.2.b Musée municipal

Le musée est situé sur l'ancienne place d'armes du château.
Horaires: d'octobre à mai, de 10:00 à 12:30 et de 14:00 à 18:00; de juin à septembre, de 10:00 à 12:30 et de 14:00 à 20:00; fermé le lundi.

L'espace muséologique réservé à l'archéologie du château de Palmela est constitué par cinq salles, dont quatre possèdent des collections et des structures de l'époque islamique. Ce fonds naquit à la suite de recherches archéologiques commencées en 1992, dans la citadelle du château. Comme il s'agissait d'un programme de recherches intégré dans des travaux universitaires, il a été prévu d'instaurer un dialogue permanent entre les différentes disciplines, notamment entre l'archéologie et l'architecture. Ceci exigeant de constantes facultés d'adaptation, le résultat se caractérise par un savant compromis entre la fonction-

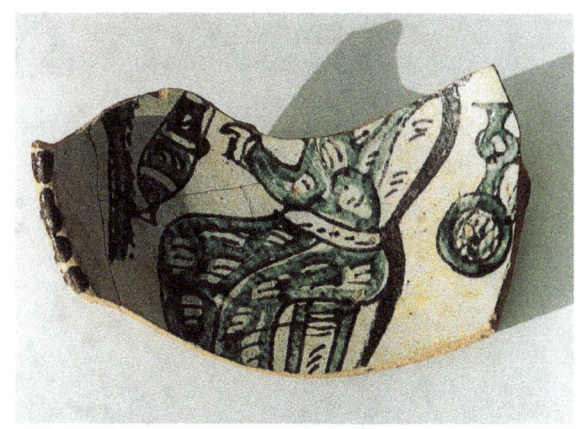

Bol en céramique, f.IVe/f.X^e-d.V^e/d.XIe siècles, Musée municipal de Palmela.

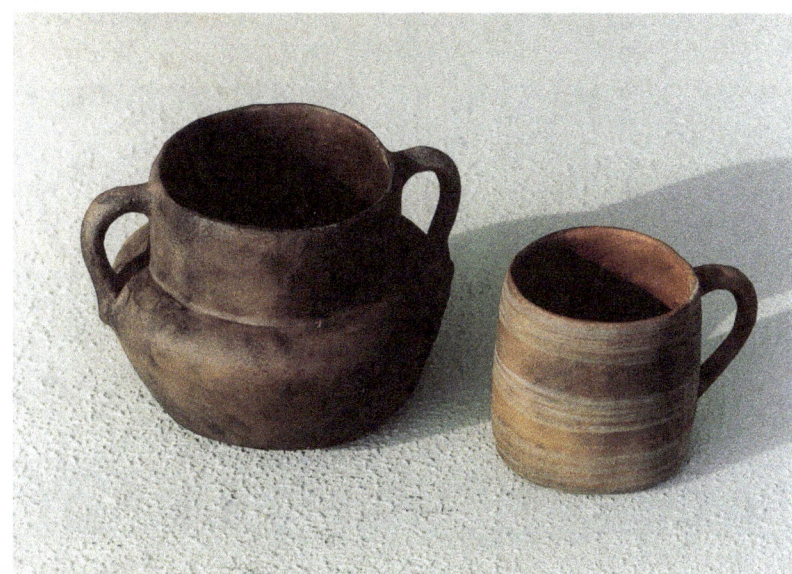

Vaisselle de cuisine, V^e/XIe-VIe/XIIe siècles, Musée municipal de Palmela.

CIRCUIT X   *Châteaux du Sado*

Sesimbra

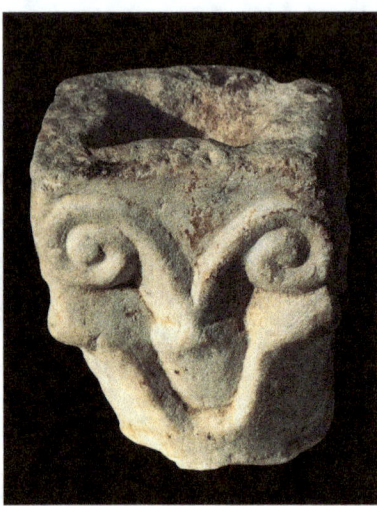

Chapiteau provenant du château, IIIe / IXe-IVe / Xe siècle, Musée municipal, Palmela.

nalité, la facilité de lecture et la capacité de rénovation. En ce sens, ce fonds archéologique sera sujet à modifications selon l'évolution des recherches sur le terrain et en laboratoire. Profitant de la mise au jour de structures d'habitation, de fosses, de silos, et de restes de l'ancienne muraille à l'intérieur de certaines salles, on opta pour l'avantage de les laisser ainsi exposés, en y associant des pièces d'usage domestique trouvées dans le même contexte.
La collection contient essentiellement des exemplaires de vaisselle de table et d'ustensiles de cuisine appartenant aux différentes phases de la présence musulmane dans le château, ainsi que quelques outils et éléments d'architecture.

I. C. F. F.

À la sortie de Palmela, prendre la route 379 en direction de Sesimbra. L'accès à la ville se fait par la route municipale en partant du petit bourg de Corredoura.

X.3 SESIMBRA

X.3.a **Château**

Renseignements: Largo da Marinha, 26-27, tél.: 212 23 57 43.

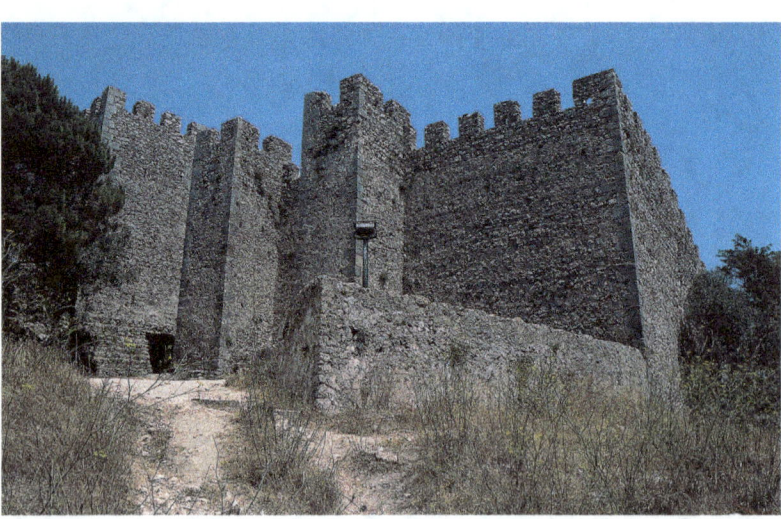

Château, Sesimbra.

CIRCUIT X   *Châteaux du Sado*

Sesimbra

Comme sa voisine Alcácer-do-Sal, Sesimbra était formée de deux noyaux urbains parfaitement autonomes. Contrairement, pourtant, à l'ancienne Salacia où une paroi escarpée de quelques dizaines de mètres sépare les remparts de la *medina* des dernières maisons du bord de l'eau, la vieille bourgade fortifiée de Sesimbra se trouve à quelques centaines de mètres de l'agglomération côtière. Pendant le haut Moyen Âge, et certainement encore à l'époque islamique, la fortification de Sesimbra, avec ses quatre hectares ceints par près de huit cents mètres de remparts et avec son faubourg portuaire éloigné, devait avoir une topographie semblable aux forteresses de Palmela et de Almada qui avaient elles aussi des quartiers de pêcheurs et de marins.

C. T.

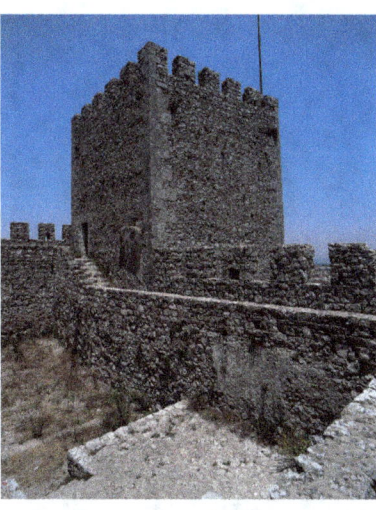

Château, donjon, Sesimbra.

Réserve naturelle de l'estuaire du Sado
À une courte distance de la ville de Setúbal, en pleine côte Bleue, débouchant dans l'océan Atlantique, le Sado offre 23 000 hectares de fleuve, des zones de vase et de marais d'une rare beauté et d'une immense valeur écologique. Cet espace s'est acquis un statut spécial en 1980, quand la Réserve naturelle de l'estuaire du Sado fut créée, avec pour symbole ce sympathique dauphin dont la présence quotidienne dans le fleuve en fait une des attractions les plus prisées.
Cette vaste zone humide abrite d'innombrables espèces d'oiseaux, parmi lesquels il faut remarquer le "Perna longa" (longue jambe), la Cigogne blanche, la Poule d'eau, le "Guarda rios" (gardien de rivières), l'Aigle des marécages, ainsi encore que d'autres espèces de hérons et de canards.
Parmi les mammifères, il faut signaler la Loutre, la Genette, le Blaireau, le "Sacarabos" (arrache-queues) et le renard.
La productivité biologique de l'estuaire permit l'établissement de communautés humaines qui poursuivent depuis des temps ancestraux des activités économiques traditionnelles compatibles avec la préservation de cet écosystème de grande valeur. On peut indiquer comme exemples de ces activités la pêche du rouget, de la sole, du mulet, de la limande et de la daurade, du poulpe, de la seiche et de l'encornet; le ramassage de crustacés comme les crabes, la "camarinha"; la culture de coques, de couteaux et de différentes palourdes; ainsi que la récolte du sel, de la résine et du liège. Servant de frontière entre l'estuaire et l'océan, la péninsule de Tróia apparaît comme un très long cordon de dunes dont la stabilité dépend d'un grand nombre d'espèces dont les caractéristiques permettent la fixation des sables.
Au cours d'une visite à la Réserve naturelle de l'estuaire du Sado, il ne faudrait pas négliger de voir le petit port de pêche de Gâmbia, la promenade piétonne le long de la jetée moussue, la petite ville de Carrasqueira avec son port de pêche sur pilotis, le pont en fer et en bois du Zambujal, le port de Figueiras et la station archéologique, qui remonte aux Phéniciens, appelée Abul.

C. G, P. N.

Centre de renseignements: Praça da República, 2900, Setúbal, tél.: 265 54 11 40.

GLOSSAIRE

Abbadides	Dynastie de Séville, qui gouverna le sud-ouest d'al-Andalus entre 413/1023 et 482/1090.
Acropole	Citadelle ou aire palatine située au sommet d'une colline.
Aftassides	Dynastie établie à Badajoz et qui étendit son influence jusqu'à la région de Lisbonne. Elle joua un rôle important entre 412/1022 et 486/1094.
Alfiz	Encadrement décoratif de l'arc, en équerre et généralement en relief.
Alcade	Jusqu'à la fin du Moyen Âge, le responsable, sous serment, de la garde et de la défense d'un château ou d'une forteresse.
Burdj	Tour, parfois entourée d'une courtine secondaire. Le mot fait partie de la toponymie portugaise médiévale (Alvorge ou Porches).
Calife	(De l'arabe *khalifa*). Chef suprême d'une communauté islamique, à l'intérieur du lignage des successeurs du Prophète. Le premier calife d'al-Andalus fut Abd al-Rahman III, qui se proclama Prince des Croyants en 316/929. La période califale dura jusqu'à 422/1031.
Citadelle	Ville fortifiée. À l'intérieur de la citadelle se trouvaient le palais et une zone résidentielle.
Conventus	Assemblée que convoquait le gouverneur d'une province romaine pour qu'elle rende la justice. Plus tard, le nom s'est étendu à la ville ou à la province où se déroulait cette activité.
Coufique	Écriture arabe anguleuse et très stylisée, et parfois très décorative, qui était utilisée dans les Corans ou les inscriptions fondatrices et supposée originaire de Kufa (Irak).
Cuerda seca	En céramique, procédé décoratif consistant à séparer les émaux de différentes couleurs au moyen d'une ligne peinte avec une substance oléagineuse.
Djihad	Guerre sainte menée pour défendre les territoires de l'Islam. Effort de perfectionnement moral et religieux. Peut conduire au combat "sur la voie de Dieu" contre les dissidents ou les païens. *Idjitihad* (de la même racine que *djihad*) est l'effort d'interprétation personnelle de la loi musulmane.
Émir	Prince ou chef arabe qui gouvernait un territoire, sous l'autorité du calife. Dans la péninsule Ibérique, la période

Engobe	émirale dura de l'arrivée des Arabes en 92/711 à la proclamation du califat indépendant de Cordoue en 316/929. Mélange de terre non vitrifiable et d'eau que l'on applique sur toute la pièce de poterie ou seulement sur une partie, pour en couvrir la couleur et la décorer.
Fitna	Litt., "désordre". Terme employé pour désigner une période de guerre civile; dans le cas d'al-Andalus, la *fitna* correspond à la période entre 401/1010 et 403/1013.
Gharb al-Andalus	Zone occidentale de la péninsule Ibérique, qui correspond, en gros, aux actuelles régions du centre et du sud du Portugal.
Hisn	Château.
Iwan	Salle voûtée, sans façade, avec des murs sur trois de ses côtés et ouverte par un grand arc; grande niche voûtée à fond plat.
Kura	Circonscription territoriale musulmane qui correspondait parfois au territoire des anciens *conventus* romains.
Madrasa	École de sciences islamiques (théologie, droit, Coran, etc.) et lieu d'hébergement pour les étudiants.
Manuélin	Style architectural qui s'est développé sous le règne de D. Manuel (fin du XVe siècle et début du XVIe), caractérisé par l'incorporation de motifs maritimes à la décoration.
Marwanides	Dynastie qui, surtout pendant la seconde moitié du IIIe/IXe siècle, joua un rôle prépondérant dans le Gharb al-Andalus.
Medina	Ville. Dans le nord de l'Afrique, partie ancienne d'une agglomération, par opposition à l'extension européenne des villes.
Mihrab	Niche située dans le mur de la *qibla* qui indique la direction de La Mecque vers laquelle les croyants doivent se tourner pendant leurs prières.
Minbar	Chaire d'une mosquée d'où l'imam adresse le prêche (*khutba*) aux fidèles.
Morisque	Dans les royaumes chrétiens péninsulaires, musulman converti au christianisme après la Reconquête.

Mozarabe	Individu des minorités chrétiennes qui, tolérées par le droit musulman comme tributaires, vivaient en al-Andalus en conservant leur religion et même leur organisation ecclésiastique et judiciaire.
Mudéjar	Musulman autorisé à continuer à vivre parmi les chrétiens, sans changer de religion, en échange d'un tribut. L'adjectif *mudéjar* désigne aussi les arts qui représentent des traditions artisanales initiées sous la domination islamique et qui ont continué pour les clients chrétiens après la reconquête chrétienne d'une zone.
Muladi	Chrétien qui, pendant la domination arabe en al-Andalus, embrassait la foi islamique et vivait parmi les musulmans. Dans le Gharb al-Andalus, vieilles familles autochtones converties à l'islam qui jouèrent un rôle particulièrement important dans la sphère économique et politique.
Pisé	Mur fait avec de la terre pressée entre des caissons. Dans les constructions militaires, cette technique était perfectionnée par l'introduction dans les coffrages d'un mortier de chaux.
Ribat	Forteresse construite dans les zones frontalières, d'où les guerriers musulmans qui y habitaient partaient pour la guerre sainte.
Taïfa	Chacun des petits royaumes en lesquels se morcela al-Andalus après la dissolution du califat de Cordoue.
Turbé	Lieu funéraire privé.
Vert et manganèse	Technique décorative (céramique) de vitrification où les seules couleurs utilisées sont l'oxyde de cuivre vert et la teinte presque noire du manganèse. Toute la composition est recouverte, à la fin, par une couche de plomb transparente.
Villa	(Pl. *Villae*). Grande propriété rurale de la période romaine.
Zaouïa	Établissement dédié à un enseignement religieux tourné vers la formation des *cheikhs,* qui inclut le mausolée d'un saint et qui est construit à l'endroit où celui-ci a vécu.
Zellige	Petits azulejos de céramique émaillée, utilisés dans la décoration de monuments ou dans les intérieurs.

ÉVÉNEMENTS HISTORIQUES

92/711	Tariq entreprend quelques opérations militaires dans la Péninsule.
95/714-97/716	Islamisation de l'Occident péninsulaire.
99/718	Révolte de Dom Pelayo dans les Asturies.
113/732	Bataille de Poitiers.
137/755	Abd al-Rahman se réfugie en al-Andalus après le massacre des Omeyyades.
138/756-139/757	Début de l'émirat omeyyade de Cordoue (Abd al-Rahman Ier).
145/763-157/774	Révolte de la tribu Yahsubi. La rébellion débuta à Beja et s'étendit ensuite à tout le Gharb.
148/765-66	Avancée des armées asturiennes sur le Minho.
161/778	Bataille de Roncevaux et siège de Saragosse par Charlemagne.
181/798	Alphonse II des Asturies avance jusqu'à Lisbonne.
183/800	Charlemagne, empereur d'Occident.
219-20/835	Construction du couvent de Mértola.
224/839	Échange d'ambassades entre Cordoue et Byzance.
	Alphonse II réalise des expéditions dans la région de Viseu.
228/843-229/844	Attaque normande en al-Andalus (Lisbonne, Beja, Algarve, Séville).
254/868	Début de la révolte *muladi* contre le pouvoir omeyyade. Son leader, Ibn Marwan al-Jilliqui, fonde une principauté indépendante à Badajoz.
	Reconquête de Porto. Repeuplement de la zone entre le Minho et le Douro, par le comte Vimara Peres.
264/878	Fondation du monastère du Lorvão.
276/889-90	Mort de Ibn Marwan al-Jilliqi.
299/912-300/913	Abd al-Rahman III accède au pouvoir.
	Ordonho II prend Évora. Construction de l'église de Lourosa da Serra.
301/914	Reconstruction des remparts d'Évora.
	León devient la capitale des Asturies.
316/929	Abd al-Rahman III se proclama calife. Unification du territoire.
324/936	Début de la construction de la ville palatine de Madinat al-Zahra' (Medina Azahara).
330/942-332/943	Guerre entre León et Castille.
343/955	Mort de l'historien Ahmad al-Razi.
	Sac de Lisbonne par Ordonho II.
355/966	Attaque normande du Gharb.
	Mort de saint Rosendo.
386/997	Attaque de al-Mansur à Saint-Jacques de Compostelle.

Événements historiques

399/1009-401/1010	Révolte à Cordoue. Sac de Madinat al-Zahra'.
403/1013	Avènement des royaumes de Taïfa.
412/1022-413/1023	Badajoz, capitale de la dynastie berbère des Aftassides. Début du gouvernement abbadide à Séville.
416/1026	Début de la domination des Banu Harun à Faro. Activité du philosophe Ibn Hazm.
419/1029-421/1030	Révolte de la Galice contre Bermudo III.
422/1031	Fin du califat omeyyade d'al-Andalus. Mort du poète de Cacela Ibn Darraj al-Qastalli.
425/1034	Reconquête de Montemor-o-Velho par Gonzalo Trastemires da Maia.
430/1039-435/1044	Les Abbassides prennent Lisbonne et Mértola.
440/1049	Dernière Taïfa du Gharb à Silves.
441/1050-443/1052	Naissance à Silves du poète, grammairien, juriste et philosophe Ibn al-Sid. Construction du minaret de la mosquée de Moura.
445/1054	Les Abbadides conquièrent Silves.
447/1056-448/1057	Campagne de Ferdinand Ier de Castille contre Badajoz. Conquêtes de Lamego et de Viseu.
454/1063-456/1064	Mort de Ibn Hazm, poète et philosophe. Le pape Alexandre II appelle à la première croisade dans la péninsule Ibérique. Conquête de Coimbra.
462/1070	Début de l'expansion almoravide dans la péninsule Ibérique. D. Pedro est élu évêque de Braga.
465/1073-471/1079	Mort de l'historien Ibn Hajjan. Monastères clunisiens dans la région de León.
472/1080-473/1081	Mort de Abou al-Walid al-Baji, poète, juriste et théologien de Beja. Concile de Burgos (adoption du rite romain).
475/1083	Mort de Ibn Ammar, poète de Silves. Alphonse VI conquiert Tolède, qui finit par gouverner Sisnando.
478/1086-479/1087	Victoire des Almoravides sur Alphonse VI à Zalaca. Noces de Raymond et Urraca, fille d'Alphonse VI.
482/1090-484/1092	L'Almoravide Youssouf Ibn Tachfin assiège Tolède. Mort de Sisnando.
485/1093-488/1095	Les Almoravides mettent un terme à la Taïfa de Badajoz; ils reconquièrent aussi Lisbonne. Gouvernement de Raymond entre le Minho et le Mondego. Mort de al-Mu'tamid, roi et poète.

Événements historiques

489/1096	Mariage de D.ª Teresa et du comte Henri de Bourgogne. Constitution du Comté de Portugal. Henri gouverne les terres méridionales du Minho.
500/1107	Mort du poète de Silves, Ibn al-Milh. Victoire almoravide de Uclés. Mort de Raymond.
504/1111	Domination almoravide de Badajoz, Évora, Lisbonne, Santarém. Attaque de Porto. Charte de Coimbra.
505/1112	Mort de Dom Henrique.
510/1117	D.ª Teresa se proclame "reine".
514/1121-516/1123	Début du mouvement almohade au Maroc. Le poète Ibn Sara meurt à Santarém. D. Alphonse Henrique prend les armes comme chevalier.
520/1127-522/1128	Mort de Ibn al-Sid, poète et philosophe natif de Silves. Victoire de D. Alphonse Henrique à São Mamede.
531/1137-533/1139	Mort d'Avempace, de Beja. Traité de Tuy. Bataille de Ourique.
537/1143-539/1145	Mort de Ali Ibn Youssouf. Deuxièmes Taïfas dans le Gharb. Révoltes de Ibn Qasi (Mértola), Ibn Wazir (Évora) et Ibn Mundir (Silves). D. Alphonse Henrique est reconnu roi à la conférence de Zamora.
541/1147	Conquête almohade de Marrakech et Séville. Mort du poète de Santarém Ibn Bassam. D. Alphonse Henrique conquiert Santarém et Lisbonne.
542/1148-545/1151	Travaux sur les remparts d'Évora.
545/1151	Accord entre D. Alphonse Henrique et Ibn Qasi. Assassinat de Ibn Qasi par la population de Silves. Tentative avortée de conquérir Alcácer do Sal.
547/1153-548/1154	Fin de l'œuvre du géographe al-Idrisi. Fondation de l'abbaye d'Alcobaça.
550/1156	Réunification almohade des territoires du Sud.
553/1159-555/1160	Début de la construction de la cathédrale de Lisbonne et du château des Templiers à Tomar.
558/1163	Abou Ya'qoub Youssouf prend le pouvoir.
560/1165	Naissance du mystique Ibn Arabi. Conquête d'Évora et d'autres villes par Gérald-Sans-Peur.
564/1169	D. Alphonse Henrique fait prisonnier à Badajoz.
565/1170	Date probable de remaniement de la mosquée de Mértola. Attribution de chartes aux Maures libérés de Lisbonne et d'autres villes du Sud.
567/1172-571/1176	Travaux de la phase almohade de la mosquée de Séville. L'ordre de Saint-Jacques s'installe au Portugal. Trêve entre le Portugal et l'Almohade Youssouf Ier.

Événements historiques

574/1179	Une flotte musulmane attaque Lisbonne.
	Le pape Alexandre III reconnaît l'indépendance du Portugal.
579/1184-581/1186	Les Almohades attaquent le Gharb et récupèrent la plupart des régions situées au sud du Tage. Mort de Abou Ya'qoub Youssouf à la suite de l'attaque de Santarém.
	Mort de D. Alphonse Henrique, auquel succède D. Sancho Ier.
	L'ordre de Saint-Jacques se voit attribuer Almada, Palmela et Alcácer do Sal.
584/1189	Conquête chrétienne de Silves et Alvor.
585/1190-586/1191	Offensives almohades sur Silves, Torres Novas, Tomar, Almada, Alcácer, Palmela.
591/1195	Victoire almohade de Alarcos.
	Naissance de saint Antoine de Lisbonne.
592/1196-596/1199	Mort de Ya'qoub al-Mansur. Mort du philosophe Averroès.
	Guerre entre Sancho Ier et Alphonse IX de León.
598/1202	Révolte urbaine à Porto.
607/1211	Règne d'Alphonse II. Cours de Coimbra.
608/1212	Fin du pouvoir almohade en al-Andalus.
	Bataille de las Navas de Tolosa, déroute musulmane.
613/1217	Prise définitive de Alcácer.
619/1223-622/1226	Règne de D. Sancho II. Conflits à l'intérieur de la noblesse de cour.
624/1227	Construction d'une tour dans les remparts de Silves.
627/1230-631/1234	Ibn Hud battu à Jerez et à Mérida. Début de la dynastie nasride.
	Conquête de Mérida, Badajoz, Juromenha, Serpa, Moura, Beja et Aljustrel.
633/1236-634/1237	Muhammad Ibn Youssouf Ibn al-Ahmar fait de Grenade la capitale de l'émirat nasride. Début des travaux de l'Alhambra.
	Conquête de Cordoue.
635/1238-639/1242	Mort de Ibn Arabi à Damas.
	Conquête de Mértola, Cacela, Tavira, Alvor et Paderne.
645/1248	Ferdinand III prend Séville. Alphonse III conquiert Faro, épisode qui marque la fin de l'islam en al-Andalus.

ORIENTATION BIBLIOGRAPHIQUE

AL-IDRISI, *Description de l'Afrique et de l'Espagne*, éd. de R. Dozy et M. de Goeje, Amsterdam, 1969 (réimpression de l'édition de 1866). Version espagnole partielle de cette édition: *Geografía de España*, Valence, 1974.

AL-IDRISI, *Descripción de España*, trad. de D. J. A. Conde, Madrid, 1980 (fac-similé de l'édition de 1799).

ALMEIDA, C. A. Ferreira de, "Arte islâmica em Portugal", in *História da Arte em Portugal*, vol. II, Lisbonne, 1986.

ALVES, A., *O meu coração é árabe - a poesia árabe*, Lisbonne, 1991.

ALVES, A., *Al-Mu'tamid - poeta do destino*, Lisbonne, 1996.

ANACLETO, R., *Arquitectura Neo-Medieval Portuguesa*, 2 vol., Lisbonne, 1997.

ARAÚJO, L., "Os muçulmanos no Ocidente peninsular", in *História de Portugal* (J. H. Saraiva dir.), vol. I, Lisbonne, 1983, pp. 245-289.

BARCELÓ, C., LABARTA, A., "Inscripciones árabes portuguesas: situación actual", in *Al-Qantara*, vol. VIII, Madrid, 1987, pp. 395-420.

BARROCA, M., "Do Castelo da Reconquista ao Castelo Românico (séculos IX a XII)", in *Portugália*, vol. XI-XII, 1990-1991, pp. 90-136.

BRITO, Frei Bernardo, *Cronica de Cister*, Lisbonne, 1602.

"Carta a Osberno", in OLIVEIRA, José Augusto, *Conquista de Lisboa aos mouros*, Lisbonne, Municipalité de Lisbonne, 1936.

CATARINO, H., "O Algarve Oriental durante a ocupação islâmica. Povoamento rural e recintos fortificados", in *Al'-Iya*, revue des Archives historiques municipales de Loulé, 3 vol., 1997-1998.

CATARINO, H., "A ocupação islâmica", in *História de Portugal* (J. Medina dir.), vol. III, 1996, pp. 47-92.

COELHO, A. Borges (organisation, préface et notes), *Portugal na Espanha Árabe*, vol. I à IV, Lisbonne, 1972-1975.

COELHO, A. Borges, *Comunas ou concelhos*, Lisbonne, 1996.

COELHO, A. Borges, "Lisboa visigótica e muçulmana", in *O tempo e os homens*, Lisbonne, 1996, pp. 261-280.

"Cronica do Algarve" et "Tombos Velhos de Tavira", in *Portugaliae Monumenta Historica*, vol. I Scriptores, Lisbonne, 1856.

DOMINGUES, J. D. Garcia, "O Gharb Extremo do Ândalus e 'Bortugal' nos historiadores e geógrafos árabes", tiré-à-part du *Boletim da Sociedade de Geografia de Lisboa*, 1960, pp. 327-362.

DOMINGUES, J. D. Garcia, *Historia Luso-Árabe*, Lisbonne, 1945.

EGRY, A. de, *O Apocalipse do Lorvão*, Lisbonne, 1972.

GARCIA, J. C., *O espaço medieval da Reconquista no Sudoeste da Península Ibérica*, Lisbonne, 1986.

GLICK, T. F., *Cristianos y musulmanes en la España medieval (711-1250)*, Madrid, 1991.

GOMES, R. Varela, "Arquitectura militar muçulmana", in *História das fortificações portuguesas no mundo* (R. Moreira dir.), Lisbonne, 1989, pp. 27-37.

GOMES, R. Varela, GOMES, M. Varela, "O poço-cisterna almóada de Silves", in *El agua en zonas áridas: arqueología e historia*, vol. II, Almeria, 1989, pp. 577-605.

GUICHARD, P., *Structures sociales "orientales" et "occidentales" dans l'Espagne musulmane*, Paris-La Haye, 1977.

IBN HAYYAN de Córdoba [Abu Marwan Hajjan Ibn Khalaf Ibn Hajjan], *Crónica del califa Abdarrahman III an-Nasir entre los años 912 y 942 (al-Muqtabis V) [Muqtabis fi akhbar balad al-Andalus]*, trad., notes et index par María Jesús Viguera et Federico Corriente, Saragosse, 1981.

LÉVI-PROVENÇAL, É., *La péninsule ibérique au Moyen-Age d'après le "Kitab ar-rawd mi'tar" d'al-Himyari*, Leyde, 1938.

LÉVI-PROVENÇAL, É., "La description de l'Espagne d'Ahmad al-Razi", in *Al-Andalus*, vol. XVIII, 1953, pp. 51-108.

LOPES, D., "Cousas arábico-portuguesas", in *O Arqueólogo Português*, vol. I (pp. 273-279) et II (pp. 204-210), Lisbonne, 1986.

LOPES, D., "Os árabes nas obras de Alexandre Herculano", tiré-à-part du *Boletim da Segunda Classe da Academia das Sciencias de Lisboa*, vol. III et IV, Lisbonne, 1911.

LOPES, D., "O domínio árabe", en *História de Portugal* (Damião Peres dir.), vol. I, Barcelos, 1928, pp. 91-431.

LOPES, D., *Nomes árabes de terras portuguesas* (collecte organisée par J. P. Machado), Lisbonne, 1968.

MACHADO, J. Saavedra, "Subsidios para a Historia do Museu Etnologico do Dr. Leite de Vasconcelos", in *O Arqueologo Portugues*, vol. V, Lisbonne, pp. 51-148.

MACIAS, S., *Mértola islâmica - estudo histórico-arqueológico do bairro da alcáçova (séculos XII-XIII)*, Mértola, 1996.

MACIAS, S., TORRES, C. (coord.), *Portugal islâmico: Os últimos sinais do Mediterrâneo*, Lisbonne, 1998.

MARQUES, A. H. de Oliveira, *A sociedade medieval portuguesa*, Lisbonne, 1987.

MARQUES, A. H. de Oliveira, "O Portugal Islâmico", in *Nova História de Portugal* (J. Serrão et A. H. de Oliveira Marques dir.), vol. II, Lisbonne, 1993, pp. 117-249.

Memórias Arabo-Islâmicas em Portugal, Lisbonne, 1997.

NASCIMENTO, A. A., BARROCA, M., *Nos confins da Idade Média* (catalogue), 1992, pp. 96-99.

NCIM, *Nos confins da Idade Média. Arte portuguesa dos séculos XII-XV*, Oporto, Lisbonne, catalogue, 1992.

OLIVEIRA, J. A. de (traducteur), *Conquista de Lisboa aos Mouros*, Lisbonne, 1936.

PAVÓN MALDONADO, B., *Ciudades y fortalezas lusomusulmanas*, Madrid, 1993.

PICARD, C., *L'Océan Atlantique musulman - de la conquête arabe à l'époque almohade*, Paris, 1997.

PINA, Rui de, *Cronica d'El-Rei D. Duarte*, éd. de Alfredo Coelho de Magalhaes, Oporto, 1914.

REAL, M. L., "Inovação e resistência: dados recentes sobre a Arqueologia Cristã no Ocidente Peninsular", in *IV Reuniò d'Arqueologia Cristiana Hispànica*, Barcelone, 1995, pp. 17-68.

SOUSA, J. de, *Vestígios da língua arábica em Portugal*, Lisbonne, 1789.

TORRES, C., *Cerâmica islâmica portuguesa*, Mértola, 1987.

TORRES, C., "O Gharb al-Ândalus", en *História de Portugal* (J. Mattoso dir.), vol. I, Lisbonne, 1993, pp. 363-415.

TORRES, C., MACIAS, S., "Arte Islâmica no Ocidente Andaluz", in *História da Arte Portuguesa* (Paulo Pereira), Lisbonne dir., 1995.

TORRES, C., MACIAS, S., *O legado islâmico em Portugal*, Lisbonne, 1998.

VALLVÉ, J., *La división territorial en la España musulmana*, Madrid, 1986.

WILLIAMS, J., *La miniatura española en la Alta Edad Media*, Madrid, 1987.

VITERBO, F. de Sousa, "Occorencias da vida mourisca", en *Arquivo Histórico Portuguez*, vol. V, Lisboa, 1907, pp. 81-93, 161-170 et 247-265.

YARZA LUACES, J., *Beato de Liébana. Manuscritos iluminados*, Barcelone, 1998.

AUTEURS

Maria Regina Anacleto
Professeur associé de la Faculté des lettres de l'Université de Coimbra (Institut d'histoire médiévale). Actuellement, son travail se centre sur l'architecture néo-classique. Elle a consacré l'essentiel de ses recherches à l'architecture néo-médiévale portugaise (XIXe siècle), thème sur lequel elle a publié plusieurs études.

Ruben de Carvalho
Journaliste professionnel depuis 1963, il a produit plusieurs spectacles musicaux et été commissaire de l'organisation "Lisbonne 94 - Capitale européenne de la Culture" pour la musique populaire, l'animation urbaine et les éditions. Il a été député au Parlement du Portugal pendant la septième législature (1995-1999).
On lui doit l'organisation de l'ouvrage posthume de José Carlos Ary dos Santos *As Palavras das Cantigas* et la coordination de la publication de *Un Século de Fado*. Il est l'auteur du livre *As Músicas do Fado*.

Fernando Branco Correia
Professeur titulaire d'histoire médiévale, il dirige des travaux archéologiques sur différents sites d'établissement islamique. Il est responsable du Département d'études arabes et islamiques de l'Université d'Évora, où il dispense un enseignement, ainsi que de la création, dans la même Université, du premier cursus (licence) d'histoire dans la spécialité Études arabes du Portugal.
On lui doit aussi des travaux sur al-Andalus et les Mudéjars.

Isabel Cristina F. Fernandes
Archéologue. A participé à des projets de recherche en archéologie romaine et médiévale, et plus particulièrement sur la période islamique dans la péninsule de Arrábida, sujet sur lequel elle a publié plusieurs articles.

Cristina Garcia
Licenciée en sciences historiques (Université Les Lusiades, Lisbonne), elle a travaillé entre 1989 et 1999 à l'Institut de conservation de la nature du ministère de l'Environnement. Auteur du Plan général du Centre d'éducation environnementale de Peninha, dans la Sierra de Sintra, dans le cadre du programme ENVIREG (1992). Auteur et coordinatrice du Plan d'intervention de Cacela, dans l'Algarve, dans le cadre des programmes POA, ODIANA et FEDER (depuis 1997). Elle travaille actuellement à l'Institut portugais du patrimoine architectural.

Susana Gomez
Licenciée en géographie et en histoire, doctorante en histoire médiévale (Faculté de géographie et d'histoire de l'Université Complutense de Madrid), elle a participé entre 1985 et 1993 à différentes campagnes de fouilles archéologiques et de traitement de vestiges archéologiques. Elle est, depuis 1993, chercheur-archéologue au Site archéologique de Mértola. Entre 1993 et 1997, elle a dispensé différents enseignements dans les disciplines de la muséographie, de l'histoire de l'art et de l'archéologie.

Elle est l'auteur, entre autres publications, de "Cerâmica decorada de Mértola, Portugal (séculos IX a XIII)", in *Actes du VIe colloque sur la céramique médiévale en Méditerranée*, Aix-en-Provence 1987, et de "A cerâmica do Gharb al-Ândalus" (La céramique du Gharb al-Ândalus), in *Portugal Islâmico. Os últimos sinais do Mediterrâneo* (Le Portugal Islamique. Les derniers signes de la Méditerranée) (Lisbonne,1998).

Artur Goulart de Melo Borges
Licence d'archéologie à Rome (Italie). Études post-doctorales en histoire de l'art et muséologie. Chargé de mission auprès du musée d'Évora pendant vingt ans, dont cinq à titre de directeur. Études de langue et culture arabes à l'Université d'Évora.
Il a publié différents travaux sur l'épigraphie lapidaire arabe au Portugal.

Santiago Macias
Titulaire d'une licence d'histoire (Université de Lisbonne 1985), docteur en histoire médiévale (Université Nouvelle de Lisbonne, 1995), il est actuellement chef du Département socioculturel de la municipalité de Mértola et chercheur sur le Site archéologique de Mértola, dans les sections d'histoire et d'archéologie médiévales, coordinateur de la revue *Archéologie médiévale* et responsable de l'installation du Musée islamique de Mértola. Il a été commissaire scientifique de l'exposition *Portugal Islâmico. Os últimos sinais do Mediterrâneo* (Lisbonne, 1998), et collaborateur de *Historia de Portugal* dirigée par José Mattoso et de *Historia da Arte Portuguesa* dirigée par Paulo Pereira. Il est l'auteur de *Mértola Islâmica* et, en collaboration avec Cláudio Torres, de *O Islão entre Tejo e Odiana* (1998) et de *O Legado Islâmico em Portugal* (1998).

Maria Adelaide Miranda
Licenciée en histoire (1975), professeur titulaire (1984) et docteur en histoire de l'art médiéval (1996, Faculté des sciences sociales et humaines de l'Université de Lisbonne), elle est professeur auxiliaire à la Faculté des sciences sociales et humaines de l'Université Nouvelle de Lisbonne. Elle a participé à des colloques et conférences avec des interventions sur les arts plastiques médiévaux.
Elle est l'auteur de différents articles et ouvrages, parmi lesquels: *A Arte da Alta Idade Média. A Arte Românica*, publié par l'Université Ouverte en 1995, et *A Iluminura de Santa Cruz no tempo de Santo António*, publié par INAPA en 1966. Elle a été commissaire de l'exposition "A Iluminura em Portugal: Identidade e Influências" et a assuré la coordination du catalogue correspondant (Bibliothèque nationale de Lisbonne, 1999). Elle a participé au catalogue de l'exposition "A imagem do tempo. Livros Manuscritos Ocidentais" (Fondation Calouste Gulbenkian, 2000).

Paula Noronha
Licenciée en architecture paysagère de l'Institut supérieur d'agronomie de l'Université technique de Lisbonne en 1998. Son activité s'exerce principalement au Parc naturel du golfe de Formosa, aire protégée considérée Zone humide d'importance internationale, où elle s'est spécialisée dans la gestion du littoral et des zones humides, surtout en ce qui concerne les instruments de gestion territoriale. À titre professionnel, elle réalise des projets d'aménagements paysagers.

Mário Pereira
Professeur titulaire d'enseignement secondaire, son rapport au Patrimoine a commencé à l'Institut portugais du patrimoine culturel. Il a été quelques années collaborateur de l'IPPAR. Il a assuré la coordination de l'exposition thématique du Pavillon de la connaissance des océans de l'Expo 98 et été président de la commission d'installation du Pavillon de la connaissance (d'avril à décembre 1999). Il est sous-directeur de l'Institut portugais de conservation et restauration, et enseignant invité à l'ISCTE.
Il a publié plusieurs études sur le patrimoine culturel.

Miguel Rego
Archéologue, responsable du Projet archéologique de Noudar (conseil municipal de Barrancos) et membre fondateur du Site archéologique de Mértola.

Cláudio Torres
Diplômé en histoire de l'art, il a enseigné à la Faculté des lettres de l'Université de Lisbonne entre 1974 et 1986. Directeur du Site archéologique de Mértola et de la revue *Arqueologia Medieva,* directeur du Parc naturel de la vallée du Guadiana, président du conseil d'administration de la Commission nationale portugaise des monuments et des sites (ICOMOS), membre du conseil consultatif de l'Institut portugais d'archéologie (IPA), lauréat du prix Pessoa 1991, responsable de l'organisation du IVe Congrès de céramique médiévale de la Méditerranée occidentale (Lisbonne, 1987), Cláudio Torres a aussi assuré le commissariat scientifique de l'exposition *Portugal Islâmico. Os últimos sinais do Mediterrâneo* (Le Portugal islamique. Les derniers signes de la Méditerranée) (Lisbonne, 1998).
Il est l'auteur de nombreuses publications, parmi lesquelles *Cerâmica Islâmica portuguesa* (1987), *Museu de Mértola, nucleo lapidar* (collaboration, 1992), "O Gharb al-Ândalus" in *Historia de Portugal*, dirigée par José Mattoso (1993); et, avec Santiago Macias, *O Islão entre Tejo e Odiana* (1998), ainsi que *O Legado Islâmico em Portugal* (1998). Il a collaboré à l'*Historia da Arte Portuguesa* dirigée par Paulo Pereira (1995).

Maria João Vieira
Licenciée en histoire de l'art (Faculté des lettres de Lisbonne), elle a travaillé trois ans au ministère de la Culture du Cap-Vert. Depuis 1992, elle est chargée de mission auprès de la Municipalité de Serpa sur les questions de patrimoine culturel.

Les Itinéraires-Exposition et guides thématiques de *Museum With No Frontiers (MWNF)*
L'ART ISLAMIQUE EN MÉDITERRANÉE

Ce cycle international d'Expositions Musée Sans Frontières permet de découvrir les secrets de l'art islamique, son histoire, ses techniques de construction, son inspiration religieuse.

Portugal
PAR LES TERRES DE LA MAURE ENCHANTÉE.
L'art islamique au Portugal.   *200 pages*

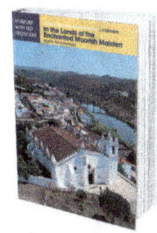

Huit siècles après la «Reconquête», les villages de l'ancien *Gharb al-Andalus* perpétuent la légende d'une belle princesse mauresque dont l'enchantement était invariablement rompu par un prince chrétien : le souvenir artistique de la présence musulmane au Portugal s'exprime aussi par une subtile symbiose avec les techniques constructives et les programmes décoratifs de l'architecture populaire régionale. L'exposition fournit au visiteur une vision claire de cinq siècles de civilisation islamique (califale, mozarabe, almohade, mudéjare). De Coïmbra aux confins méridionaux de l'Algarve, palais, mosquées christianisées, fortifications et centres urbains témoignent de la splendeur d'un passé glorieux.

Turquie
GENÈSE DE L'ART OTTOMAN.
L'héritage des émirs.   *252 pages*

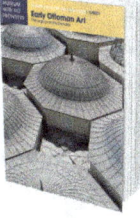

Cette exposition privilégie les œuvres et les monuments représentatifs d'une époque majeure de l'Anatolie occidentale, véritable pont culturel et artistique entre les civilisations européennes et asiatiques. Aux XIVe et XVe siècles, la transition vers une société turco-islamique conduit les artistes des émirats turcs à élaborer les prémisses d'une brillante synthèse qui culminera dans un art ottoman extraordinairement productif.

Maroc
LE MAROC ANDALOU.
À la découverte d'un art de vivre.   *264 pages*

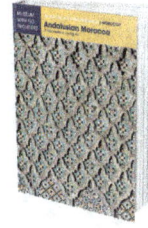

Dès le début du VIIIe siècle, l'islam marocain porte ses regards au-delà des colonnes d'Hercule et s'installe sur la péninsule Ibérique. Les deux rives partagent dès lors leur destin. De l'incessant mouvement d'échanges culturels, humains et commerciaux qui animera ce Maghreb extrême pendant plus de sept siècles naîtra l'un des plus brillants foyers de la civilisation musulmane, et un art authentiquement hispano-maghrébin qui a laissé des traces dans une architecture monumentale flamboyante, mais aussi dans un urbanisme et des traditions d'un raffinement extrême. L'exposition reflète la richesse historique et sociale de la civilisation andalouse du Maroc.

Tunisie
IFRIQIYA.
Treize siècles d'art et d'architecture en Tunisie.   *312 pages*

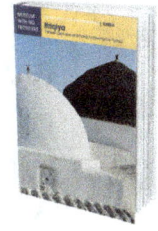

Dès le IXe siècle, sans aucune rupture avec les traditions héritées des Berbères, des Carthaginois, des Romains et des Byzantins, Ifriqiya a été en mesure d'assimiler et de réinterpréter les influences de la Mésopotamie —à travers la Syrie et l'Égypte— et de l'Andalousie : une forme unique de syncrétisme abouti dont les témoignages abondent dans l'actuelle Tunisie, de la majesté des résidences beylicales de la capitale à la rigueur architecturale de l'ibadisme jerbien. *Ribat*, mosquées, médinas, zaouïas, *ksour,* et *ghorfas* jalonnent une terre pétrie d'histoire.

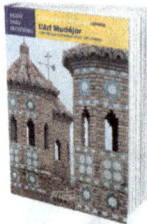

Espagne | Andalousie, Aragon, Castille La Manche, Castille et Léon, Extrémadure, Madrid
L'ART MUDÉJAR.
L'esthétique musulmane dans l'art chrétien.   *318 pages*

L'art des Mudéjars (population musulmane restée en al-Andalus après la Reconquête) tient incontestablement une place singulière parmi toutes les expressions de l'art islamique : il est la manifestation visible d'une réelle cohabitation culturelle, d'une forme de compréhension entre deux civilisations qui, au-delà de leur antagonisme politique et religieux, vécurent une romance artistique féconde. Appliquant des schémas rigoureusement islamiques, les maîtres d'œuvre et artisans mudéjars, célèbres pour leur remarquable savoir-faire dans l'art de construction, ont bâti pour des nouveaux venus chrétiens d'innombrables palais, couvents et églises. Les œuvres sélectionnées, par leur variété et leur abondance, témoignent de l'exubérante vitalité de l'art mudéjar.

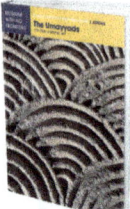

Jordanie
LES OMEYYADES.
Naissance de l'art islamique.   *224 pages*

Après la conquête arabo-musulmane du Moyen-Orient, le siège de la dynastie omeyyade (661-750) fut transféré à Damas où la nouvelle capitale hérita d'une tradition culturelle et artistique remontant au moins aux périodes araméenne et hellénistique. La culture omeyyade a ainsi bénéficié du déplacement des frontières entre la Perse et la Mésopotamie, et entre les pays du monde méditerranéen : une situation propice à l'émergence d'un langage artistique novateur dans lequel le subtil métissage des influences hellénistiques, romaines, byzantines et persanes produit un ordre architectural et décoratif parfaitement original. À travers la diversité des oeuvres présentées, l'exposition fournit aussi l'occasion d'une intéressante réflexion sur l'iconoclasme.

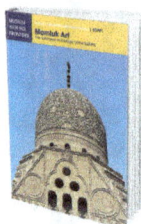

Égypte
L'ART MAMELOUK.
Splendeur et magie des sultans.   *236 pages*

Sous la domination mamelouke (1249-1517), l'Égypte devient un opulent centre de passage et de routes commerciales. De grandes richesses arrivent au pays. Le Caire est l'une des villes les plus puissantes du bassin Méditerranéen, l'une des plus sûres et des plus stables. Des érudits du monde entier viennent s'y installer, attirant à leur suite disciples et étudiants. L'architecture et l'art décoratif mamelouks témoignent de la vitalité commerçante, intellectuelle, militaire et religieuse de la période. Caractérisées par une élégante et vigoureuse simplicité, dont la pureté des lignes approche les canons modernes, les œuvres sélectionnées entre le Caire, Rosette, Alexandrie et Foua représentent l'apogée de l'art mamelouk.

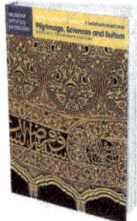

Autorité Palestinienne
PÈLERINAGE, SCIENCES ET SOUFISME.
L'art islamique en Cisjordanie et à Gaza.   *254 pages*

Sous le règne des dynasties ayoubides, mamelouke et ottomane, d'innombrables pèlerins affluent en Palestine de tous les horizons du monde musulman, et ce fort courant de religiosité donne un essor décisif au développement de la pensée soufi à travers les *zawiyas* et les *ribats* qui se multiplient par tout le pays. Accueillant les plus grands érudits, de nombreux centres d'études jouissent d'un prestige considérable et favorisent l'épanouissement d'un art raffiné qui conserve encore aujourd'hui tout son pouvoir de fascination. Les monuments et l'architecture islamique proposés par l'exposition, reflètent clairement ces dimensions majeures de pèlerinage, de la science et du soufisme.

Italie Sicile
L'ART ARABO-NORMAND.
La culture islamique en Sicile médiévale.　　　　　　　　　　　　　　　　　*328 pages*

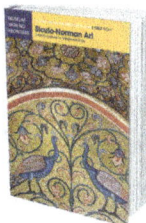

Au centre de la Méditerranée, la Sicile est une terre de rencontres où diverses cultures se sont rencontrées et modifiées avant d'atteindre une nouvelle harmonie. Uniques dans le panorama européen, les réalisations architecturales arabo-normandes sont aussi relativement différentes de celles rencontrées dans le monde islamique. L'exposition les présente sous l'angle de leur unicité, et propose des codes d'interprétation permettant de les identifier. Le visiteur attentif n'en apprécie que mieux l'admirable fusion d'éléments issus des sphères culturelles byzantines, arabe et normande en œuvre dans cet art, aussi spécifique que raffiné.

Algérie
UNE ARCHITECTURE DE LUMIÈRE.
Les arts de l'Islam de Algérie.　　　　　　　　　　　　　　　　　　　　　　　*252 pages*

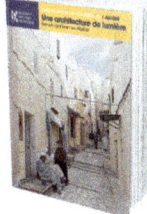

Le patrimoine artistique de l'Islam au Maghreb central est lié aux événements cruciaux qui ont marqué l'histoire de l'Algérie, depuis l'essor des mouvements religieux dissidents et le règne des grandes dynasties, en passant par le rôle des grands axes de commerce et de pèlerinage et jusqu'à la présence ottomane dans les cités du pourtour méditerranéen. La synthèse des influences arabe et berbère, africaine, andalouse et orientale a façonné des modèles artistiques et architecturaux qui s'expriment dans la pureté et l'harmonie de l'architecture ibadite, des mosquées almoravides et des palais ottomans sur la côte.

Syrie
THE AYYUBID ERA.
Art and Architecture in Medieval Syria.　　　　　　　　　　　　　　　　　　*288 pages*

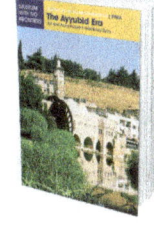

Ce nouveau guide de voyage MWNF a été conçu peu de temps avant le début du conflit. Par conséquent, tous les textes se réfèrent à la situation antérieure à la guerre ; ils n'en expriment que davantage notre espoir de voir la Syrie, une terre témoin de l'évolution de la civilisation depuis les débuts de l'histoire de l'humanité, redevenir rapidement un lieu de paix, et le fer de lance d'un renouveau véritablement pacifique pour toute la région. Au cours des XIIe et XIIIe siècles, Bilad al-Cham est le fruit d'un programme stratégique de reconstruction urbaine et de réunification parfaitement élaboré. Au milieu d'une période d'instabilité et de fragmentation, l'Atabeg Nour al-Din Zangi sut imposer un leadership visionnaire pour rétablir les villes syriennes dans leur rôle de maintien de l'ordre et de la sécurité. Après sa mort, son plus brillant général, le Kurde Salah al-Din (Saladin), assuma le pouvoir et mena à bien l'unification de l'Egypte et de Cham en une force unique capable de reprendre Jérusalem aux Croisés. L'empire ayyoubide, en plein essor, poursuivit la politique de mécénat. Bien que d'une durée très brève, cette période a marqué la région d'une empreinte durable. Son esthétique architecturale immédiatement reconnaissable – d'une robuste et austère perfection – a survécu jusqu'à aujourd'hui.